앨리스 박사의
공연으로 보는 세상 풍경

Vol. 3

앨리스 박사의 공연으로 보는 세상 풍경 Vol.3

발행일	2023년 3월 22일		
지은이	주하영		
펴낸이	손형국		
펴낸곳	(주)북랩		
편집인	선일영	편집	정두철, 배진용, 윤용민, 김부경, 김다빈
디자인	이현수, 김민하, 김영주, 안유경, 한수희	제작	박기성, 황동현, 구성우, 배상진
마케팅	김회란, 박진관		
출판등록	2004. 12. 1(제2012-000051호)		
주소	서울특별시 금천구 가산디지털 1로 168, 우림라이온스밸리 B동 B113~114호, C동 B101호		
홈페이지	www.book.co.kr		
전화번호	(02)2026-5777	팩스	(02)3159-9637

ISBN	979-11-6836-787-6 94680 (종이책)	979-11-6836-789-0 95680 (전자책)	
	979-11-6539-086-0 94680 (세트)		

(주)북랩 성공출판의 파트너

북랩 홈페이지와 패밀리 사이트에서 다양한 출판 솔루션을 만나 보세요!

홈페이지 book.co.kr • **블로그** blog.naver.com/essaybook • **출판문의** book@book.co.kr

---

작가 연락처 문의 ▸ ask.book.co.kr

작가 연락처는 개인정보이므로 북랩에서 알려드릴 수 없습니다.

Vol. 3

앨리스 박사의
공연으로 보는 세상 풍경

주하영 지음

북랩

시간은 멈추는 법이 없다. 공연 예술을 사랑하는 마음 하나로 시작한 칼럼은 5년이라는 시간을 훌쩍 넘어 오늘에 이르고 있다. 색다른 리뷰, 깊이 있는 감상, 함께 나누는 마음을 목표로 한 시간들이었다.

읽는 것을 점점 외면하는 시대에 눈으로 감상하는 공연들을 보고 글로 그려 내는 작업은 어렵고 힘들기만 하다. 하지만 누군가 내 글을 읽고 공연을 통해 느꼈던 그때의 감정을 되살릴 수 있다면, 혹은 공연을 보지 않은 사람의 마음에 공연을 본 듯한 착각을 불러올 수만 있다면, 그것만으로도 가치 있는 일이 아닐까 생각하곤 했다.

가끔은 스스로에게 질문을 던진다. 내가 이 일을 계속할 필요가 있을까? 조금 더 커리어에 도움이 되는 일들에 매진하는 편이 현명하지 않을까? 나는 도대체 이 일을 왜 하는 것일까? 질문에 대한 답은 늘 하나로 귀결된다. 처음 칼럼을 시작할 때 내가 소망했던 것들, 누군가에게 내 글이 또 다른 위로와 안도를, 연민과 공감을 선사하는 것, 그것이 나에게는 언제나 글을 쓰는 이유가 된다.

그 간절한 마음이 독자들에게 닿아 나와 함께 사유하고, 보다 좋은 세상을 만들기 위해 노력하고, 서로 공감하고 연대하는 마음을 꿈꿨던 것인지도 모르겠다. 내 글들이 그 꿈을 향해 잘 나아가고 있는지는 알 수 없지만 언젠가는 진심이 닿을 것이라는 희망의 끈을 놓지 않기에 나는 오늘도 내게 주어진 길을 한 걸음씩 내딛는다.

3권을 준비하면서 주목한 점은 이해를 위한 노력, 아픔의 순간에 필요한 위로, 확장된 시선, 그리고 미래를 향한 다양한 시도였다. 여전히 칼럼들은 게재되고 있고, 많은 사랑을 받고 있지만, 좀 더 느린 삶 속에서 활자와 종이로 마주하는 사색의 기쁨을 느끼고 싶은 독자들을 위해 주제별로 선별된 글들을 책으로 엮었다. 주로 국내에서 공연된 연극과 뮤지컬에 집중하고 있지만 세계의 공연들의 변화를 엿볼 수 있는 작품들 또한 포함했다. 문학과 예술을 통해 발견하게 되는 지식과 교훈, 감동과 위안, 슬픔과 사색, 열정과 의지가 앞으로의 삶에 더 나은 선택을 위한 길잡이가 되기를 바란다.

2023년 2월의 어느 날
주하영

CONTENTS

작가의 말 / 5

#1. 고전의 변주, 새로움을 입다

계속되는 삶, 또다시 두 발을 내딛는 인간 / 13
- 연극 〈오이디푸스〉

끝나지 않은 140년 전의 '논쟁' / 24
- 연극 〈인형의 집, Part 2〉

'패러다임'을 바꾸는 '의심'을 향한 전진 / 35
- 연극 〈갈릴레이의 생애〉

오스틴의 언어와 서술이 살아 움직이는 공간 / 46
- 연극 〈오만과 편견〉

#2. 이해를 위한 노력, 타인을 말하다

삶을 구원하는 '포용'의 사랑 / 59
- 연극 〈자기 앞의 생〉

'아름다움'을 향한 '새'의 시선 / 70
- 연극 〈추남, 미녀〉

'타인'의 이야기가 아닌 '우리 자신'의 이야기 / 80
- 연극 〈킬 미 나우〉

법과 용서를 둘러싼 동의, 그리고 공감 / 89
- 연극 〈콘센트-동의〉

숨겨진 편견, '혐오'를 진단하는 도구 / 99
- 연극 〈레라미 프로젝트〉

#3. 위로가 필요한 순간, 아픔을 말하다

위로와 격려, 지지가 필요한 우리의 삶 / 111
- 연극 〈오펀스〉

관망해 온 사람들을 향한 경고 / 121
- 연극 〈맨 끝줄 소년〉

'숨겨진 비명'을 듣지 못한 비극 / 132
- 연극 〈엘리펀트 송〉

'겨울의 마음'을 가져야 할 필요 / 142
- 연극 〈메리 제인〉

#4. 새로운 시도, 미래를 향하다

2028년 우리의 미래에는 무엇이 있을까? / 155
- 연극 〈렛 뎀 잇 머니〉

또 다른 세상을 향한 경계에 있는 '문' / 165
- 연극 〈템플〉

폭력의 상황을 해부하기 위한 노력 / 174
- 연극 〈Everybody Wants Him Dead〉

#5. 창작 뮤지컬, 다양함을 입다

'고독함의 해방'을 통해 완성된 '희망' / 187
- 뮤지컬 〈호프 : 읽히지 않은 책과 읽히지 않은 인생〉

원작과 각색 사이에 존재하는 의미의 '틈' / 197
- 뮤지컬 〈웃는 남자〉

'구원'을 꿈 꾼 한 인간의 삶 / 207
- 뮤지컬 〈빈센트 반 고흐〉

'사랑'과 '빛'을 낳은 도시의 전설 / 217
- 뮤지컬 〈줄리 앤 폴〉

#6. 확장된 시선, 세계를 향하다

'내가 될 수 있는 것'으로 떠나는 여행 / 229
- 야스민 바르디몽 컴퍼니 〈피노키오〉

'기억의 궁전'을 통해 전달된 '집단 기억' / 239
- 로베르 르빠주 〈887〉

가상의 경험을 체험하는 통로 / 249
- 프렐조카쥬 발레 〈프레스코화〉

참고문헌 / 258

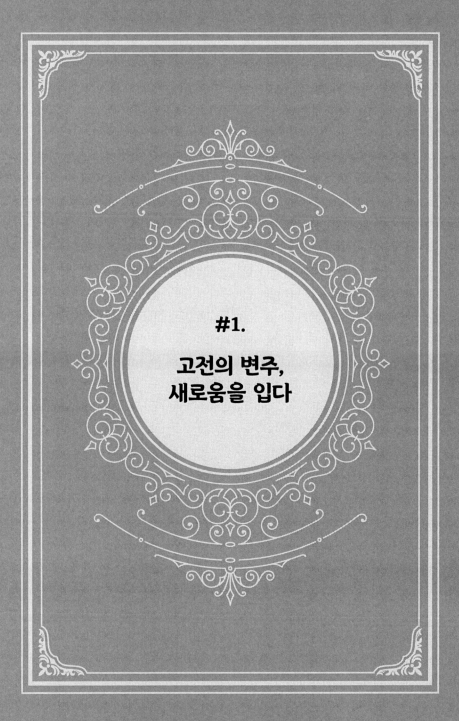

#1.

고전의 변주,
새로움을 입다

계속되는 삶,
또다시 두 발을 내딛는 인간

🎭 연극 〈오이디푸스〉

우리가 '고전'이라 부르는 것들에는 고전만의 '힘'이 있다. 오랜 세월 동안 수많은 사람들에 의해 읽히고 평가되며 재생산되어 새롭게 창조되어 온 고전이 발휘하는 영향력은 실로 막대하다. 시대를 막론하고 각기 다른 세대를 살다 간 대부분의 사람들이 '공감'했다는 점에서, 인종과 국가, 종교, 계급과 같은 이데올로기들이 파고들 수 없을 만큼 인간의 '근본'을 다루고 있다는 점에서, 고전은 보편적이고 일반적이며, 그 자체로 '진리'로 여겨진다. 무엇보다 '고전'이 다루는 인간의 모습과 삶은 현재를 살아가는 우리에게 여전히 '의미'를 가진다는 점에서 시간을 초월한다.

삶의 진실을 함께 '공감'하고 '연민'함으로써 스스로 '수용'하도록 만드는 예술이라 할 수 있는 연극에는 고대 그리스 시대의 극작가 소포클레스(Sophocles)의 《오이디푸스(Oedipus Rex)》라는 '고전'이 존재한다. 모든 극의 원천이라고 할 수 있는 비극 《오이디푸스》는 "아버지를 죽이고 어머니와 결혼해 볼 수 없는 자손들을 세상에 내놓을 운명"이라는 신탁 속에 "한 치 앞을 내다볼 수 없는 인간"의 불행과 슬픔, 고통을 드러낸다. "모든 것이 정해진 운명" 앞에 놓인 그의 삶이 2500년에 달하는 오랜 세월을 통해 관객들에게 던져온 질문은 몇 가지로 축약된다. 신에 의해 예정된 '운명' 앞에 인간이 벗어날 방법은 없는가? 인간의 선택, 의지, 노력, 투쟁과 같은 것들은 어디에 위치하는가? 그럼에도 인간이 '선한 선택'을 해야 할 이유는 도대체 어디에 존재하는가?

2019년 1월, 황정민 주연, 서재형 연출, 한아름 각색의 연극 〈오이디푸스〉의 초연이 펼쳐졌다. 2018년 연극 〈리차드 3세〉로 흥행을 거둔 샘컴퍼니는 새로운 연극 작품으로 기원전 429년에 초연된 고대 그리스의 비극 《오이디푸스 왕》을 선택했다. 연출을 맡은 서재형은 제작 발표회에서 오이디푸스의 '비참한 운명'보다는 "삶의 동력"에 초점을 맞추고자 했다면서 "인간이 의지를 갖는 순간"과 그 과정을 볼 수 있도록 하기 위해 많은 노력이 있었음을 밝혔다. 그는 진실을 알게 된 오이디푸스가 두 눈을 찌르는 장면의 "감성적 인상"을 강조하고, "오이디푸스가 자신의 의지로 스스로 걸어 나가는 장면이 준비되어 있다"고 덧붙였다. 이 때문에 서재형 연출, 한아름 각색의 〈오이디푸스〉는 기본적으로 소포클레스의 원작 텍스트를 따르지만 첨가된 대사와 해석을 통해 '색다른 옷'을 입은 듯 다른 작품으로 느껴지는 특징이 있다.

서재형의 연극 〈오이디푸스〉는 '오이디푸스 왕(Oedipus)'이 오랜 가뭄으로 신음하고 있는 테베(Thebes)를 위해 기도하던 중 잠깐 잠이 들어 "잔혹한 꿈"을 꾸는 장면으로 시작된다. "너는 누구인가? 어디에서 왔는가? 어디로 갈 것인가?"와 같은 질문에 답하던 오이디푸스는 이렇게 외친다. "결정과 선택은 피할 수 없는 인간의 숙명. 내 발이 어디론가 나를 인도하겠지. 가자, 이 길로!" 작품은 처음부터 인간이 내린 결정과 선택이 운명을 이끌고 있음을 강조한다. 코러스장(長)은 이렇게 설명한다.

> "피할 수 없는 신들의 길을 걷는 오이디푸스. 그는 사랑하는 사람들을 위해 길을 떠났다. 먼지가 입에 가득 차고 가시가 발에 박혀도 그는 걷고 또 걷는다. 우리에게서 멀어지기 위해, 사랑하는 사람들에게서 멀어지기 위해. (…) 이때 운명이 달려온다! '아침에는 네 발로 걷고 점심에는 두 발로 걷고 저녁에는 세 발로 걷는 것은 무엇이지?'"

코러스장은 오이디푸스가 자신에 관한 끔찍한 '신탁'에 대해 알게 되고, 이를 피해 먼 곳으로 '길을 떠나는 선택'을 했음을 드러낸다. 코린토스(Corinth)의 왕 폴리보스(Polybus)의 아들로 살아가고 있던 오이디푸스는 어두운 신탁으로부터 사랑하는 사람들을 지키기 위해 자신의 발이 이끄는 대로 길을 떠났고, 우연히 '삼거리'에 도달했으며, 인간의 얼굴과 짐승의 몸을 한 채 사람들을 잡아먹는 괴물 스핑크스(the Sphinx)가 낸 수수께끼의 정답을 맞혀 테베의 왕이 되었다. 잠시 악몽을 꾸었을 뿐 테베의 시민들이 겪는 '고통'을 생각하면 잠을 이룰 수 없다는 오이디푸스는 자신이 할 수 있는 일이 '기도'밖에 없음에 좌절한다. 한편, 백성들은 '탄원'을 의미하는 '마른 나뭇가지'를 든 채 나타나 "인간들 중 으뜸가는 왕"이자 "스핑크스를 물리친 가장 지혜로운 자"인 오이디푸스에게 자신들을 구원해 줄 것을 외친다.

흥미로운 점은, 오이디푸스가 왕으로서 이미 모든 것을 '알고 있음'

을 강조하며 지혜로운 자로서 '크레온(Creon)'을 신전으로 보내는 조치를 취한 자신에게 '자부심'을 드러내는 원작과 다르게, 서재형의 오이디푸스는 자신이 '신이 아님'을 강조하며 왕이라는 자리가 주는 '부담'에 괴로워하고 있다는 사실이다. 오이디푸스는 비탄에 가득 찬 가련한 백성들이 자신에게 요구하는 '구원'을 줄 수 없음을 안타까워한다. 그는 말한다. "내 목숨보다 소중한 백성, 잠자는 나를 깨우는 그들의 탄원, 수많은 생각이 밀려드는 나, 하지만 나는 신이 아니다!"

각색을 맡은 한아름 작가는 '이오카스테 왕비(Jocasta)'에게도 원작보다 많은 대사와 역할을 부여한다. 모두를 만족시킬 수 없는 자신의 미약함에 슬퍼하는 오이디푸스에게 이오카스테가 말한다. "정치는 예술이 아니에요. 결코 아름다울 수도 모두를 행복하게 할 수도 없지요!" 한아름 작가의 〈오이디푸스〉는 자신보다 다른 사람들을 더 걱정하고 안타까워하며 연민하는 훌륭한 '지도자'로서 오이디푸스를 설정한다. 이러한 오이디푸스에게 크레온이 들고 온 모호한 '신의 메시지'가 만족스러울 리 없다. 오이디푸스는 가능한 빨리 테베의 선왕인 '라이오스 왕(Laius)'의 살인자를 찾아내 추방하거나 처형함으로써 "신께 버려진 테베의 백성"을 구원하고 모두를 만족시켜야 할 의무와 압박에 시달린다. 스핑크스라는 반인반수의 괴물과 자신의 등장으로 인해 도적떼에게 봉변을 당해 죽음에 이르렀음에도 억울함을 달래지 못한 라이오스 왕에 대한 '속죄'의 필요는 오이디푸스로 하여금 눈먼 예언자 '테레시아스(Tiresias)'를 찾아가도록 만든다.

크레온의 조언으로 테레시아스를 찾아가는 오이디푸스를 이오카스테가 만류한다. 그녀는 "신의 비밀로 사람을 현혹하는 자"인 테레시아스에게 남편 오이디푸스를 보내 또 다른 비극을 낳을 위험을 감수하는 동생 크레온을 원망한다. 하지만 오이디푸스는 "고통받는 테베를 위해, 버려진 백성을 위해" 자신이 움직여야 함을 강조한다. 신이 아닌 인간, "한 치 앞을 내다볼 수 없는 인간"의 선택은 때로 자신을 향해 '불행의 화살'을 날리기도 한다. 지혜를 총동원해 최선의 선택을 한다고 하지만 전체를 볼 수 없는 인간에게는 늘 '한계'란 것이 존재하기 때문이다. 모든 진실을 알고 있는 예언자 테레시아스는 탄식한다. "지혜로운 자의 지혜가 아무런 힘을 발휘하지 못하는 곳에서 지혜롭다는 게 얼마나 괴로운 일인가!"

사실 서재형의 연극 〈오이디푸스〉의 경우, 그의 운명을 비극으로 몰고 가는 것은 지혜가 아니라 '선의'이다. 자신의 고통보다 다른 이의 고통을 더 안타깝게 여기는 마음, 누군가의 억울한 죽음을 밝히지 못한 죄의식에 속죄하려는 마음, 자신에게 내려진 끔찍한 운명을 피해 사랑하는 이들을 보호하고자 먼 길을 떠난 자기희생의 마음, 그 마음은 오이디푸스에게 평화와 행복을 가져다주는 것이 아니라 오히려 '진실'의 잔혹함과 마주하도록 만든다. 테레시아스는 오이디푸스의 성품이 운명의 화살을 더욱 재촉했음을 언급한다. 그녀는 말한다.

"거꾸로 날지 않는 화살은 절대 반대로 날아와 쏜 자의 심장을 겨누지 않습니다. 하지만 운명은 때로 칼과 같아 무기를 든 자의 성품에 따라 남을 향하기도 하고 자신을 향하기도 하지요. 어디로 향할지 모를 운명, 하지만 이미 정해진 운명!"

진실을 말하고 싶지 않은 테레시아스는 왕이 더 이상 진실을 파헤치지 말 것을 권고하지만 무기를 든 오이디푸스라는 자의 성품은 결국 자신을 향한다. 그는 자신을 기만하며 수수께끼 같은 말만 늘어놓는 테레시아스를 참지 못한다. 스핑크스보다 더 큰 '괴물'을 품은 테베를 언급하며, 살인자는 다름 아닌 '오이디푸스'라고 말하는 눈먼 예언자의 말은 그로 하여금 분노로 폭발하도록 만든다. 테레시아스의 "사악한 혀"를 뽑아 버리겠다는 오이디푸스는 그녀가 크레온과 협잡해 자신의 왕권을 노리고 있음을 의심하며 모든 것에 불을 지를 것을 명령한다. 테레시아스가 외친다. "눈이 있어도 진실을 보지 못하는 가련한 분!"

그리스 문학자 말콤 히스(Malcolm Heath)는 아리스토텔레스(Aristotle)의 『시학(Poetics)』의 서문에서 "모든 인간은 본능적으로 지식을 갈망한다"는 문장이야말로 인간에 대한 기본 이해를 설명하고 있음을 지적한다. 히스는 소포클레스의 오이디푸스는 '모든 것을 알아야 한다'는 갈망에 충실하며, 비록 자신의 출생의 비밀을 파헤치는 일이 그토록 피해서 도망쳐 온 끔찍한 '신탁'을 실현하는 일이 될지라도 자신의 두 눈과 귀로 그것을 확인해야 할 필요를 느끼는 것이 '인간'임을 강조한다.

크레온의 음모와 배신을 확신하며 처형을 명령하는 오이디푸스를 막아선 이오카스테에게서 선왕이 '삼거리'에서 죽음을 맞이했다는 말을 들은 오이디푸스는 갑자기 불안에 떨기 시작한다. "세 갈래 길이 하나로 만나는 곳, 하나의 길이 세 개로 나뉘는 곳"인 삼거리는 그가 테베로 오기 직전 마차를 타고 가던 노인 일행과 마주쳐 싸움이 발생했던 곳이기 때문이다. 한아름 작가의 오이디푸스는 '불같은 성미'나

'자만심'과 같은 성격적 결함이 아니라 신탁에 의해 규정된 '괴물과 같은 자신', "더러운 놈"이라는 시선에서 벗어나려는 한 인간의 투쟁이 잠시 좌절되던 순간, 즉 '의지'가 약해지던 순간에 비극의 원인을 설정한다.

길잡이 한 명과 마부 한 명, 세 명의 시종과 함께 델포이 신전(Delphi)으로 달려가고 있던 라이오스 왕은 친부모라고 믿는 사람들을 지키기 위해 떠나온 길에 지쳐 방황하고 있는 초라한 행색의 오이디푸스와 마주친다. 마차라도 얻어 타기 위해 친절을 기대하며 두 팔을 벌린 오이디푸스에게 라이오스 왕이 던진 "이놈! 썩 비키지 못할까? 길가의 돌멩이보다 못한 놈! 짐승보다 더러운 놈!"이란 말은 오이디푸스의 이성을 마비시킨다.

"태어날 때부터 온몸이 더럽혀진 놈", 아버지를 죽음으로 몰아넣고 어머니와 잠자리를 하게 될 '더러운 놈'이라는 꼬리표는 그의 머릿속에, 그리고 마음속에 스치며, 그의 내면에 억눌러 놓았던 모든 분노를 쏟아 내도록 만든다. "아니야! 난 더러운 놈이 아니야!"라는 그의 외침은 관객들의 가슴에 그대로 꽂힌다. 태어나는 순간부터 '신'이라는 알 수 없는 존재에 의해 '더러움'으로 규정된 생명체, 그로 인해 부모로부터 죽도록 숲에 방치된 아기, 자신이 속한 세상이 어디인지 모른 채 두 발이 부르트도록 끝없이 걸어야 할 뿐, 누구도 따뜻하게 손을 내밀어 주지 않는 곳에서 그가 느끼는 절망과 분노, 억울함과 비통함은 관객들이 그를 연민할 수밖에 없도록 만든다.

자신이 살인자일지 모른다는 두려움에 하얗게 질린 오이디푸스를 향해 이오카스테는 하루에도 수십 명씩 사람들이 모이는 삼거리에서 그가 라이오스 왕과 마주칠 확률은 매우 적으며, 자신이 불행한 신탁을 받은 아이를 죽였고, 오이디푸스는 폴리보스 왕의 외아들이기에 예언은 모두 틀렸음을 강조한다. 그녀는 말한다. "중요한 것과 중요한 것처럼 보이는 것을 구별하는 혜안을 가지실 필요가 있습니다. 당신의 굳은 의지만이 현명한 지혜입니다!"

하지만 중요한 것을 구별하지 못하는 사람은 사실상 이오카스테이다. 그녀는 자신이 두 발을 묶어 늑대의 밥이 되도록 키타이론 산(Mount Cithaeron)에 버린 아이가 두 양치기의 '선의'에 의해 코린토스 왕에게 양자로 보내졌다는 사실은 꿈에도 예상치 못한다. 그때 코린토스에서 폴리보스 왕의 승하 소식을 전하기 위해 한 이방인이 찾아온다. 자신이 아주 오래전에 오이디푸스의 두 발을 묶고 있던 줄을 풀어 준 코린토스의 양치기였음을 밝히는 그는 폴리보스 왕이 친아버지가 아니며, 자신에게 아이를 건네주며 먼 곳으로 가서 돌아오지 말라고 했던 사람은 라이오스 왕의 가신이었다고 말한다.

이오카스테는 두려움에 떨기 시작한다. 그녀는 끝내 친부모를 찾겠다는 오이디푸스를 만류하며 절규한다. "제발, 당신의 목숨을 소중히 여기시거든 들춰내는 일을 멈추세요. 저는 이 상황을 더는 견딜 수가 없습니다!" 하지만 오이디푸스는 멈출 수 없다. 그는 확인해야만 한다. 자신이 그토록 피하기 위해 몸부림쳐 온 신탁이 현재 자신 앞에 와 있는 것이 아님을, 설사 그것이 정반대의 결과를 불러온다 할지라도 말이다.

화살은 이미 활시위를 떠났고 그곳이 어디이든 과녁에 꽂혀야만 움직임을 멈출 수 있다. "두 눈으로 나를 바라보지 마!"라고 소리치며 도망치듯 자리를 떠나는 이오카스테를 향해 "비천한 출신"을 남편으로 맞이한 것이 창피해 그러는 것이라 여기는 오이디푸스는 여전히 '더러운 놈'이라는 신탁의 억압에 시달리고 있다. 그는 자신이 '더러운 놈'이 아님을, 자신이 '선한 사람'임을 증명하기 위해 전력을 다한다. 그는 '진실'을 위해 라이오스 왕의 가신이었던 양치기를 불러들인다. 하지만 진실은 혹독할 뿐 아니라 오이디푸스의 모든 노력을, 그의 간절한 시도들을 모두 쓸모없는 것으로 만든다.

"이름은 부모가 지어 주는 최초의 저주이니!" 두 발이 묶인 탓에 발이 부어 있던 아기에게 지어 준 '오이디푸스' 즉, "부은 발(swollen foot)"이란 뜻의 이름은 그에게 '저주'로 작용한다. 진실의 가혹함을 받아들이고 살 수 없던 이오카스테는 머리를 쥐어뜯다 목을 매 자살하고, 오이디푸스는 "보아야 할 것을 보지 못한" 자신의 두 눈을 그녀의 브로치로 찌른다. 무대는 두 눈에서 뿜어져 나오는 "검은 피"를 상징하는 붉은 천들로 물결치며 폭포수처럼 천장에서 바닥으로 떨어져 내린다. 코러스장이 외친다. "피의 폭포가, 검은 피들이 왕비의 시체에 켜켜이 쌓입니다!"

두 발이 흙먼지로 온통 덮이고 부어터지도록 떠돌아야 할 '저주'에 묶여 있는 오이디푸스, 그의 운명은 '죽음'에 이르는 순간까지 그 어떤 '고난'에도 불구하고 앞으로 나아갈 수밖에 없는 모든 인간의 '삶'을 상징한다. 누군가의 '선의'가 반드시 다른 누군가에게 '행운'으로 다가오지 않는 삶, 패륜과 근친상간을 범하는 끔찍한 운명 앞에서도 아무것도 모른 채 발을 딛는 맹인의 삶, 자신의 잘못이라고 하기에는 억울함이 사무쳐도 '책임'이라는 굴레를 벗어날 수 없는 삶, 무엇보다 그 모든 '불행'에도 불구하고 끝날 때까지 지속될 수밖에 없는 삶, 세상에 태어난 모든 인간이 겪게 되는 크고 작은 불행이 넘쳐나는 안타까운 삶…

하지만 오이디푸스는 두 눈이 먼 채로 지팡이를 짚고 떠나려는 자신을 향해 함께 가자고 손을 내미는 코린토스의 양치기에게 이렇게 말한다. "아니, 괜찮소. 내 비록 보이지는 않으나 갈 길은 분명하니. 아! 옛날의 당신은 이런 선의로 나를 살려 준 것이로군요. 고맙소!" 오이디푸스는 살인자의 추방만이 테베를 정화시킬 수 있기에 가뭄을 종식시키고 비를 불러오기 위해 홀로 길을 떠난다. 코러스장이 관객들을 향해 외친다. "보라. 오이디푸스의 뒷모습을 본 자라면 누구든 명심하라. 삶의 끝에 이르기 전에는, 삶의 고통에서 벗어나기 전에는, 사람으로 태어난 자신을 행복하다 믿지 말라. 인생의 갈림길에서!" '고통'으로 점철된 삶, 누구도 예측할 수 없는 삶, 그래서 함부로 속단하거나 자만할 수 없는 삶, 오이디푸스의 삶의 교훈은 모든 이의 가슴에 깊게 울려 퍼진다.

그의 운명은 이미 정해져 있던 것인지도 모른다. 깨달음에 이르는 모든 과정 또한 누군가의 힘에 의해 이끌어진 것인지도 모른다. 하지만 테베를 떠나기로 결정한 것은, 자신의 저주를 스스로에게 행하며 '책임'의 길을 선택한 것은, 신이 아니라 오이디푸스라는 한 '인간'이었다. 모든 것이 결정되어 있음에도 불구하고 자신의 의지를 놓을 수 없는 존재, 알면 다칠 수 있음을 예감하면서도 '진실'을 파고들 수밖에 없는 존재, 그것이 바로 인간이 아닐까? 아무리 비통해도 삶은 계속되고, 인간은 또다시 두 발을 내딛어야만 한다. 그것이 삶이기에!

* 본 글은 2019.01.29.~2019.02.24. 예술의전당 CJ 토월극장에서 공연된 샘컴퍼니 제작의 연극 〈오이디푸스〉를 관람한 후 작성된 칼럼입니다.

끝나지 않은 140년 전의 '논쟁'

연극 〈인형의 집, Part 2〉

영국의 소설가이자 비평가인 버지니아 울프(Virginia Woolf)는 1931 년 여성참여협회 강연에서 "여성이 다른 어떤 직업보다 작가로 먼저 성공할 수 있었던 이유"에 대해 엄청나게 "저렴한 종이 값"으로 인해 가족의 돈을 거의 필요로 하지 않았다는 사실과 가족의 평판을 떨어뜨리지 않는 "무해한 직업"이라는 인식이 작용했음을 피력한다. 하지만 그녀는 제대로 된 글을 쓰기 위해서는 '유령'과 싸워야 할 필요가 있었음을 말한다. 울프가 "가정의 천사(the Angel in the House)"라고 부르는 유령은 자기 자신을 희생하고, 다른 사람들의 바람과 요구에 맞추어 선택하며, 자신의 마음을 전혀 고려하지 않는 문화로 습득된 '여성의 코드'이다.

"여성은 언제나 매력적이어야 하며, 화해할 줄 알아야 함"을 강조하는 '가정의 천사'를 죽이지 않고서는 자신의 '생각'을 펼칠 수 없었던 울프는 "그녀(가정의 천사)는 가상의 존재이지만 실체보다 환영을 죽이는 일이 훨씬 더 어려웠다"라고 토로한다. 완전히 그녀를 해치웠다고 생각할 때마다 어김없이 다시 '그림자'를 드리웠기 때문이다. 울프의 이러한 진술은 시대가, 사회가 여성에게 강요해 온 사고에서 벗어나 오롯이 '자기 자신'으로 무언가를 바라보고 판단하는 일이 얼마나 어려운 것인지를 대변한다. 그녀는 강연에서 "여성이란 무엇인가?"라는 질문에 이렇게 답한다. "모릅니다. 여러분이 알고 있다고 생각하지도 않습니다. 인간이 재능을 발휘하는 모든 기술과 직업 분야에서 여성이 스스로 자신을 표현할 수 있을 때까지는 그 누구도 알 수 없다고 생각합니다."

페미니즘(feminism)의 시작이자 전 세계에 '노라(Nora)'라는 이름을 알린 노르웨이의 극작가 헨릭 입센(Henrik Ibsen)의 1879년 극 《인형의 집(A Doll's House)》의 후속편이라 할 수 있는 〈인형의 집, Part 2(A Doll's House, Part 2)〉가 2019년 국내에 소개되었다. 2017년 미국 언론의 호평 속에 '브로드웨이 최고의 화제작'으로 주목을 받았던 극작가 루카스 네이스(Lucas Hnath)의 최신작이었다. 당시 〈인형의 집, Part 2〉는 토니 어워드(Tony Awards) 8개 부문에 노미네이트되었을 뿐 아니라 27개의 극장을 휩쓸며 관객들의 사랑을 받은 "2018년 미국에서 가장 많이 상연된 연극"으로 선정되었다. 2016년 〈크리스천스(The Christians)〉로 오비상(Obie Awards)을 받으며 '종교'를 둘러싼 믿음과 신념의 문제를 제기했던 네이스는 2017년 "15년 만에 집으로 돌아온 노라"를 가정해 '결혼'이란 제도를 둘러싼 이데올로기와 문화, 자유, 그리고 모든 억압에서 벗어나 "자신만의 관점으로 사물을 바라볼 수 있는 가능성"에 관한 질문들을 이어 나갔다.

네이스는 《보그(Vogue)》와의 인터뷰에서 뉴욕의 한 아방가르드(avant-gard) 극장에서 "도마뱀의 꼬리를 달고 있는 7명의 배우"에 의해 연기되는 '노라'를 보게 된 후부터 꽤 오랫동안 《인형의 집》의 후속편을 쓸 생각을 해 왔음을 밝히며, 구체적인 출발점은 2014년 크로아티아(Croatia)로 여행 중 인터넷에서 발견한 "형편없는 번역본"이었다고 설명한다. 엉망인 대사들을 자신만의 언어로 옮기던 작업은 일종의 '각색'처럼 변해 갔고, 네이스로 하여금 극본을 계속 발전시켜야 할 필요를 느끼도록 만들었다.

네이스는 브로드웨이 초연 당시 《뉴요커(The New Yorker)》와의 인터뷰를 통해 자신이 '여성'이 아닌 이상 "무엇이든 놓친 것이 없도록" 하기 위해 여러 배우들과 페미니스트들로부터 여론 조사를 실시하고 의견을 들을 필요가 있었음을 피력했다. 그는 워크숍(workshop) 과정에서 집을 나간 '노라'의 삶을 묻는 질문에 모든 배우들이 '매춘'이나 '감옥', '죽음'을 떠올리는 것을 발견하고는 오히려 정반대로 '작가로의 성공'을 그리고 싶어졌다고 말했다. 19세기 노르웨이의 이혼 법률과 결혼의 역사, 입센의 드라마투르기(dramaturgy)와 같은 책들을 섭렵한 네이스는 여러 학자들의 조언을 구하는 과정에서 『성과 텍스트의 정치학』의 저자 토릴 모이(Toril Moi)가 제안한 "모든 여성이 엄마가 되도록 만들어진 것은 아니라는 생각을 '견인'으로 발전시킬 가능성"을 받아들이게 되었음을 밝혔다.

〈인형의 집, Part 2〉에서는 8년이라는 결혼 생활에 자리한 '거짓과 위선, 허상'을 깨닫고 "완전한 자유"를 얻기 위해, 스스로를 교육하고 "새로운 인간"으로 거듭나기 위해 집을 떠났던 노라가 남편 '토르발트(Torvald)'가 제출하지 않은 '이혼 신청서'의 문제를 해결하기 위해 15년 만에 집으로 되돌아온다. 19세기 말이라는 시대적 배경 속에서 '결혼한 여자'에게는 절대로 허락되지 않던 "계약서에 서명을 하고, 사업을 하고, 다른 남자들을 만나 연애를 한" 노라는 필명으로 글을 쓰던 자신의 정체를 밝혀 '사기죄'로 고소하고 그녀의 삶을 송두리째 망쳐 버리겠다는 한 판사의 '위협'에서 벗어나기 위해 토르발트의 '이혼 신청'이 매우 다급함을 토로한다. 때마침 서류를 깜빡 잊고 출근했던 토르발트가 집 안으로 들어선다. 그는 여전히 노라에게 화가 나 있다. 남자가 이혼 신청을 할 경우, 그 이유에 대해 누구도 관심을 갖지 않지만 여자가 이혼 신청을 할 경우, 남편이 뭔가 끔찍한 일을 저질렀음을 증명해야 하는 법률은 노라로 하여금 토르발트가 자신의 삶에 드리운 문제를 해결할 것을 요청하도록 만든다. 하지만 토르발트는 이미 오래전에 자신을 망쳐 버린 노라의 부탁을 들어줄 생각이 없다.

노라는 유모 '앤 마리(Anne Mari)'에게 '도움'을 요청하지만 앤 마리는 자신의 입장을 곤란하게 만든 노라의 '이기심'을 비난하며 당장 돌아갈 것을 권한다. 결국 노라는 '이혼 신청'의 문제를 해결하기 위해 결코 마주하고 싶지 않았던 오랜 '상처'인 딸 '에미(Emmy)'와 마주하게 된다. 엄마를 전혀 기억하지 못하는 에미는 자연스럽게 '죽은 사람'이 되어 버린 '노라'의 존재에 대해 설명하고, 오히려 노라가 '사망 신고서 위조'에 동의해 줄 것을 제안한다. 15년 전 '공문서 위조 사건'으로 인해 자신의 삶의 '진실'을 깨달을 수 있었던 노라는 모든 것이 반복되고 있는 토르발트의 '공간'에서 또 다른 '각성'에 이른다.

구성은 심플하다. 인물들의 대립과 홍수처럼 쏟아지는 대사들은 흥미롭고, 때로는 쓴웃음을, 때로는 폭소를 자아낸다. 커다란 문과 몇 개의 딱딱한 나무 의자만이 차지하고 있는 단출한 무대는 마치 법정이나 토론장을 연상케 한다. 실제로 네이스는 희곡 대본의 무대 설명을 통해 "공개 토론(a forum)과 같은 분위기를 자아낼 것"과 "숨 쉴 틈 없이 빠르게 진행되는 대사들과 멈춤, 침묵"을 통해 극의 긴장감을 조성할 것을 규정한다. 극은 노라가 집을 떠난 15년 후의 삶이 아니라 노라의 '선택'이 각 인물에게 어떤 영향을 미쳤는지, 어떤 변화를 낳았는지, 무엇이 변하고 무엇이 변하지 않았는지를 탐색하는 '토론의 장'을 열어 보인다.

영국 극작가 버나드 쇼(Bernard Shaw)의 '토론극(discussion plays)'의 형태를 닮은 극은 앤 마리와 노라, 토르발트와 노라, 그리고 에미와 노라로 쌍을 이루며 마치 노라가 각 인물을 상대로 '논쟁 시합'을 벌이는 구성을 이어 나간다. 2019년 4월, 연극 〈힐러리와 클린턴(*Hillary and Clinton*)〉의 브로드웨이 공연과 관련해 네이스와 인터뷰를 진행한 《뉴요커》는 "결투(duelling)"처럼 진행되는 관점 경쟁, 날카로운 논쟁과 토론에 주목하며 그를 "소크라테스 대화법의 대가", "조지 버나드 쇼의 제자"라고 표현했는데, 이는 쇼의 극작 방식에 대한 네이스의 깊은 '관심'에 기인한다. 네이스는 "불쾌한 논쟁을 어떻게 지속시켜 관객들이 의심할 만한 무언가를 발견하고 고개를 끄덕이며 몰입할 수 있도록 만들 것인지"에 있어 쇼의 방식을 따르고 있음을 인정하며, 그러한 방식들이 "그리스 시대의 대화법과 유사하다고 느꼈다"고 말한다. 그는 "누군가와 끊임없는 논쟁을 하는 가운데 다른 누군가가 다가와 또 다른 논쟁"을 벌이면서 한 층위씩 '핵심'으로 파고드는 접근법을 선호한다. 이 때문에 극을 바라보는 관객들은 논쟁의 핵심을 찌르는 누군가의 의견에 동의하고 있다가도 어느 순간 반론을 제기하는 다른 사람의 또 다른 의견에 동의하게 되는 자신을 발견하는 '모순'을 경험한다.

'모순'은 질문을 던지도록 만들고, '질문'은 자신의 사고 체계를 의심케 한다. 관객들은 '감성'을 통해 누군가와 동일시하거나 연민하는 것이 아니라 '이성'을 통해 논쟁에 뛰어듦으로써 동의하고 반박하는 '이념 대 이념'의 대결을 벌인다. 원작의 노라가 집을 떠난 뒤 15년이 지난 시점인 19세기 말이라는 배경은 의미가 없다. 노라와 토르발트, 앤 마리, 에미가 제기하는 모든 문제들과 관점들은 21세기인 현재에도 여전히 작동하고 있는 것들이기 때문이다. 우리는 아직도 충분히 '변화'하지 못했고, 여전히 '고정 관념'에 갇혀 있으며, 새로운 '인식'의 길은 멀기만 하다.

노라가 바깥세상을 향해 집을 나서면서 "문 닫히는 소리"로 끝이 났던 입센의 이야기는 "문 두드리는 소리"로 시작한다. 텅 빈 무대를 채우고 있는 커다란 문은 그 자체로 '경계'를 의미한다. '문'은 갇힌 공간에서 다른 세상으로 나아갈 수 있는 '출구'이자 외부의 세상으로부터 자신을 보호하거나 가둘 수 있는 '감옥'의 경계로 작용한다. 15년이란 세월 동안 다른 세상과 삶을 경험하고 "여자들이 원하는 것과 원하지 않는 것들", 세상이 여자들을 대하는 잘못된 방식과 왜곡된 사고와 같은 것들에 대해 글을 써 온 노라는 토르발트의 '공간'에서 변한 것이라곤 자신의 물건들이 사라졌다는 사실과 세월의 그림자뿐임을 감지한다. 네이스는 〈인형의 집, Part 2〉의 구조를 노라를 키워 주었을 뿐 아니라 엄마 없이 남겨진 노라의 세 아이들도 키워 준 앤 마리와의 재회로 시작한다. '아이들을 뒤로하고 자신의 행복을 위해 떠난 이기적인 여자'라는 굴레는 언제나 '노라'의 해방을 논함에 있어 첨예한 갈등을 불러오던 주제였다. 네이스는 노라가 토르발트와 재회하기 전 자신의 아이들을 키워 준 유모 앤 마리와 먼저 재회토록 설정함으로써 결혼과 육아, 여성의 자아실현의 문제를 끌어당긴다.

앤 마리는 전통적인 관점의 시선, 일반적인 사람들이 '일상' 속에 품고 있는 관습적 사고를 상징한다. 노라에 따르면, 혼자가 된 여자가 성공할 수 있는 배경에 '행운'이 작용한다는 생각은 "가정을 버린 여자들은 벌을 받아야 한다"고 가르치던 세상에 의해 주입된 사고이다. 사회는 사람들이 무엇을 원해야 할지, 무엇을 옳다고 여겨야 할지를 결정한다. 자유로운 속성의 사랑을 강제하는 '결혼'이라는 제도의 "고통스러운 본질"을 지적하고 "구시대의 유물"에서 벗어날 필요를 주장하는 노라를 향해 앤 마리가 말한다. "도리에 어긋나. 본능에 어긋난다고. 세상만사 다 이치가 있는데 가정을 버리고 제도를 거스르면 사람들이 불편해하지!"

20~30년이면 모든 것이 달라질 것이라는 노라의 '예측'은 140년에 달하는 시간을 건너뛰고도 도래하지 않았다. 사람들은 여전히 앤 마리 쪽으로 기울고 있으며, 앤 마리 덕분에 노라가 '자아실현'을 할 수 있다는 사실을 부인하지 않는다. '아이들'이라는 가장 큰 문제를 해결해 준 자신에게 '고마움'을 표시하지 않는 노라를 비난하는 앤 마리에게 노라가 묻는다. "남자가 가족을 떠나면 엄마는 남아서 애들을 지켜야만 하고, 여자가 떠나면 그 여자는 괴물이 되고, 아이들은 버려져 방치되는 건가요?" 자신의 아이들을 떠나 다른 사람의 아이들을 키우는 '일'에 종사한 앤 마리 역시 자신과 같다고 말하는 노라를 향해 앤 마리는 사회적 계층에 따라 달라지는 '현실'을 지적한다. "나와 노

라는 달라. 내가 선택할 수 있는 건 공장에서 뼈 빠지게 일하다 어린 나이에 죽거나 길에 나가 몸을 파는 것뿐이었어!"

 '선택할 수 있는 자유'의 문제는 토르발트와 노라의 관계에 있어서도 논쟁의 고리가 된다. 15년 만에 마주한 노라를 향해 토르발트가 느끼는 '분노'는 자신이 먼저 노라를 떠나는 선택을 하지 못했다는 '안타까움'과 버려졌다는 '패배감'에 기인한다. 자신이 먼저 노라를 떠날 수 있었던 수많은 순간들을 되짚으며 후회를 토로하는 토르발트를 향해 노라가 말한다. "당신은 기억을 왜곡하고 있어요. 자신을 피해자로 만들고 있죠. 비난받을 수 없도록. 우리 둘 중 더 옳고 더 나은 사람은 당신이어야 하니까!"

 네이스는 두 사람의 논쟁을 통해 남성과 여성 사이의 오래된 담론을 끌어낸다. 노라의 여성보다 항상 우월하고자 하고 지배하는 태도로 일관하는 남성에 대한 비난은 토르발트의 자신감을 표출하며 우월함을 과시하는 남성을 추구하는 여성에 대한 비난과 맞부딪친다. 15년 전 촉발되었던 갈등은 그대로이며, 그들은 여전히 서로를 이해하지 못한다. 문제를 깨달은 순간 '결혼'이라는 테두리 안에서 투쟁하는 대신 "역겨운 것들"을 피해 도망간 '무책임'을 비난하는 토르발트를 향해 노라는 "떠나는 것만이 유일한 해결책"이었음을 꿰뚫지 못하는 '인식의 한계'를 지적한다.

 두 사람의 관계와 소통에 생긴 문제를 해결하는 데 필요했던 것은 토르발트의 말처럼 "함께 쓰레기 더미를 헤쳐 나가려는 노력"이었을 것이다. 하지만 자신의 것이 하나도 없이 아버지에 의해, 남편에 의해,

사회에 의해 주입된 '누군가'로 살아가는 인간에게 먼저 필요했던 것은 '자신만의 목소리'를 찾는 것이었음 또한 분명하다. 토르발트와 노라의 대립은 남성성과 여성성의 문제를 넘어 세상에 길들여진 개인의 인식의 한계와 새로운 인식의 어려움을 노출한다. 노라는 자신만의 목소리를 찾기 위해 2년이란 세월을 말 한마디 하지 않는 "침묵" 속에서 보냈음을 토로한다. 노라는 바느질로 모은 돈으로 장만한 작은 오두막에서조차 세상의 잣대에 기대어 판단하고 결정하는 자신을 발견한다. 그녀는 "무엇을 하든 어떤 결정을 내리든 머릿속에서 들려오는 어떤 목소리"에서 벗어나 "진짜 내가 원하는 것, 내 소리라고 확신할 수 있는 목소리"를 듣기 위해 인고의 시간을 견뎌야 할 필요가 있었음을 강조한다.

아무리 벗어나려고 해도 반복해서 드리워지는 '유령'의 그림자는 에미로 대변되는 새로운 세대를 위해 노라가 분투해 온 길이 "달라진 것이 별로 없는 세상"을 품고 있다는 '각성'을 통해 또 다른 논쟁으로 연결된다. "누군가의 사랑"을 원하게 될 때 더욱 사회의 '거짓말' 속으로 파고들게 된다는 노라의 말은 딸 에미를 통해 그대로 드러난다. 엄마가 부재한 가정의 아이가 겪게 되는 정서적, 현실적 불안은 '결혼'을 통해 서로 '구속'하고 '강제'하는 관계 속에서 안주하고픈 갈망을 불러온다. 노라는 다음 세대의 여성들이 자신의 목소리를 들을 수 있기를, 그 어떤 사회의 구속에도 굴하지 않고 자신을 실현할 수 있기를 바랐지만 그러한 세상은 도래하지 않았다. 엄마가 부재한 가정에서 어린 시절부터 엄마의 역할을 일부 계승해야 했던 딸은 자신에게 정상적인 '가정'이 무엇인지, '결혼'이 어떠한 것인지를 보여 주지 않은 엄마를 원망한다.

에미의 논리 또한 지극히 일리가 있지만 결국 노라의 과거가 똑같이 반복되는 수순임에 동의할 수밖에 없는 관객들은 딜레마에 빠진다. 노라 역시 엄마가 부재한 가정에서 앤 마리라는 유모에 의해 키워진 딸이었음을 상기한다면, 어쩌면 에미는 젊은 시절의 노라, 결혼이라는 제도에 얽매이기 이전의 노라의 모습이라 할 수 있다. 그녀의 과거는 반복되고 있다. 어쩌면 그녀가 자신의 이야기를 책으로 쓰면서 '필명' 뒤에 숨는 방어적인 선택을 했기 때문인지도 모르고, 책을 팔리게 할 요량으로 자신의 소설 속 주인공을 병으로 죽게 만드는 현실적 '타협'을 했기 때문인지도 모른다. 혹은 모든 진실을 그대로 '폭로'하는 대신 난관이 생기자 좀 더 쉬운 방식으로 일을 해결하고자 토르발트를 찾아오는 '편법'을 택했기 때문인지도 모른다.

자신이 투쟁해 온 모든 것들이 그 어떤 '변화'도 일으키지 못했다는 인식은 노라로 하여금 '아직도 갈 길이 멀었음'을 인정하도록 만든다. 모든 것을 이루었다고 생각했던 여인 '노라'는 이제 또다시 모든 것을 잃는다 해도 절대로 포기하지 않을 것임을 공표하고 다시 일어선다. 그녀는 외친다. "세상은 아직 내가 생각했던 것만큼 변하지를 않았어요. 하지만 나는 언젠가 모든 것이 달라질 거란 걸 알아요. 그리고 모든 사람들이 지금보다 훨씬 자유로워지겠죠!" 토르발트가 말한다. "상상이 안 되는군!" 노라가 응대한다. "살아서 내가 그날을 볼 수 있기를 바래요!"

노라는 또 한 번 '혁명'을 일으키고자 커다란 문을 열고 세상 속으로 나선다. 하지만 우리는 그녀가 결코 살아서 변화한 세상을 보지 못했다는 사실을 알고 있다. 세상은 아직도 많은 문제들을 해결하지 못했고, 생각은 충분히 변화하지 못했으며, 앤 마리의 진술처럼 "사람들은 아직도 그런 문제들을 제기하는 것을 불편해한다." 하지만 '미래'는 남겨질 것이다. 적어도 네이스가 무대 위에 소환한 140년 전의 논쟁들이 여전히 유효하다는 사실에 '충격'을 받은 관객이라면 자신의 '현실'을 개선하기 위해, 새로운 '인식'을 확보하기 위해, 그 어떤 노력을 할 '가능성'이 남아 있기 때문이다.

100년 뒤 〈인형의 집, Part 2〉의 후속편을 쓰게 될 누군가는 무대위에 어떤 '논쟁'을 불러오게 될까? 노라가 예측하듯 "미래의 사람들"이 "저 시대의 사람들은 쓸데없이 스스로를 고문하는 제도 속에 갇혀 살았네!"라고 말하며, 완전한 '자유' 속에 살아가게 될까? 문득 궁금해진다.

* 본 글은 2019.04.10.~2019.04.28. LG아트센터에서 공연된 연극 〈인형의 집, Part 2〉를 관람한 후 작성된 칼럼입니다.

'패러다임'을 바꾸는 '의심'을 향한 전진

미국의 과학철학자 토마스 쿤(Thomas Kuhn)은 혁명을 "패러다임의 전환(paradigm shifts)"으로 정의했다. 그는 『과학혁명의 구조』에서 "과학의 진보는 절대적 진리를 향해 꾸준히 나아가는 직선적인 경로를 따르는 것이 아니라" 하나의 패러다임에서 다른 패러다임으로 "전환"을 이루는 방식으로 "진보"한다고 말했다. 공동체가 공유하는 한 사고의 '틀'이 더 이상 "일군의 변칙 현상"을 설명할 수 없게 되면 "위기"가 생긴다. 위기는 세상을 더 적절하게 설명할 수 있는 이론을 채택함으로써 "세계관의 변화"를 이루는 방식으로 극복된다. 즉, '혁명'은 "한때는 잘 작동했지만 더 이상 세상의 새로운 문제를 잘 다루지 못한다는 사실"을 인지하게 될 때 "격변을 일으킬 정도로 어려움에 직면한 이전 세계의 관념에서 벗어나는 방식으로 진보"하며 발생한다.

이러한 혁명의 가장 대표적인 예로 언급되는 것은 "우주에 대한 관념과 인간과 우주의 관계에 대한 관념의 변화"를 가져온 '코페르니쿠스 혁명(Copernican Revolution)'이다. 1543년 니콜라우스 코페르니쿠스(Nicolaus Copernicus)는 '지구'를 중심으로 움직이던 세상이 더 이상 유효하지 않음을 주장하며 '태양 중심'의 패러다임으로의 교체를 제안했다. 하지만 우주의 중심으로 존재하던 "하늘의 특별함"과 "창조의 절정"이자 "신의 최고의 피조물"인 인간의 지위를 빼앗길 수 없었던 세상은 한 세기라는 시간을 보내고 나서야 비로소 "지구가 그저 무수히 많은 별들 중 하나의 주위를 맹목적으로 돌고 있는 행성에 불과하다"는 사실을 받아들일 수 있었다.

1633년 이탈리아의 과학자 갈릴레오 갈릴레이(Galileo Galilei)는 코페르니쿠스의 '지동설'에 대한 확고한 믿음과 지지로 인해 로마교황청의 반발을 사게 되고, 종교 재판소에 회부되어 자신의 모든 주장을 '철회'해야 하는 상황에 처한다. 2019년 국립극단은 이러한 갈릴레이의 생애를 다룬 독일 극작가 베르톨트 브레히트(Bertolt Brecht)의 연극 〈갈릴레이의 생애(Life of Galileo)〉를 선보였다. 〈갈릴레이의 생애〉는 연극에 있어 객관적 '이성'을 통한 비판적 의식의 확보가 가능하도록 극적 환영을 깨뜨리고 무대와의 거리감을 조절해 "친숙한 것들을 낯설게 보이도록 하는 기법"인 '생소화 효과(defamiliarization effect)'를 고안한 브레히트의 가장 자전적인 작품이다.

파시즘과 자본주의 체제에 투쟁하며 양차 세계 대전 속에 나치를 피해 "신발보다 더 자주 나라를 바꿨다"는 말을 들을 만큼 '망명'을 거듭해야 했던 브레히트를 가장 사로잡았던 것은 '지식인의 역할'과 '새로운 시대에 대한 믿음'이었다. 마리안네 케스팅(Marianne Kesting)의 책『브레히트와 만나다』에 따르면, 브레히트가 《갈릴레이의 생애》를 집필하게 된 외적인 동기는 독일의 물리학자들이 우라늄 원자를 분열시켰다는 소식을 들은 것에 연유한다. '갈릴레이'라는 인물을 통해 브레히트가 드러내고 싶었던 주제는 "과학적 진보와 사회적 도덕의 문제"와 "지배를 위협하는 진리를 감추려는 권력 앞에서 인식된 진리를 관철시키고 실현하는 문제"에 대한 성찰과 고민이었고, 그의 관점은 명백히 "진보와 도덕 중 하나만 있을 때 사회는 파멸한다"는 것이었다. 케스팅은 이러한 그의 관점에 대한 논거로 브레히트가 죽기 전 마지막으로 수정한 《갈릴레이의 생애》의 베를린 공연 버전에서 "혁명적 이론을 내놓고도 실천은 이룩하지 못한 갈릴레이"를 이전 버전에 비해 더 엄격하게 비판하고 있음에 주목한다.

국립극단 공연의 연출을 맡은 이성열은 프로그램북의 「드라마투르그와의 대담」에서 《갈릴레이의 생애》의 첫 번째 판본이 "압제에 반하는 지식인의 자유를 설파"하고 있는데 비해, 히로시마 원폭 이후에 쓰여진 두 번째와 세 번째 판본에서는 "과학자의 사회적 책임을 강조"하고 있음을 언급했다. 하지만 그러한 변화된 작가의 메시지가 "맥락 없이 불쑥 튀어나와 다소 부자연스럽게 느껴지는 점"이 있고, "오늘날 과학자의 윤리적 책임은 익숙한 논제"라는 점에서, 윤색을 통해 "갈릴레이가 진실을 발견하고 세상에 알리고자 노력하는 과정을 더 강조하고자 했다"고 밝혔다.

그래서일까? 이성열 연출의 〈갈릴레이의 생애〉는 브레히트의 '생존과 실천 사이에서 갈등하는 지식인'보다는 고문과 죽음 앞에서 어리석은 선택을 하지만 '저항'하지 못한 자신을 후회하고 비난하는 "미천한 인간"으로서의 개인을 그린 듯한 인상을 남긴다. 갈릴레이는 '위대한 과학자'라는 지식인으로 존재하는 것이 아니라 자신의 '열정'이 가리키는 곳을 따라 호기롭게 전진하지만 '낡은 시대의 관점'에 의해 발목이 잡혀 억눌리고, 결국 '폭력'의 위협 앞에서 '굴복'하는 선택을 한 취약한 '개인'으로 그려진다. 이러한 시선은 영웅이 되기를 추구한 것이 아님에도 어느 순간 '영웅적 선택'을 해야 하는 위치에 놓이게 된 한 개인이 '용기'가 부족한 탓에 모든 것을 철회하고 '생존'을 택하는 모습에 관객들이 돌을 던지기보다는 '연민'을 품도록 만든다. 또, 삶 속에서 '진실'을 말해야 할 순간에 '침묵'을 선택하게 되는 평범한 개인의 모습은 자신이 추구하는 진실에 정직하게 사는 것의 '어려움'을 보여 준다. 물론 이러한 인식은 자칫 책임보다는 '생존'을 택함으로써 사회적 책임에 대한 '외면'을 옹호하게 되는 '위험'에 처할 수 있다. 하지만 극은 연출을 통해 갈릴레이를 둘러싼 기득권층의 부패함과 불합리함, 이해관계에만 집중하는 부조리함을 보다 강조함으로써 개인의 부족함보다는 '사회의 억압과 부당함의 고리가 개인을 옥죄는 방식'과 '이성의 눈으로 세상을 보는 일의 어려움'을 노출한다.

브레히트의 극적 기법과 관련해 이성열 연출은 '서사극(epic theatre)'이나 '생소화 효과'와 같은 것들은 본 공연에 적용하지 않았지만 워낙 대사가 많은 작품이라 지루함을 덜고자 "대중적인 요소인 노래와 음악을 원작보다 많이 넣었다"고 설명했다. 이러한 선택은 브레히트가 관객들의 '몰입'을 방해함으로써 객관적인 '이성'을 확보하기 위한 장치로 사용했던 부분들을 오히려 무대에서 멀어지려는 관객들의 관심을 사로잡는 '엔터테인먼트'의 효과를 거둔 것으로 보인다. 장면 전환의 순간마다 희곡에 부여된 브레히트의 시(詩)는 작가가 말하려는 것이 무엇인지 관객들이 고민하도록 만드는 효과를 위해 고안된 것이지만 그 '함축성'으로 인해 난해하게 여겨졌던 것은 사실이다. 또 1616년 로마 벨라르민 추기경 집의 무도회 장면(7장)에서 '가면'을 쓴 배우들을 활용해 갈릴레이가 권위로부터 느끼는 심리적 압박을 '환상'처럼 표현한 점이나 1632년 사육제의 수공업자 조합의 가장행렬 장면(10장)에서 현대의 '클럽'을 연상케 하는 시끄러운 음악과 '쇼'적인 구성을 통해 갈릴레이로 인해 대두된 계급 변동의 격렬한 움직임을 관객들이 '감각'으로 느끼도록 만든 점은 흥미로움을 선사한다.

사실 브레히트가 묘사하는 갈릴레이는 '감각'을 통해 삶을 즐기는 사람이다. 그는 "달팽이 요리와 양고기, 와인"에 탐닉하고, 연구에 필요한 자금을 확보하기 위해 다른 사람의 발명품을 자신의 것으로 속이기도 하며, 전염병 페스트(pest)가 창궐한 상황에도 연구에 필요한 책을 가져다줄 것을 어린 '안드레아(Andrea)'에게 부탁하는 세속적이고 모순된 모습을 보인다. 갈릴레이의 의식은 온통 새로운 시대를 열 '새로운 진리'를 증명하는 일에만 사로잡혀 있을 뿐 딸 '비르기니아(Virginia)'의 행복이나 가정부 '사르티 부인(Mrs Sarti)'의 희생에 대해서는 관심이 없다.

브레히트는 《갈릴레이의 생애》를 쓰기 훨씬 전부터 이미 "비만 체질에 못생긴 얼굴을 한 힘찬 물리학자를 염두에 두고 있음"을 언급했다. 그에 따르면 이 물리학자는 "소란스럽고 다혈질적이며 유머 감각이 있는 사나이로 위대한 교사지만 현세적이고, 호감이 가지만 배가 나오고, 두 손을 양쪽 엉덩이에 얹고 머리를 뒤로 젖힌 채 살집 좋은 손으로 제스처를 취하는 새로운 유형의 인물"이었다. 브레히트가 갈릴레이를 위대하고 멋진 인물로 그리기보다는 결점이 많은 인물로 그린 이유에는 실제 갈릴레이의 전기적 사실에 근거한 것도 있지만 "갈릴레이가 순교자나 영웅이 아니라는 점이 오히려 그에 관한 논쟁을 벌일 수 있도록 만들었기 때문"이었다.

〈갈릴레이의 생애〉에서 갈릴레이는 평생 그를 따르고 존경해 온 제자 안드레아의 예상과는 다르게 자신의 모든 주장을 철회하고 초라한 모습으로 돌아오는데, 분노한 안드레아가 "영웅이 없는 불행한 나라여!"라고 외치자 갈릴레이는 "영웅을 필요로 하는 나라가 더 불행한 법이네!"라고 응대한다. 이는 망명 시절 동안 브레히트가 가장 집요하게 고민했던 문제라는 점에서 '진리'와 '혁명'을 추구해야 할 지식인이자 작가로서 자신이 어떤 '현실적 선택'을 하는 것이 가장 '이상적'인지에 대한 그의 진지한 고민이 드러나 있다고 볼 수 있다.

권력에 맞서 싸우는 개인의 '저항'에 대한 생각은 브레히트가 1920년대 후반부터 1950년대 후반까지 발표한 산문 모음집 『코이너 씨 이야기』에도 잘 드러나 있다. 1929년에 발표된 「폭력적 권력에 맞서는 대책」이라는 산문에서 "사색가(the thinking man)"인 코이너 씨(Mr. Keuner)는 폭력적 권력(Power)에 반대하는 연설을 하고 있던 중 갑자기 자신의 뒤에 '권력(폭력)'이 서 있는 것을 발견하고, 한순간에 입장을 바꿔 권력을 찬양하고 있었다고 거짓말을 한다. 연설을 듣고 있던 학생들이 그의 줏대 없음을 비난하자 코이너씨는 "권력(폭력)보다 오래 살아야 할 필요성"을 주장하며, 한 일화를 들려준다. '아니요'라고 말하도록 교육받은 '에게 씨(Mr. Eggers)'는 불법적 공권력이 강제되던 시대에 명령에 따라 어쩔 수 없이 기관원을 7년 동안 자신의 집에서 돌보며 시중드는 일을 하지만 "내 하인이 되겠나?"라는 말에는 결코 대답하지 않음으로써 '저항'의 가능성을 남겨 둔다. 시중만 받아 뚱뚱해진 기관원이 건강이 나빠져 죽고 난 뒤에야 비로소 그는 기관원의 흔적을 모두 지우며 "아니요"라고 말한다. 이러한 에게 씨의 일화는 〈갈릴레이의 생애〉의 마지막 부분과도 일치한다.

1633년 종교 재판 이후 갈릴레이는 약 10년 동안 자택에 연금된 채로 교회가 요구하는 방향대로 자신의 '지식'을 내어 주며 버려 온 것으로 묘사된다. 1642년 학문 연구를 위해 네덜란드로 떠나는 길에 잠깐 방문한 제자 안드레아에게 갈릴레이는 교회의 눈을 피해 밤마다 몰래 희미한 빛에 비춰 필사해 온 『디스코시(Discorsi)』의 복사본을 건넨다. 물리학의 토대가 될 "새로운 담론"으로 갈릴레이가 태양 흑점에 관한 연구를 할 때부터 언급했던 책을 완성했다는 사실을 알게 된 안드레아는 자신의 스승이 "정치적 싸움"에서 벗어나 책을 쓸 시간을 얻었을 뿐 아니라 적 앞에 '진리'를 숨길 계략을 품고 있었음을 깨닫고 기뻐한다. 안드레아는 "장애물이 있는 경우 두 점 간의 최단 거리는 곡선"일 수 있으며 "빈손보다는 얼룩진 손이 낫다"고 말했던 스승의 '영리한 선택'이 오히려 '승리'를 가져왔다고 평가한다. 하지만 갈릴레이는 그것이 사실이 아님을 고백한다. 그저 고문 도구들을 보면서 "육체적 고통이 겁이 났을 뿐" 계획 같은 건 없었다고 말하는 갈릴레이는 "학문을 추구하는 일에는 특별한 용기가 필요"함을 강조한다. 그는 "학문 연구의 목표는 오로지 인간 존재의 짐을 덜어 주는 일"이어야만 하며, "이기적인 권력자 앞에서 위축되어 자칫 지식을 쌓는 일만 목표로 한다면 그것은 세계를 공포로 몰아넣는 일이 될 수 있음"을 경고한다.

과학자로서의 자세에 대해 안드레아에게 설명하는 갈릴레이의 대사는 말년에 자신의 삶을 돌아보는 브레히트의 생각을 그대로 옮긴

듯 보인다. 갈릴레이는 자신이 "과학자로서 엄청난 파급 효과를 일으킬 수 있는 기회를 가졌음"에도 불구하고 '비겁함'으로 인해 '가능성'을 놓쳐 버렸다는 점을 인식한다. 그는 모든 지식을 오로지 인류의 복지를 위해서만 사용하겠다는 "의사들의 히포크라테스 선서"와 같은 일을 과학계에서도 실행할 수 있었음에도 '저항'하지 못하고 물러선 자신을 스스로 비판하는 모습을 보인다. 그는 교회의 권력자들로 하여금 자신의 지식을 마음대로 사용하도록 내버려둔 엄청난 '배신'을 한 권의 학술 서적을 완성한 일로 용서받을 수 없음을 날카롭게 지적한다.

독일의 비평가 헤르베르트 이어링(Herbert Ihering)에 따르면, 브레히트는 "혼돈과 부패를 온몸으로 느끼는 사람"이라고 할 수 있으며, 인간을 항상 다른 사람에게 영향을 미치는 존재로 바라본다. 이는 브레히트가 새 시대를 이끌어 갈 안드레아가 갈릴레이를 통해 깨닫게 된 교훈을 '희망'으로 삼고 있음을 짐작케 한다. 안드레아가 진리 추구를 향한 열정, 이성에 대한 믿음, 변혁의 필연성에 대한 통찰뿐 아니라 지식인으로서 가져야 할 '용기 있는 태도'에 대한 성찰을 품고서 "스스로의 선생이 되어" 새로운 세상으로 떠나기를 바라는 갈릴레이의 마음은 "진실을 외투 속에 넣고 권력 앞을 지날 때는 조심하게!"라고 그에게 경고하는 모습을 통해 관객들에게 전달된다.

브레히트는 희곡 《갈릴레이의 생애》의 「서문(Foreword)」에서 "새로운 시대는 모든 것에 영향을 미치고 어떤 것도 변하지 않은 상태로 놓아 두는 법이 없지만 여전히 자신의 성격을 점차 펼쳐 보여야 할 어떤 것이라 할 수 있으며 모든 상상이 펼쳐질 기회를 가지게 되는 것"이라고 정의했다. 그는 새로운 시대에 모든 것을 바꿀 수 있는 '진리'를 발견한 연구자는 행복과 흥분을 느끼겠지만 곧 "낡은 것들에 의해 습격을 받고 보복을 당하는" 위험에 처함으로써 자신의 계획을 위해 희생한 많은 노력이 좌절되고 박해받는 절망에 휩싸이게 된다고 피력한다. 그는 '새로운 시대'는 결코 쉽게 얻어지는 것이 아니며 "새로운 시대의 경계에 서 있는 사람으로서의 적절한 태도를 취하는 것"은 더욱 어렵다는 것을 지적한다. '이성'의 눈을 크게 뜨고 남들이 보지 못하는 인식에 도달하는 일도 어렵지만 그것을 실천하는 일은 더더욱 어렵기 때문이다.

갈릴레이가 작품 전반에서 반복적으로 외치는 "이성의 부드러운 힘에 대한 믿음"은 브레히트 자신의 이성을 향한 믿음이기도 하다. 하지만 갈릴레이가 '망원경'을 통해 자신들이 직접 두 눈으로 진리를 확인할 수 있도록 만들어 주었음에도 "2,000년간 독보적인 위치를 차지해 온 아리스토텔레스의 권위에 도전"하는 무모함을 비난하고 공격하는 학자들을 설득하는 일은 어렵다. 또, "인간이 감히 천문학을 들이대며 신의 오류를 증명하려 한다"면서 그의 불경함을 참지 못하는 성직자들이 진실을 '눈'으로 보고 확인하도록 만드는 일은 턱없이 부족하기만 하다. 인간이 분명 이성적인 존재이기는 하나 감정에 의해 판단에 이르는 '모순된 존재'이기 때문이다. 갈릴레이 자신마저 육체의 감각이 느끼게 될 고문으로 인한 '고통'을 두려워하는 마음으로 인해 자신의 '이성'을 배신했다는 점은 이를 확인시켜 준다.

어쩌면 갈릴레이의 실패는 지나친 '이성'에 대한 믿음에 있었는지도 모른다. 사람들이 진실을 알면서도 거짓이라고 말하는 경우는 그들이 '바보'여서가 아니라 그들의 '감정'이 자신의 이해관계에 충실할 것을 요구하기 때문이다. 응용 행동 심리학자 맥스 베이저만(Max Bazerman)은 인간이 "한정된 정보에만 집중하는 경향"이 있을 뿐 아니라 "이해관계가 걸린 상황이라면 제아무리 도덕적 나침반이 잘 조정된 사람이라 해도 편향 없이 접근하기 어려움을 느낀다"는 점을 지적한다. 그는 불법적인 것을 보고도 대응하지 않거나 인지한 사실을 무시하는 "동기화 맹시(motivated blindness)"는 인간의 일반적인 현상이지만 극복할 수 없는 문제는 아니라고 말한다. "이해관계 충돌"을 인지한 상태에서 당연하게 여겨지는 무언가를 발견할 때 '의심'으로 다가서고 간과한 것이 없는지 '확인'하는 자세가 필요할 뿐이다.

세상의 '권위'를 손에 쥔 사람들은 자신들의 '자리'를 빼앗기게 될까 염려할 뿐 실제로 우주가 어떤 모습인지 '진리'가 무엇인지에는 관심이 없다. 종교 개혁으로 인해 하나였던 기독교 세상이 조각난 마당에 라틴어가 아닌 이탈리아어로 책을 쓰는 갈릴레이의 도발적인 행위는 '위협'으로 읽힐 뿐이다. 교회의 교구에 지대한 영향을 받는 지주와 귀족들은 교황청의 지탄과 소작농들의 '반란'이 염려될 뿐이고, 신이 만든 완벽한 세상에서 계획과 보살핌 아래 아무리 고난스러운 삶이라 해도 인내해야 한다고 믿어온 하층민들에게는 '공허'와 '상실'이 두려울 뿐이다. "불행한 자들의 영혼의 평화를 파괴하지 않기 위해 진실을 앞에 두고도 침묵하는 것"이라는 '키 작은 신부(The Little Monk)'의 변명은 분명 갈릴레이의 지적처럼, "보이는 걸 앞에 두고 눈을 감고 있으라고 하는 것일 뿐"이다. 하지만 쿤이 말하듯, 더 이상 감당할 수 없는 위기에 이르러 대체될 '세계관'을 채택하는 과정 없이 '혁명'이란 불가능하다. 그리고 그러한 혁명을 이루는 일에 필수적인 것은 자신이 믿는 것을 향한 끝없는 '의심'으로 스스로를 돌아보는 '노력'과 '훈련'이다.

브레히트는 말한다. "의심을 찬양하라! 자네들에게 충고컨대, 자네들의 말을 가짜 동전인 양 검사하는 자를 환영하게! 내가 원하는 것은 자네들이 현명하다는 지나친 확신에 차서 말하지 않는 것이라네!" 갈릴레이의 경고처럼, "어떤 일이 있어도 낡은 신앙이 새로운 신앙으로 즉, 맹목성에 대한 무서운 소망으로 대치"되지 않도록 하기 위해 우리에게 필요한 것은 의심과 탐구, 확인에 대한 열망을 잃지 않는 것, 무엇보다 그 모든 과정에 '지치지 않는 것'이 아닐까? 인간과 세상을 이해하는 '패러다임'은 얼마든지 바뀔 수 있다. 절대적인 무언가를 발견했을 때 우리가 취해야 할 태도는 '의심'되는 것을 향해 '질문'을 던지고 끊임없이 놓친 것을 확인하려는 '노력'일 것이다. '혁명'은 그러한 개개인의 노력 없이 절대 쉽게 다가오지 않는다.

* 본 글은 2019.04.05.~2019.04.28. 명동예술극장에서 공연된 국립극단 연극 〈갈릴레이의 생애〉를 관람한 후 작성된 칼럼입니다.

오스틴의 언어와 서술이
살아 움직이는 공간

연극 〈오만과 편견〉

결혼이라는 제도는 언제부터 생겨났을까? 기록에 따르면, 현재 찾아볼 수 있는 결혼의 증거는 약 4,350년 전이다. 문화 인류학자들은 훨씬 이전부터 여러 명의 남성 지도자와 다수의 여성들이 아이들을 낳고 서로를 공유하는 느슨한 형태의 공동체를 이루며 살아왔음을 지적하지만 인간이 보다 안정적인 가족 단위의 구성을 필요로 하게 된 것은 농경 문화의 정착 때문이라고 할 수 있다. 한 여자와 한 남자가 가족을 이루게 된 첫 번째 결혼식에 대한 기록은 기원전 2,350년 메소포타미아로 거슬러 올라간다. 이 결혼의 주요 목적은 가족 내 아이들의 생물학적 아버지가 단 한 사람임을 보장하기 위한 것이었고, 결혼을 통해 여성이 남성의 소유물이 되는 기본 구조는 아주 오랫동안 이어졌다.

결혼에 '사랑'이라는 개념이 들어서게 된 것은 중세 시대에 이르러서였다. 학자들은 낭만적인 사랑에 대한 생각은 중세의 기사들이 여인들에게 충성을 맹세하고 구애를 하던 데에서 출발했다고 말한다. 이러한 사랑의 개념은 "실용적인 거래"로만 여겨지던 여성들의 위치를 크게 변화시켰다. 더 이상 아내들은 남편에게 봉사하는 존재로만 여겨지지 않았다. 하지만 여전히 여성은 결혼과 동시에 남편의 성을 따름으로서 정체성이 남편에게 흡수되는 '상징적' 규율을 벗어날 수 없었고, 사유 재산을 가질 수 없다는 법에 따라 남편에게 모든 권한을 일임한 채 의존적이 될 수밖에 없었다. 20세기를 향하면서 여성들이 투표할 수 있는 권한을 갖게 된 때에야 비로소 결혼이라는 제도는 극적인 변혁을 맞이하게 되었다. 더 이상 기울어진 운동장과 같은 불평등한 관계가 아닌 온전한 두 시민권자의 평등한 결합이라는 공식이 마침내 가능해진 것이었다.

2017년 《BBC》는 영국의 로맨스 소설을 대표하는 작가 제인 오스틴(Jane Austen)의 서거 200주년을 기념하면서 19세기 지주 신사 계급의 결혼과 연애를 다룬 그녀의 소설들이 21세기에도 여전히 사랑받는 이유가 무엇인지에 대해 주목했다. "지난 40년 동안 결혼은 5,000년에 걸친 역사 속에서 변화해 온 것보다 훨씬 더 많이 변화했다"고 평가되는 가운데 현재의 독자들이 "상당한 재산을 소유한 남자"와 결혼해 안정된 삶을 이루려는 여주인공의 러브 스토리에 관심을 보이는 것은 무엇 때문일까? 2009년 펭귄북스에서 출간된 『오만과 편견(Pride and Prejudice)』의 서문을 쓴 비비엔 존스(Vivien Jones)는 "오스틴의 소설과 할리퀸 로맨스 사이에는 기본적인 구조적 유사성이 존재"할 뿐 아니라 19세기 초 오스틴의 소설로 구축된 로맨스의 양식이 "20세기 후반 독자들에게도 여전히 강력한 문화적 신화"가 되고 있음에 주목했다. 여전히 우리는 "성적, 감정적 끌림을 연 소득 1만 파운드와 펨벌리 저택(Pemberley)의 안주인을 향한 전망과 결합시키는 해피 엔딩, 즉 낭만적 사랑이 경제적·사회적 성공의 보증이나 구실이 되는 신데렐라 스토리에 쾌감을 느낀다"는 것이다. 오스틴이 남긴 6편의 소설 가운데 가장 사랑받는 작품 『오만과 편견』이 낳은 "할 말은 하는, 독립적인" 성격의 재기발랄한 여주인공 '엘리자베스 베넷(Elizabeth Bennet)'이 현대 로맨틱 코미디의 전형으로 여겨지는 것은 우연이 아니다. 대부분의 로맨스 소설이 오스틴의 인물 유형들을 따르고 있기 때문이다.

그렇다면 오스틴의 소설에 빠져드는 21세기의 독자들은 여전히 경제적으로는 열등하지만 능동적이고 솔직한 여주인공이 부유한 남자 주인공과의 결혼에 이르게 된다는 신데렐라 러브 스토리에 열광하는 것일까? 《BBC》에 따르면, 오스틴의 지속적인 인기 요인은 다른 곳에 있다. 오스틴의 소설은 19세기 영국 사회의 실질적 삶에 대한 아이러니가 가득하고, 당대의 관습과 예절, 가치뿐 아니라 결혼을 중심으로 구축된 사회의 불평등에 대한 신랄한 풍자를 담고 있다. 무엇보다 현재의 삶 속에서도 쉽게 찾아볼 수 있는 사실적으로 묘사된 인물들이 독자들의 관심을 끌어당기고 있다고 볼 수 있다. 잘난 체하면서 남을 무시하는 속물근성, 재정적인 문제를 도외시할 수 없는 슬픈 현실, 겉으로 강조되지는 않지만 여전히 존재하는 듯 보이는 계급의 문제, 다른 사람을 함부로 판단하고 결론 내리는 성급함과 자부심이 오만함으로 변질되는 부주의, 화려한 외모에 눈멀어 실재를 보지 못하는 어리석음, 부모나 형제자매, 가족의 억압에서 벗어나기 어려운 개인의 결정, 이 모든 것들은 21세기에도 여전히 작동하는 굴레이자 속박이다.

유니버시티 칼리지 런던의 영문학 교수 존 뮬란(John Mullan)은 지속성을 유지하는 오스틴의 가장 큰 매력은 '글쓰기 방식'에 있다고 말한다. 19세기 사회적 인습에 갇혀 있음에도 현재의 독자들에게 완벽하게 이해되도록 묘사된 강렬한 인상을 남기는 인물들과 매번 읽을 때마다 발견하지 못했던 새로운 것들을 끊임없이 발견하도록 만드는 오스틴만의 서술 방식이 인기를 지속시키는 비결이라는 것이다. 뮬란 은 당시 다른 여성 작가들에 의해 쓰여진 같은 소재와 주제의 소설들 이 많았음에도 오스틴만이 현재에 이르고 있는 것은 유튜브 채널과 트위터, 인스타그램 혹은 온라인 데이트 앱에 등장할 법한 인물들이 그녀의 소설 속에 살아 숨 쉬고 있기 때문임을 강조한다.

2014년 영국 솔즈베리 극장(Salisbury Playhouse)에서는 오스틴의 1813년에 출간된 소설 『오만과 편견』의 200주년을 기념해 조안나 틴 시(Joannah Tincey)와 닉 언더우드(Nick Underwood) 부부의 2인극으로 각색된 연극 〈오만과 편견〉이 무대에 올랐다. 《옥스포드 타임스(The Oxford Times)》로부터 "독특한 연극적 경험"이라는 호평을 받은 이 작 품은 2016년 영국 전역 투어에서도 성공을 거두며 오스틴을 사랑하 는 팬들에게도, 오스틴의 소설을 전혀 접해 본 적 없는 관객들에게도 "꼭 봐야만 하는 작품"으로 손꼽히며 주목을 받았다. 국내의 경우, 2019년 하반기에 초연된 후 계속해서 꾸준히 재연 무대를 선보이고 있다.

틴시 각색의 연극 〈오만과 편견〉의 가장 큰 특징은 단 2명의 배우 가 소설 속에 등장하는 21명의 인물들을 모두 자유자재로 연기한다 는 점이다. 틴시는 《TW 컬쳐(ThisWeek Culture)》와의 인터뷰에서 성별 과 나이가 다른 여러 인물들을 소품 몇 개와 옷자락을 젖히거나 덮는 의상의 변화만으로 차별적으로 표현하는 공연을 선보이게 된 계기에 대해 '다중 역할(multi-role)'을 하는 공연들에 참여했던 경험과 깨달음이 출발점이 되었다고 밝혔다. 그녀는 "배우가 하나 이상의 인물들을 연기하고 관객 앞에서 즉각적으로 변화를 생산해야 할 때 오히려 등장인물들의 특징을 더 명확하게 전달하게 되고, 언어 역시 관객들이 수용하기 쉽도록 텍스트를 살아 움직이는 것으로 만들게 됨"을 강조했다. 틴시는 무엇보다 오스틴의 소설 속 인물들의 '대화(dialogue)'가 주로 두 사람 사이에 이루어지는 경우가 많고 기본적으로 '연극성'을 갖추고 있기 때문에 인물들을 연극 무대에 살아 있도록 만들기 위해 아주 많은 노력을 기울일 필요가 없었다고 덧붙였다. 그녀가 각색을 위해 한 일은 오스틴의 전체 플롯(plot)을 머릿속에 담은 채로 두 사람이 짝을 이루는 장면들을 분류해 내고 마치 퍼즐을 맞추듯 구성해 재배열하는 작업이었다. 그녀는 다른 각색들의 경우처럼 새로운 장면을 더하거나 대사를 첨가하는 오류를 범하지 않았다.

실제로 영국에서 틴시 각색의 〈오만과 편견〉이 오스틴의 독자들을 사로잡은 이유는 소설 속 오스틴의 '언어'가 그대로 연극 속에 살아 있다는 점 때문이었다. 틴시는 연극으로 공연되기에 합리적인 길이의 대본을 만들기 위해 오스틴의 플롯 일부와 특정 인물들을 삭제하는 선택을 했지만 중심이 흔들리지 않는 선에서 이루어졌으며, 인물 간에 이루어지는 '대화'에 오스틴의 언어를 그대로 사용했다. 또, 오스틴의 글쓰기의 가장 큰 특징인 신랄한 위트와 풍자, 아이러니를 살리기 위해 오스틴의 '3인칭 서술'을 보존하는 방식을 택했다. 작가가 독자들에게만 전달하고자 하는 생각이 여러 인물을 연기하는 배우의 '입'을 통해 여러 목소리로 관객들에게 릴레이를 하듯 전달된다는 점이 다를 뿐 인물들의 속내며 비밀스러운 생각, 떠오르는 질문, 관계와 사회를 향한 비판적인 시선들은 관객들이 "여러 관점의 층위를 확보"할 수 있도록 만들어 준다. 틴시는 이러한 독특한 연극 방식이 관객들에게 선사하는 경험이 "오스틴 소설의 독자와 작가의 관계를 모방"한 것과 같음에 주목한다.

국내 공연의 아쉬운 점이 있다면, 원어가 아닌 번역이라는 한계로 인해 오스틴의 원문 텍스트의 활자가 어떻게 배우들의 입을 통해 생명을 얻게 되고 오스틴만의 독특한 글쓰기가 어떻게 "연극적인 맥락으로 살아 있게 전달되는지"를 정확히 느낄 수 없다는 것이다. 하지만 배우들의 열연을 통해 강렬하게 다가오는 21명의 개성이 뚜렷한 인물들과 관객과 배우가 함께 호흡하며 '상상력'으로 채워 나가는 소설 『오만과 편견』의 경험은 그대로 존재한다. 부서지고 무너져 내린 듯 틀만 남은 비틀린 저택과 작은 소파, 테이블, 서랍장, 소품 박스, 천장 높이 달려 있는 샹들리에 하나로 구현되는 무대는 관객들의 '적극적인 상상력'을 필요로 한다.

19세기 빅토리아풍의 저택과 의상, 화려한 무도회 등을 강조하지 않는 무대는 현대의 관객들이 시대를 초월한 오스틴의 강렬한 인물들을 현재의 관점에서 바라볼 수 있도록 장점을 부여한다. 동시에 당대의 다른 소설들처럼 저택이나 드레스, 인물의 외양을 묘사하는 데 노력을 기울이기보다는 인물 심리 묘사에 치중했던 오스틴의 글쓰기를 반영한 무대라고 할 수 있다. 또, '제인(Jane)'과 엘리자베스, 엘리자베스와 '다아시(Darcy)', 다아시와 '빙리(Bingley)', 제인과 빙리, '리디아(Lydia)'와 '키티(Kitty)', '베넷 부부(Mr. and Mrs. Bennet)' 등 2인으로 구성되며 맞물리는 장면들은 각 배우가 다른 성 역할을 최소한 4번 이상 하도록 만든다. 성 역할의 경계가 흐려지고 끊임없이 전복되는 모습은 관객들에게 연극적 즐거움과 유쾌한 웃음을 선사할 뿐 아니라 결혼을 통해 경제적 안정을 추구해야 했던 당대의 여성들의 한계를 드러내기보다는 젠더와 상관없이 인물이 가진 성격적 특성을 강조하게 되는 효과를 낳는다.

물론 『오만과 편견』이 다루는 주제라 할 수 있는 '허영과 교만'에 관해 의미 있는 말들을 쏟아 내는 베넷가의 딸 '메리(Mary)'가 플루트 소리와 '악보대(music stand)'로 축소되어 버린 점은 아쉬운 부분이라 할 수 있다. 오스틴이 소설을 통해 강조하려 했던 인간 본성에 관한 통찰력 있는 메시지가 약화되는 측면이 있기 때문이다. 『오만과 편견』의 제목에 포함된 영어 단어 'pride'는 자부심과 긍지, 자존심을 의미하기도 하지만 오만함과 거만함을 의미하기도 한다. 오스틴은 주요 인물로 등장하지 않는 메리의 입을 통해 응축된 생각들을 쏟아 내는데, 메리는 인간이 본성상 얼마나 교만해지기 쉽고 자기만족에 빠지기 쉬운 존재인지를 언급하면서 '허영(vanity)'과 '자만(pride)'을 구분한다. "자만이 내가 나를 어떻게 생각하느냐의 문제라면, 허영은 남이 나를 어떻게 생각해 주기를 바라느냐의 문제"라고 할 수 있다. 그리고 "사람은 허영심이 없이도 얼마든지 오만해질 수 있다"는 점을 간과해서는 안 된다. 이는 엘리자베스와 그녀에게 오만하다는 첫인상을 남긴 다아시가 서로의 잘못과 실수를 깨닫고 사랑과 결혼에 이르게 되는 과정의 핵심에 놓여 있는 부분이라고 할 수 있다.

다아시의 오만한 실수는 허영심과 상관없이 지나친 자기만족에 빠져 엘리자베스와 같이 경제적으로 자신보다 열등한 여성이 자신의 청혼을 거절할 리 없다고 믿었던 데 기인한다. 또 사교성이 부족한 다아시의 태도와 위선적인 '위컴(Wickham)'의 말만 믿고 성급한 결론에 도달한 엘리자베스의 '편견(prejudice)'은 자신의 판단력에 대한 과신과 자만의 결과라고 할 수 있다. 두 사람은 자신의 실수와 결점을 인식하고 서로를 향해 움직이는 용기를 통해 사랑을 기반으로 한 결혼에 이르는 길을 되찾는다. 틴시는 〈오만과 편견〉 속에서 엘리자베스라는 여주인공이 겪어 나가는 일들은 사실상 "자신에 대해 알아 가는 과정"이자 "세상에서 자신의 자리를 찾아가려는 노력"의 일환이라 할 수 있기 때문에 현재의 관객들과의 연결점을 쉽게 찾을 수 있다고 말한다. 내가 옳다고 믿는 것과 어긋나는 행동을 하는 사람들을 향해 충동적인 감정으로 성급한 판단을 내렸음을 인식할 때의 당혹감과 부끄러움은 엘리자베스라는 인물을 통해 드러난다. 반면 지나친 자부심으로 인해 다른 사람의 삶에 섣불리 개입해 관계를 틀어지게 만들고 상대방의 감정을 배려하지 않는 무례를 저질렀음을 인식할 때의 창피스러움과 실망감은 다아시를 통해 보편성을 획득한다. 모든 인간에게 내재되어 있는 허영과 오만, 편견과 위선, 이기심과 탐욕과 같은 본성적 결함은 오스틴이 빚어낸 다채로운 인물들과 건조한 유머와 아이러니가 담긴 서술을 살아 있는 것으로 만드는 배우들의 재능을 통해 2시간 동안 소설을 입체적으로 경험하는 듯 환상을 불러일으킨다.

작품의 주인공인 엘리자베스와 다아시를 중심으로 언니 제인과 커플을 이루는 미스터 빙리, 부유한 신사 계급과 딸들을 결혼시키기 위해 열을 올리는 미시즈 베넷과 아들이 없는 탓에 사촌에게 토지를 물려줘야 함에도 태평하기만 한 미스터 베넷, 미시즈 베넷의 동생 부부이자 엘리자베스와 다아시 사이에서 중요한 역할을 하게 되는 '미시즈 가드너(Mrs Gardiner)'와 '미스터 가드너(Mr Gardiner)' 등은 남녀 배우가 짝을 이루어 반복적으로 선보이는 인물들이다. 흥미로운 점은 엘리자베스와 미시스 베넷을 연기하는 여배우가 의상 앞쪽의 단추를 풀어헤치고 바지를 드러내는 순간 제인에게 청혼하는 미스터 빙리로 변신하고, 다아시와 미스터 베넷을 연기하는 남배우가 의상 앞쪽 단추를 가지런히 채우고 드레스처럼 들어 올리는 순간 빙리를 사랑하는 언니 제인으로 변신하게 된다는 것이다. 뿐만 아니라 대책 없이 발랄하기만 한 여동생 리디아와 키티, 베넷 가문의 토지를 상속받기로 되어 있을 뿐 아니라 상류층의 눈에 들기 위해 아첨과 순종의 태도를 보이는 우스꽝스러운 '미스터 콜린스(Mr Collins)', 파렴치한 짓을 하고도 사교성 좋은 매너와 장교라는 허울 뒤에 숨어 다아시를 험담하고 리디아를 데리고 도망치는 바람에 베넷 가문의 명예를 위태롭게 하는 위컴, 다아시의 눈에 들기 위해 자신을 뽐내는 일에 최선을 다하는 허영심 가득한 '캐롤라인(Caroline)'과 조카인 다아시와 자신의 딸을 결혼시켜 상류층의 위신과 경제적 결합을 이루려는 속물적인 '캐서린 부인(Lady Catherine)' 등 모든 인물들은 두 배우에 의해 분명하게 구분된다. 손수건이나 부채, 모자, 지팡이, 안경, 숄과 같은 작은 소품으로 강조되는 캐릭터는 배우의 목소리 톤과 태도, 대사를 전달하는 방식에 따라 완전히 새로운 인물로 탈바꿈한다.

틴시의 〈오만과 편견〉은 사회 속에서 안정된 미래를 보장받기 위해 분투하는 오스틴의 인물들을 "완전히 육체가 있는 사람들"로 무대 위에 구현할 뿐 아니라 관객들이 그 속에서 자신의 측면을 발견하고 보편적인 인간의 단점과 장점을 인식할 수 있도록 만든다. 어쩌면 그것이 영국 리뷰 블로그 채널로부터 "감히 원작보다 더 재미있다고 말할 수 있다"(《Theatre Things》)는 평가를 받게 만든 점이고, "코미디와 에너지로 진동하는 작은 보석과 같은 연극"(《A Younger Theatre》)이라는 설명이 덧붙여진 이유일 것이다.

* 본 글은 2019.08.27.~2019.10.20. 충무아트센터 중극장 블랙에서 공연된 연극 〈오만과 편견〉을 관람한 후 작성된 칼럼입니다.

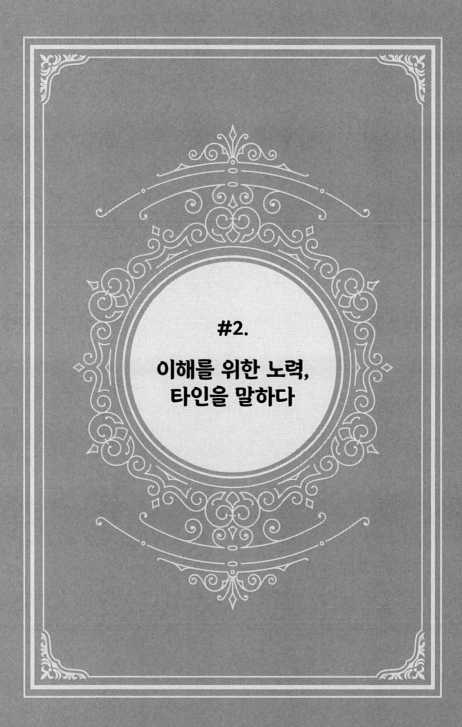

#2.

이해를 위한 노력,
타인을 말하다

삶을 구원하는 '포용'의 사랑

평생 한 번 받기도 힘든 프랑스 최고의 문학상인 '공쿠르상'을 두 번이나 수상한 작가 로맹 가리(Romain Gary)는 자살하기 몇 달 전 《라디오-캐나다(Radio-Canada)》에 출연해 「말과 고백」이라는 프로그램을 통해 자신의 삶을 이렇게 설명했다고 한다.

"나는 내가 삶을 산 것이라 생각하지 않습니다. 오히려 삶이 우리를 갖고 소유하는 게 아닌가 싶네요. 살았다는 느낌이 들면 우리는 마치 스스로 삶을 선택하기라도 한 것처럼, 자기 삶인 양 기억하곤 하지요. 하지만 개인적으로 나는 살면서 선택권을 거의 갖지 못했습니다. 지극히 일반적이고 사적이며 일상적인 의미의 역사가 나를 이끌었고, 어떤 면에서는 나를 속여 넘겼지요. (…) 내가 삶을 선택했다기보다는 삶의 대상이 되었다는 느낌입니다. 분명 우리는 삶에 조종당합니다."

– 『내 삶의 의미』 중에서 –

매 순간 선택한다고 생각하지만 뒤돌아보면 알 수 없는 거대한 힘이나 어떤 흐름에 이끌려 어디론가 가게 되었다고 느껴지는 삶, 내가 삶을 살아간다고 생각하지만 다른 누군가에 의해 조종당하기라도 하듯 주인으로 살아갈 수 없다고 생각되어지는 삶에는 수많은 사람들의 '관계'가 존재한다. 사회는 관계로 형성되고, 관계는 질서를 낳으며, 질서는 삶을 규제하고 억압한다. 톱니바퀴처럼 맞물려 돌아가는 세상은 때로 특정 인종, 계층, 종교의 사람들에게 혹독하며, 법과 질서라는 이름으로 그들의 삶을 핍박한다. 가지지 못했다는 이유로, 목소리를 낼 수 없다는 이유로, 타 지역에서 온 이방인이라는 이유로, 사람들은 고통을 겪는다. 스스로 선택한 삶이 아닌 역사의 소용돌이 속에서 어쩔 수 없이 사회의 뒷골목에 정착할 수밖에 없게 된 이들에게 누군가의 친절, 서로를 향한 연민, 사랑이 없다면 삶은 그 자체로 지옥일 수밖에 없다. 인간은 누구나 '사랑할 대상'이 없이는, 혹은 자신을 '사랑해 줄 누군가'가 없이는 살아갈 수 없기에 사랑은 '구원'과 같다. 로맹 가리는 소설 『자기 앞의 생(La Vie Devant Soi)』의 주인공 '모모(Momo)'의 입을 통해 이렇게 말한다. "사람은 사랑할 사람 없이는 살수 없다. (…) 사람은 사랑해야 한다."

2019년 봄, 국립극단은 1956년 『하늘의 뿌리』로 공쿠르상을 수상한 로맹 가리가 1975년 '에밀 아자르(Émile Ajar)'라는 필명으로 발표해 두 번째 공쿠르상을 수상한 소설 『자기 앞의 생』의 연극 각색 공연을 선보였다. 2007년 프랑스 극작가인 자비에 제이야르(Xavier Jaillard)가 각색한 연극의 한국 공연이었다. 연극 〈자기 앞의 생〉은 파리에서만 18개월 동안 공연을 지속했고, 2008년 몰리에르 최우수 작품상, 각색상, 여우 주연상을 수상했을 뿐 아니라 캐나다를 비롯한 해외 여러 나라에서 공연되면서 관객들의 사랑을 받았다. 프로그램북에 따르면, 프랑스의 한 공연 예술제에서는 만 명이 넘는 관객들에게 기립 박수를 받은 적도 있다고 한다.

1980년 로맹 가리 사후에야 비로소 그가 '에밀 아자르'임을 알게 된 프랑스 문학계의 사건은 유명하다. 열 살 꼬마가 주인공인 에밀 아자르의 소설 『자기 앞의 생』과 60대 남자가 주인공인 로맹 가리의 『이 경계를 지나면 당신의 승차권은 유효하지 않다』가 베스트셀러로 서점에 나란히 진열되었음에도 두 권의 책이 모두 같은 작가의 작품이라는 것을 그 누구도 몰랐다는 사실은 로맹 가리의 천재성을 입증하기도 하지만 그만큼 편견에 사로잡힌 프랑스 비평계의 치부를 드러낸다.

프로그램북에 소개된 인터뷰에서 극작가인 제이야르는 『자기 앞의 생』을 각색하기로 마음먹은 이유와 관련해 "세계적으로 잘 알려져 있고 많은 독자들이 읽은 작품인 이 소설이 단순히 프랑스나 파리에 국한된 이야기가 아닌 세상 어떤 사회에서도 찾을 수 있는 하나의 사랑 이야기"이기 때문이라고 밝혔다. 그는 유태인 아줌마 '로자(Madame Rosa)'와 아랍인 아이 모모를 통해 드러나는 '엄마-아들의 관계'가 "실제 사회에서는 출신, 인종, 피부색, 종교가 다르다는 이유만으로 문제가 되지만, 로자와 모모는 다름에서 발생하는 문제점들을 초월"하고 있기 때문에 그 주제를 부각시키고 싶었다고 덧붙였다.

소설이 연극으로 각색될 때 가장 크게 변화되는 부분은 수용자가 '독자'에서 '관객'으로 달라진다는 점이다. 특히 열 살 남자아이의 언어와 사고의 시점으로 서술되고 있는 《자기 앞의 생》과 같은 소설의 경우, 독자들은 이미 '모모'라 불리는 아랍 소년의 머릿속을 훤히 들여다보고 있기 때문에, 더 이상 독자가 아닌 '관객'이란 위치에 놓이게 될 때 오히려 '낯선 인물'을 만나게 될 위험이 존재한다. 연극은 아랍인 꼬마 모모가 유태인 아줌마 '로자'에게 처음 맡겨진 3살의 기억부터 10살로 알고 있는 현재의 나이에 이르기까지 꽤 긴 시간의 에피소드와 파리의 빈민가에 살고 있는 여러 인종의 사람들을 담기에는 한계가 있다. 게다가 독자들이 인식하는 '로자 아줌마'는 모모의 시선에서 묘사되고 그려진 인물이기 때문에 연극으로 옮겨질 경우 독자들의 상상과는 다른 인물로 펼쳐질 가능성 또한 간과할 수 없다. 영국 언론 《가디언(The Guardian)》의 평론가 마이클 빌링턴(Michael Billington)은 어떤 소설은 무대 위에서 공연될 때 그 질감을 더 잘 살릴 수 있지만 위대한 소설일 경우 그런 기대를 하기는 어렵다고 말한다. 작가가 묘사한 인물을 독자가 마음의 눈으로 상상하고 배경을 구축하는 소설은 근본적으로 '사적인 영역'에 속하는 것이기 때문에 연극이 도리어 잘 알던 사람을 낯설게 그린 이상한 그림을 보고 있는 듯한 느낌을 불러올 수 있기 때문이다.

제이야르는 이러한 각색의 '어려움'을 인정하며, 관객들이 연극을 관람할 때 1975년이라는 원작이 발표된 시기가 2차 세계대전의 상처와 아픔을 여전히 간직하고 있던 때임을 기억해 줄 것을 당부한다. 이는 제이야르가 인종과 종교의 차이를 '사랑'으로 극복한 '관계'에 초점을 두고 있기 때문이다. 그는 2차 세계 대전 당시 독일군에 의해 아우슈비츠(Auschwitz)에 끌려갔다 온 유태인 로자 아줌마가 무슬림(Muslim)으로 키워 줄 것을 부탁받은 아랍인 아이를 키우며 베푸는 사랑과 그런 아줌마를 통해 편견 없는 사랑을 배우고 베푸는 모모의 모습을 통해 인종과 종교라는 이데올로기가 얼마나 허망하고 의미 없는 것인가를 전달하고자 한다. 이 때문에 그는 원작에서 종교와 인종,

유대교의 관습과 이슬람교의 관습, 여호와와 알라를 설명하는 많은 대사들을 선택한다. 하지만 인종과 종교의 차이가 현실로 크게 다가오지 않는 한국 공연의 경우, 제이야르의 이러한 의도는 오히려 "세상에 의지할 곳 하나 없이 홀로 버려진" 나이 든 아줌마와 어린 꼬마의 '떼어 낼 수 없는 사랑'이라는 주제를 부각시키게 된 듯 보인다. 연출을 맡은 박혜선은 프로그램북의 「연출가 인터뷰」에서 "로자의 캐릭터 자체보다 로자와 모모의 관계성"에 주목했다면서, "11년 동안 두 사람이 함께 살면서 서로 쌓아 온 애정을 섬세하게 표현하려 노력했다"고 밝혔다.

연극은 확실히 원작 소설에 비해 '로자 아줌마'라는 인물이 부각된 느낌을 지울 수 없다. 연극은 모모의 내면적 고충과 삶을 드러내는 데 초점을 맞추기보다는 로자 아줌마의 고통과 상처로 얼룩진 삶, 두 사람이 서로를 생각하는 애틋한 마음, 빠른 속도로 죽음을 향해 가는 아줌마의 두려움과 혼자 남겨질 외로운 소년의 공포를 연결하며 두 사람의 '관계성'에 집중한다. 이 때문에 극에서는 원작에 등장하는 모모와 로자 아줌마 주변의 많은 빈민가의 인물들이 등장하지 않는다. 극은 이미 로자 아줌마가 너무 나이가 들고 건강이 악화되어 낡고 무너져 가는 아파트 건물 7층의 계단을 오르는 일이 상당히 힘들어진 후반부에서 시작된다.

심장이 좋지 않은 로자 아줌마는 이미 68세가 되었고 일곱 명이나 되었던 아이들은 모두 다른 보모에게 보내져 모모 외에 남겨진 아이는 없다. 모모 앞으로 매달 보내지던 300프랑의 우편환은 이미 끊겨 아줌마가 모아 둔 돈을 쪼개어 생활비로 쓰고 있는 상황이지만 극에서는 모모가 자신을 돌보는 대가로 아줌마가 돈을 받고 있다는 사실을 알게 되어 충격을 받았던 이야기가 생략되어 있다. 게다가 유태인 의사 '카츠 선생님(Doctor Katz)'만 방문할 뿐 로자 아줌마가 아프기 시작한 이후로 방문하던 이웃들과 가장 많은 힘이 되었던 여장 남자 '롤라 아줌마(Madame Lola)', 그리고 모모에게 정신적 지주가 되어 주었던 '하밀 할아버지(Monsieur Hamil)'와 같은 인물들은 두 사람의 대화 속에만 존재할 뿐 무대 위에 모습을 드러내지 않는다. 실제 무대 위 공간에서 관객들이 보게 되는 것은 로자 아줌마와 모모 단둘뿐이라는 사실은 세상에 기댈 곳이 없는 그들의 고독함과 외로움, 두 사람의 친밀함과 끈끈함을 더 잘 느끼도록 만든다.

"궁둥이로 벌어먹고 사는" 창녀들이 법적으로 떳떳하지 못하다는 이유로 자신의 아이들을 사회 보장국에 빼앗겨 빈민 구제소로 끌려가지 않도록 맡아 돌봐 주는 일을 해 온 로자 아줌마는 자신 역시 젊은 시절에 '창녀'로 일했음을 떠올리며, 이제는 너무 늙고 추해서 아이들을 맡기는 사람이 없음을 한탄한다. 사회 복지사로부터 아이들을 지켜 내기 위해 가짜 증명서를 만들거나 맡겨 놓고 데려가지 않는 아이들을 위해 입양 가족을 찾아주는 등 자신이 속한 사회 내에서 힘없고 약한 사람들을 위해 할 수 있는 최선을 다해 온 로자 아줌마는 모모의 부모에 관해서만큼은 제대로 설명을 하지 못한다. 모모의 아버지에 대한 소식은 듣지 못했고, 모모의 엄마는 심장이 아파서 돌아가셨다고 둘러대는 로자 아줌마를 향해 모모는 말한다. "그러거나 말거나. 상관없어. 난 엄마가 하나 있잖아. 좀 그렇긴 하지만." 서로를 향해 따뜻하게 미소 짓는 아줌마와 모모는 사랑으로 충만하다.

모모를 떠나보내고 싶지 않은 로자 아줌마가 실제 14살인 모모의 나이를 10살로 속인 탓에 "나이에 비해 너무 어리다"거나 "나이에 비해 너무 조숙하다"는 이유로 학교에서 거부당하는 모모는 불만을 표출한다. '모하메드'라는 이름과 '무슬림으로 키워 줄 것'이라는 메모와 함께 감자 3kg, 버터 반 파운드, 생선과 2,000프랑만 있었다는 아줌마에게 "부모님 사랑을 못 받으니 개라도 키워야겠다"고 말하는 모모는 하밀 할아버지가 "사람은 사랑 없이 살 수 없다"고 했다고 덧붙인다. 절대 안 된다는 로자 아줌마의 만류에도 불구하고 애견 숍에서 훔쳐 온 갈색 푸들 강아지를 키우게 된 모모는 사랑하는 개가 좀 더 나은 "새로운 삶"을 살기 바라는 마음에 부유해 보이는 아줌마에게 개를 팔아 버린다. 연극은 '사랑'이 때로는 소유보다 상대의 행복을 위해 나의 기쁨을 희생하고 아픔을 무릅쓰는 일이라는 것을 어린 나이에 깨달아 버린 '감수성' 풍부한 모모의 사건에 "늙고 병든 아줌마를 힘들게 할까 봐 너무 걱정이 되었다"는 또 다른 이유를 추가한다. 하지만 로자 아줌마는 그렇게 예뻐하던 개를 팔아 버린 것도 모자라 500프랑이란 큰돈을 하수구에 버렸다는 모모가 혹시 '유전병'에 걸려 미쳐 버린 것이 아닌지 의심하며 카츠 선생님을 불러 진찰을 요구한다. 치료가 필요한 건 모모가 아니라 요즘 들어 부쩍 신경이 예민해진 로자 아줌마임을 지적한 카츠 선생님은 아줌마를 위해 진정제를 처방한다.

연극 〈자기 앞의 생〉은 원작에서 독자들의 심금을 울렸던 많은 문장들을 '대사'로 바꾸는 과정에서 모모의 삶에 발생했던 여러 에피소드들을 다른 순서로 배열한다. 대다수의 사건들과 모모의 사적인 생각들이 로자 아줌마와 모모가 나누는 '대화'를 통해 전달되는 연극의 구조는 소설에서보다 로자 아줌마의 비중을 훨씬 강조하게 된다. 로자 아줌마의 삶은 모모의 생각에 의해 전달되는 것이 아니라 실제 그 시절을 회상하는 아줌마의 회한 섞인 목소리와 아픔을 눌러 담은 슬픈 눈동자의 배우에 의해 구체화된다. 초인종이 울릴 때마다 혼비백산하며 자신을 잡으러 온 독일군이거나 아이들을 데려가려고 온 사회 복지사일까 봐 숨을 곳을 찾아 전전긍긍하는 아줌마를 보면서 "나쁜 놈들! 내가 그놈들을 납작하게 부숴 버릴 거야!"라고 말하는 모모는 사실상 아줌마의 아픈 과거에 대해 모두 알고 있다. 폴란드 태생이지만 프랑스로 건너와 젊은 시절 창녀로 일하게 된 파리에서, 사랑에 빠진 남자가 알제리와 모로코, 외인부대에서 일하면서 번 그녀의 돈만 몽땅 빼앗고, 프랑스 경찰에 유태인이라고 고발한 일은 아줌마의 기억 속에 자리한 가장 큰 상처이며 고통이다. 그 일로 인해 그녀가 아우슈비츠로 끌려가게 되었기 때문이다. 이제는 죽음을 향해 추하게 늙어가는 자신을 보는 게 두렵다고 말하는 아줌마에게 모모는 "늙는 거 두려운 거 아냐. (…) 왜 그렇게 죽는 것만 생각하지? 세상에 다른 아름다운 것들을 생각하면 되잖아!"라고 발끈한다. 모모를 바라보며 아줌마가 말한다.

"난 늘 두려워. 그런데 뭐가 두려운지 잘 모르겠어. (…) 살고 싶어 하는 것도 죽음을 두려워하는 것도 일부러 그러는 건 아냐. 그게 사는 거야. 두려워하는데 꼭 이유가 필요한 건 아니란다."

로자 아줌마의 건강은 점점 악화되고 퇴행성 치매 증상과 함께 며칠씩 의식을 잃고 깨어나지 않는 일이 반복되기 시작한다. 아줌마의 기억이 불안정해질수록 가장 공포스러웠던 시절과 자신이 몸을 팔던

젊었던 시절로 되돌아가는 해프닝이 발생하고, 악몽을 꾼 날이면 아줌마는 자신만의 비밀 장소인 지하 은신처로 뛰어 내려간다. 자신을 뒤따라온 모모를 발견한 아줌마는 "네가 내 은신처를 발견한 게 나쁘지만은 않구나. 계단을 올라갈 때 도움을 받을 수 있으니!"라고 말한다. 이제는 더 이상 두려워하지 않아도 되는 과거 속에 갇혀 나오지 못하는 아줌마가 안타까운 모모는 "모든 인종을 가리지 않고 다 돌봐 주고 각자의 종교와 처지에 맞게 '종합 교육'을 한 아줌마는 아주 훌륭한 여자"라고 칭찬한다. 모모에게 함박웃음을 지으며 로자 아줌마가 답한다. "기분이 너무 좋아. 행복해서 죽을 뻔했네! 이제 우리 둘 사이에 비밀 같은 건 없는 거다! 행복은 있을 때 잡아야 하는 거야!"

   하지만 두 사람의 행복은 오래가지 않는다. 모모는 의식을 잃어 가는 시간이 점점 길어지는 아줌마가 신선한 바람을 쐴 수 있는 기회를 마련하고, 아줌마는 홀로 남겨질 모모의 미래를 걱정하며 많은 약속을 받아 낸다. 혹시나 창녀들의 꼬임에 넘어가 포주가 되지는 않을까, 잘못된 직업을 가지게 되어 인생을 망치게 되지는 않을까 염려하는 아줌마는 모모에게 눈물로 호소한다. "절대 포주는 되지 않겠다!"고 약속한 모모는 아줌마가 의식을 잃은 상태로 "최장수 식물인간"이 되어 자연의 법칙을 거스르고 필요 이상으로 오래 사는 고문을 당하지 않도록 의사에게 절대 보내지 않겠다는 약속 또한 한다.

   모모는 "거꾸로 되돌릴 수 있는 영화 필름"처럼 사람의 시간도 되돌릴 수 있었으면 좋겠다고 생각하지만 '삶'이라는 수레바퀴는 결코 거꾸로 도는 법이 없다. 당장 구급차를 불러 병원으로 가야 한다는 카츠 선생님의 말에 모모는 다급하게 외친다. "사람은 자신의 운명을 스스로 선택할 신성한 권리가 있어요! 아줌마를 낙태시켜서 구원해 주세요." 하지만 '낙태'라는 말로 '안락사'를 요구하는 모모의 외침이 카츠 선생님에게 통할 리 없다. 이스라엘에서 아줌마의 가족들이 온다는 거짓말로 시간을 번 모모는 지하의 은신처로 아줌마를 데려간다. 두 사람은 아무도 모르는 둘만의 공간에서 마지막 이별을 나눈다.

로자 아줌마와 모모의 지나간 "꽃 같은 날들"이 무대 뒤 화면에 흑백 영화의 필름처럼 거꾸로 흘러가며 펼쳐진다. 삶은 아름다웠고, 행복했고, 많은 기억을 남겼고, 사라졌다. 한 사람이 먼 길을 떠난 자리에 다른 사람이 그 삶의 기억을 짊어진다. 모모는 로자 아줌마 곁을 떠나지 못한 채 3주라는 시간을 지하 은신처에서 보내지만 자연의 법칙은 모모에게 죽음을 허락하지 않는다. 모모는 관객들을 향해 말한다. "사람은 사랑할 사람이 없이는 살 수 없대요. 그 말이 맞아요. 나는 로자 아줌마를 사랑했어요. (…) 누군가 사랑해 주지 않으면 아무런 의미가 없어요."

림태주 시인은 『관계의 물리학』에서 이렇게 말한다. "관계의 우주에서 사귄다는 것은 다른 존재를 내 안에 받아들이는 일이고, 친하다는 것은 서로의 다름을 닮아 가는 일이며, 사랑한다는 것은 서로의 다름에 스며드는 일이다." 로자 아줌마와 모모의 우주에는 무슬림도 유대교도 아랍인도 유태인도 존재하지 않았다. 두 사람은 서로 안에 존재하며 '다름'을 아무 의미 없는 것으로 만들었다. 로맹 가리는 『내 삶의 의미』에서 "다정함, 연민, 사랑과 같은 여성적인 가치들"이야말로 자신이 예술을 통해 지향하고자 하는 '목소리'라고 말한다. 그는 자신의 책들이 "무엇보다 사랑에 관한 책"이며, 거의 항상 "여성성을 향한 사랑을 얘기하는 것"임을 이해하지 못한다면, 자신의 작품을 전혀 이해하지 못한 것이라고 강조한다. 모든 '다름'을 포용하고 연민하며 감싸 안을 수 있는 힘, 어머니가 자식에게, 또 자식이 어머니에게 되돌려줄 수 있는 사랑! 만약 이 세상을 그런 '사랑'이 지배할 수 있었다면 전혀 다른 세상이 존재하게 되었을 것이라고 말하는 로맹 가리는 이렇게 덧붙인다. "나는 그저 훗날 사람들이 로맹 가리에 대해 말할 때 여성성의 가치가 아닌 다른 가치를 말하지 않기만을 바랄 뿐입니다."

포용하는 삶, 연민하는 삶, 아무도 없다고 생각되는 순간에 손을 내밀어 주는 누군가가 있는 삶, 그런 삶으로 가득한 세상을 구현하기 위해 우리에게 반드시 필요한 것은 먼저 손 내미는 '사랑'이 아닐까?

* 본 글은 2019.02.22.~2019.03.23. 명동예술극장에서 공연된 국립극단 연극 〈자기 앞의 생〉을 관람한 후 작성된 칼럼입니다.

'아름다움'을 향한 '새'의 시선

연극 〈추남, 미녀〉

'사랑'만큼 사람들이 각자 다른 의미를 부여하며 설명하려고 애쓴 것이 또 있을까? 중국의 철학자 노자(老子)는 "누군가에게 깊이 사랑받는 일은 우리에게 '힘'을 주고, 누군가를 깊이 사랑하는 일은 '용기'를 준다"고 말했다. 프랑스의 대문호 빅토르 위고(Victor Hugo)는 "사랑받는다는 확신이야말로 인생의 가장 큰 행복이다"라고 말했다. 로마의 수도사이자 문필가인 토마스 머튼(Thomas Merton)은 "사랑은 사실상 삶의 완성이다"라고 했고, 미국의 저술가 샘 킨(Sam Kean)은 "우리가 사랑에 빠질 때 완벽한 사람을 찾음으로써 사랑하게 되는 것이 아니라 불완전한 사람을 완벽하게 보게 됨으로써 사랑하게 된다"고 말했다. 어쩌면 프랑스의 소설가 스탕달(Stendhal)의 말처럼 우리의 삶 속에 "사랑은 언제나 가장 큰 사건, 유일한 사건"인지도 모른다.

2019년 봄, 프랑스 동화작가 샤를 페로(Charles Perrault)의 1697년 작품 〈도가머리 리케(Riquet á la Houppe)〉를 새롭게 재창작한 벨기에 작가 아멜리 노통브(Amélie Nothomb)의 동명 소설이 〈추남, 미녀〉라는 제목의 연극으로 국내에서 창작되었다. 1992년부터 해마다 가을이면한 편씩 소설을 출간해 온 것으로 알려진 노통브는 외교관이었던 아버지를 따라 일본, 중국, 방글라데시, 버마, 라오스, 미국 등 세계 여러 곳을 돌며 유년기와 청소년기를 보냈다. 브뤼셀 대학(ULB)에 입학한 스무 살이 될 때까지 한 곳에 정착할 수 없었던 그녀의 삶에 깊이 각인된 단어가 있다면 바로 '고독'과 '정체성'일 것이다. 노통브는 2014년 벨기에 신문《르수아(Le Soir)》와의 인터뷰에서 고독의 '종착점'이 될 것이라 예상했던 대학이 오히려 '거부'로 인한 총체적인 고통의 공간이 되어 '완벽한 고독'을 선물했다고 회상한다. 무엇이 문제인지 이해할 수 없었던 노통브의 혼란스러운 시간들은 다른 나라로 옮겨 갈 때마다 현지에서 사귄 친구들에게 편지를 보냈음에도 답장을 받지 못했던 어린 시절 트라우마(trauma)의 기억과 함께 관계와 사랑, 거부와 수용, 고독과 관조와 같은 철학적 사유의 길을 열어 주게 된다. 이 때문에 그녀의 소설들은 자서전적 요소가 많이 포함되어 있고, 주로 사랑과 거부, 존재와 불안, 타인의 시선과 자아의 이미지, 자유와 정체성에 관한 주제들을 탐구하는 경향이 있다.

2012년 페로의 동화〈푸른 수염(Barbe bleue)〉을 소설로 재창작한 이후 2016년 또 한 번 동화 재창작에 나선 노통브는 비교적 잘 알려지지 않은 페로의 이야기인〈도가머리 리케〉를 선택한다. 추한 왕자와 아름다운 공주의 결합에 관한 이야기인〈도가머리 리케〉는 노통브의 새로운 통찰 속에서 아름다움과 비범함, 추함과 괴이함이 사람들 사이에서 어떻게 읽혀지며, 사람들과 관계를 맺는 데 어떤 장애와 고난을 불러오는지를 매우 구체적으로 탐색한다. 그녀는《르수아》와의 또 다른 인터뷰에서 "나는 거울 속의 내 모습을 보고, 사람들이 나를 그렇게 보지 않는다는 인식에 이르게 되면, 곧 끔찍한 두려움을 느낀다"라고 말하는데, 이러한 그녀의 인식은 소설에 반영된 것으로 보인다. 있는 그대로의 나 자신과 타인에게 비친 나, 그리고 사회가 용인하는 범위 내의 개인의 이미지에 관한 탐구는 스스로도 자신의 추함에 고개를 돌리게 되는 괴물 같은 남자 '데오다(Déodat)'와 지나치게 예쁜 나머지 오히려 증오의 대상이 되는 아름다운 여자 '트레미에르(Trémière)'를 중심으로 사람들의 심리와 사회의 편견을 날카롭게 파고든다. 노통브는 소설에서 아름다움이 증오의 대상이 되는 이유에 대해 이렇게 설명한다.

> "사람들은 극도의 아름다움에 무심하지 않다. 그들은 아주 의식적으로 그것을 미워한다. 극히 못생긴 사람은 가끔 약간의 동정을 불러일으키지만, 극히 아름다운 사람은 연민은커녕 화만 치밀어 오르게 한다. 성공의 열쇠는 아무도 불편하게 만들지 않을 정도로 적당히 예쁘장하게 생기는 데 있다."
>
> – 소설 『추남, 미녀』 중에서 –

노통브가 추남 왕자와 미녀 공주의 결핍과 사랑에 관한 동화를 재창작함으로써 새롭게 꼬집고 싶었던 것은 "아무도 불편하게 만들지 않는 적당한 정도의 아름다움의 기준"이 보여 주는 '편협함'이라 할 수 있을 것이다. 누구도 부인할 수 없는 아름다움을 가진 트레미에르의 빤히 바라보는 커다란 두 눈과 흐트러짐 없는 관조의 표정은 적당한 기준을 넘어선 비범함에 대한 질투와 낯섦에 대한 두려움으로 인해 '멍청함'의 대명사가 된다. 그녀의 주의 깊음은 얼빠짐으로, 침묵은 의견 없음으로, 일관적인 태도는 어리석음으로 읽힌다. 결코 징징대지 않는 아이는 학교 등교 첫날부터 왕따를 당하고, 놀이를 가장한

몰매를 맞으며, 모두의 증오의 대상이 된다. 사람들은 그녀의 속내가 드러나지 않는 '관조'의 눈을 두려워하고, 자신들의 공격에 통증을 느끼거나 상처를 입지 않는 그녀를 싫어한다. 증오를 드러내는 사람들에게 자신의 증오의 흔적이 남지 않는다는 사실만큼 무력한 것이 없기에 그들은 그녀를 '멍청하다'는 단어 속에 가둬 버린다. 하지만 트레미에르는 세상의 모든 것을 있는 그대로 받아들이며 나름의 숨겨진 '아름다움'을 찾기 위해 무엇에든 집중하고 그렇게 찾아진 아름다움으로 자신의 공허한 마음을 채운다.

'적당한 기준'을 벗어난 아름다움에 대한 질시와 증오가 존재한다면, 적당한 기준을 벗어난 '추함'에 대한 무시와 혐오 또한 존재한다. 노통브는 "아이의 추함은 노인의 추함보다 훨씬 우리를 당황시킨다"라고 말한다. 삶의 충격과 고통이 사람의 겉모습을 변화시킬 수 있다는 사실을 익히 알고 있는 사람들은 노인의 추함은 받아들이면서도 "아직 삶의 충격이 다가오지 않았는데도 흉측하게 생긴 사람"에 대해 거부감을 느낀다. 그녀는 "이해의 모든 시도를 꺾어 놓은" 데오다의 흉측함을 비웃고 경멸하며 함부로 대하는 사람들의 야만스러움과 천박함을 묘사한다. 하지만 가장 우월한 형태의 지성인 "타인에 대한 감각"을 소유한 데오다는 "자신이 추하다는 사실이 마르지 않는 고통의 샘을 파 놓았음을 인식하면서도 누구도 원망하지 않는" 대범함과 탁월함을 발휘한다. 그는 관찰하고 파악하며 적절한 순간에 반응함으로써 나름의 방식으로 또래의 아이들과 어울리는 법을 터득한다. 적어도 "단체정신과 위계가 지배하고 있는 사회" 속에서 '우정'이라는 숭고한 단어가 절대 가능하지 않다는 사실을 깨닫게 될 때까지는 말이다. 어느 날 100명이 모여 있던 운동장에서 자신의 머리에만 새똥이 떨어진 사건은 데오다를 새로운 '인식'으로 이끈다. 그는 자연이 자신을 '선택'했다고 느낀다. 인간에 대한 '환멸'은 하늘을 비행하고 거리를 두고 지켜보며 다른 관점을 확보하는 '새'라는 종을 향한 '열망'으로 바뀐다.

'새'는 노통브가 현대인에게 제시하는 새로운 '관점'이라 할 수 있다. 조류학 박사가 된 데오다는 척추 후만증을 앓고 있는 자신의 등 운동을 도와주는 물리 치료사 '사스키아(Saskia)'에게 이렇게 설명한다. "새를 연구하는 것은 근본적으로 다른 경험을 가지는 거예요. (⋯) 오랜 세월 동안 새의 행동은 이해할 수 없는 것으로 남아 있어요. 우리의 실수는 그것들을 번역하고자 하는 데 있을 겁니다. 그 불투명성을 존중하는 것도 멋진 일인데 말이죠."

인간과 가장 가까이 있음에도 인간이 가장 관심을 두지 않는 종, 인간보다 뛰어난 '비행'이라는 능력을 가지고 있음에도 인간에게 하찮은 것으로 취급받는 새가 데오다의 관심을 끈 것은 어쩌면 당연한 일인지도 모른다. 인간보다 더 장구한 역사를 품고 있는 새의 시선에서 바라본다면, 말없이 저 높은 곳에서 속내를 알 수 없는 눈으로 인간을 지켜봐 온 새의 관점에서 해석한다면, 인간은 어떤 존재일까? 사실 역사 속에서 새는 하늘과 땅의 중재자였으며 신과 인간을 연결하는 메신저 역할을 해 왔다. 새는 죽은 자들의 영혼의 메시지를 전달하거나 신의 계시를 전달하는 신비로운 존재로 여겨졌으며, 천사들은 다른 어떤 존재보다 날개를 단 새의 모습과 닮아 있었다. 새의 상징성을 연구해 온 학자들에 따르면, 새는 '자유와 힘, 다른 창조물들과의 조화'를 상징한다. 새는 "감정을 통제하는 능력"을 의미하며, "장애를 견디는 능력, 목표를 향해 사납게 달려가거나 펄떡대지 않으면서 완벽한 타이밍이 올 때까지 참을성 있게 기다리는 능력"을 대변한다. 새의 관조의 눈은 "복잡한 사고와 세속적인 관심에서 벗어난 존재의 가벼움"을 설명하고, 새의 노래 소리는 "새로운 희망, 새로운 시작"을 알린다. 무엇보다 서로가 날개를 펼치기에 방해가 되지 않을 만큼의 안전한 '거리'를 확보하고 말없이 관찰하고 바라보는 능력은 편견으로 인해 지독한 근시안에 빠져 버린 인간들에게 가장 필요한 것이라 할 수 있다.

데오다가 새의 '관조'를 닮은 트레미에르를 한눈에 알아보는 것은 지극히 당연한 일인지도 모른다. 또한 아름다운 동시에 추하고, 젊은 동시에 늙었으며, 온화한 동시에 무시무시한 얼굴을 가진 할머니 '파스로즈(Passerose)'의 품에서 "있는 그대로의 아름다움"을 보존한 폐허의 비범함을 관조하며, "평범한 세상의 하찮음"에 입을 다물어 온 트레미에르가 자신의 추함을 위풍당당하게 과시하는 '공작새'와 같은 데오다를 알아보는 것 역시 당연한 일일 것이다. 두 사람은 서로에게 흠집을 내지 않기 위해 밀착되어서는 안 되는 '보석'처럼 "접촉을 참아낼 수 없는 섬세함"에 대해 알고 있고, 빛에 의해 비춰지지 않고서도 암흑 속에서 스스로 빛을 발할 수 있는 내면의 아름다움을 간직하고 있다. 가능한 자주 '착용'해 주면서 다른 사람들이 세운 기준에 따른 '감정'이나 '평가'를 받지 않아야 할 보석의 필요성에 관한 할머니의 말은 사실상 '사랑'에 관한 비유이다. 트레미에르는 암흑 속에서 보석들을 사람처럼 착용하고 있는 할머니 파스로즈를 바라보며 '사랑'의 의미를 깨닫는다. "보석들이 영원히 그것을 착용할 자격이 있는 사람에게 착용됨으로써 생명력을 가지듯" 사람 또한 자신을 품을 자격이 있는 사람과 함께 함으로써만 영원한 생명력을 가진다. 숨겨져 있는 '비범함', 그 비범함의 특별함을 적당함의 기준에 빗대지 않고, 있는 그대로의 아름다움으로 바라볼 수 있는 사람에게만 그 보석은 빛을 발한다.

노통브의 소설 『도가머리 리케』(번역서 『추남, 미녀』)가 페로의 동명 이야기를 현대적으로 재창작함에 있어 추함과 아름다움, 재치와 지성의 문제가 아닌 평범함과 비범함, 그리고 편견의 문제를 꼬집었다면, 연극 〈추남, 미녀〉는 또 다른 '해석'을 펼쳐 보인다. 연극 〈추남, 미녀〉의 연출을 맡은 이대웅은 프로그램북을 통해 "추남, 미녀는 못생긴 남자와 예쁜 여자가 사랑하게 되는 이야기가 아니라 평범하지 않은 두 남녀가 '있는 그대로' 평범하게 만나 사랑하게 되는 이야기"라고 말했다. 드라마투르그를 맡은 허영균은 데오다와 트레미에르의 이야기를 차례로 교차하며 삶의 여러 단계를 구성해 나가는 노통브의 원작 소설의 방식을 무대 위에 효과적으로 드러내기 위해 "거울이 사물을 역전시키듯 그들의 삶이 양극단에 놓여 있으면서도 유사하다"는 점에 주목했음을 설명한다. 그는 "(데오다의) 지성은 몰두에 목마르고, (트레미에르의) 멍청함은 관조하는 지혜를 낳게 되므로 추함과 아름다움은 주인공 둘을 세상에서 조금 떨어뜨려 놓아 온전히 자기 세계를 구축할 수 있는 환경을 만들어 주었다"고 해석한다. 그는 제목 〈추남, 미녀〉 사이에 놓인 '쉼표'는 "두 사람이 각각 존재하기에 결국 만날 수 있다"라는 것을 설명한다고 덧붙였다.

연극 〈추남, 미녀〉는 두 주인공의 각기 다른 삶을 무대 위 한 공간에 마치 "일상의 파편"처럼 펼쳐 놓으며 오브제와 조명, 스크린, 그리고 그래픽을 통해 효과적으로 관객들을 '거울'의 양면 같은 세상으로 끌어들인다. '사물을 역전시키는 거울'에 초점을 맞춘 극은 트레미에르의 이야기를 현재에서, 데오다의 이야기를 과거에서 시작한다. 두 주인공이 보석상 모델과 조류학자로 같은 방송 프로그램에 출연하기 위해 기다리는 대기실에서의 운명적인 만남을 마지막 장면으로 설정한 극은 두 사람의 탄생과 유년 시절, 학교생활, 청소년기, 성인기에 부여된 많은 사건들을 10개의 소제목이 달린 장면들로 축약한다. 아기에서 출발한 데오다와 성인에서 출발한 트레미에르는 서로가 만나게 되는 한 지점을 향해 각기 반대 방향에서 달려간다. 다소 복잡하고 산만할 수 있는 이야기들은 카멜레온처럼 끊임없이 변화하는 두 배우의 놀라운 연기력에 의지해 재미와 흥미로움이란 옷을 입는다. 두 배우는 관객들을 향해 각자 데오다와 트레미에르의 이야기를 들려줌과 동시에 상대 배우의 이야기 속에 등장하는 다른 인물들의 역할을 소화해 낸다. 또한, 아름다움과 추함은 외모로 표현되는 것이 아니라 신체의 변화와 태도, 움직임 등으로 상징적으로 의미화한다. 관객들은 자연스럽게 '외모'라는 시각적 요인에 방해받지 않으면서 추함과 아름다움이 각자 두 사람의 삶에 어떤 영향을 발휘했는지를 볼 수 있는 '거리'를 확보하게 된다.

　연극 〈추남, 미녀〉가 가장 주목하는 부분은 프랑스의 정신 분석학자 자크 라캉(Jacques Lacan)의 '거울 단계(mirror stage)'의 이미지이다. 어린아이가 거울에 비친 자신의 모습을 보고 자신과 '동일시'함으로써 최초의 자아가 형성되는 거울 단계는 사실상 평면에 투영된 타자적 이미지일 뿐 실제 주체와 같다고 할 수 없다. 실제 주체와 이미지 사이의 '분열'은 불안감을 증폭시키고, 자아는 점점 더 착각과 환영

속에 살며, 자신의 욕망을 타자의 욕망에 기초하고, 타인의 평가에 집착하게 된다. 연극은 거울 단계를 아주 어린 시기에 빠르게 겪은 데오다와 아주 늦은 나이에 맞닥뜨리게 된 트레미에르를 양 극단에 있는 삶으로 설정하고, 진정한 '사랑'의 발견을 통해 자신을 있는 그대로 인정하고 가치를 확인하게 되는 과정을 그려 보인다. "보석을 착용하면서 그 영혼의 떨림을 느끼는 사람과의 사이에서 일어나는 일, 그것이 바로 사랑"이라 말하는 트레미에르는 데오다에게서 추함이 아닌 '아름다움'을 읽어 내고, 데오다는 '영혼의 떨림'을 느낀다.

주창윤은 『사랑이란 무엇인가』에서 사랑하는 두 사람을 "땅과 우주 사이에 있는 두 개의 별"에 비유한다. 모든 별이 중력과 궤도를 갖고 있듯 두 영혼은 서로의 영혼을 끌어당기지만 일정한 사이를 유지한 채 충돌하지 않는다. 구심력과 원심력이 조화를 이루며 일정한 궤도를 유지하기 때문이다. 그는 "사랑의 중력은 자기 인식과 자기애로부터 출발한다"고 말한다. 자신의 가치에 대한 확신인 '자기 인식'과 자신의 본질을 소중히 여기는 '자기애'가 없이 사랑은 가능하지 않다. '자기애'라는 구심력이 없이 '타인을 향한 사랑'인 원심력이 유지될 수 없기 때문이다. 비춰 주는 거울이 없이도 스스로의 아름다움을 볼 수 있는 '자기애'와 있는 그대로의 아름다움을 타인의 기준에 근거하지 않고 올바르게 바라볼 수 있는 '통찰의 눈'이 없이, 서로의 존재를 확인하고 보듬어 줄 수 있는 사랑이란 존재할 수 없을지도 모른다. 우리 모두가 각자 나름의 보석이라면, 한 사람은 다른 누군가에게 영혼의 떨림을 가져다줄 그 '무엇'이 될 수 있다. 우리에게 필요한 것은 보이지 않는 '아름다움'을 읽어 내기 위해 모든 감각을 활짝 열고 관찰하는 태도와 아직 그 누구도 찾지 못한 '아름다움'을 포착하기 위해 보다 높은 곳에서 넓은 시선을 던지는 '새'의 자세가 아닐까? 아름다움은 우리의 '마음속'에 있고, 인간에겐 '새'의 시선이 필요하다.

* 본 글은 2019.04.24.~2019.05.19. 예술의전당 자유소극장에서 공연된 2019 SAC CUBE 연극 〈추남, 미녀〉을 관람한 후 작성된 칼럼입니다.

┌─────────────────────────────────────┐
│   │
│   '타인'의 이야기가 아닌   │
│   '우리 자신'의 이야기   │
│   │
└─────────────────────────────────────┘

🎭 연극 〈킬 미 나우〉

　우리의 삶에 '고통'보다 더 강렬한 힘을 발휘하는 것이 또 있을까? 정신적인 것이든 육체적인 것이든 고통은 그 자체로 우리의 삶에 지대한 영향을 미친다. 인간에게 삶의 끝 혹은 죽음을 떠올리게 만드는 가장 강력한 감정은 분명 '고통'이다. 고통이 지속적으로 끝이 없이 계속될 때 인간은 '죽음'을 떠올린다. 고통을 끝낼 방법이 죽음 외엔 없음을 인식하기 때문이다. 더 이상 인내할 수 없는 끔찍한 고통을 느끼지 않는 것, 암흑의 깊은 터널과 같은 짙은 고통에서 해방되어 평화와 안식을 얻는 길이 '죽음' 밖에 없다는 생각에 이를 때, 인간은 오로지 고통에서 벗어나기 위해 '삶의 끝'을 갈망하게 된다. 그리고 인간은 자신의 존재를 위해 "자비로운 죽음"이라 불리는 안락사 혹은 존엄사를 '선택'할 수 있기를 바란다. 하지만 인간 생명의 절대적 존엄을 주장하는 사람들은 그러한 선택을 허가할 수 없다고 말한다. 인간답게 죽을 권리와 생명의 존엄성, 이 어려운 논쟁에 명확한 해답이 존재할 수 있을까?

　장애와 성(性), 안락사와 삶, 가족의 희생과 같은 어려운 소재를 따뜻한 감동으로 다루며, 2016년 초연 당시 "관객들의 전 회차 기립 박수"라는 신화를 세웠던 연극 〈킬 미 나우〉가 2019년 세 번째 시즌을 맞이했다. 관객 평점 9.7점과 객석 점유율 92%라는 기록을 통해 이미 한국에서 많은 관객들의 사랑을 받는 작품으로 입증된 연극이었다. 〈킬 미 나우〉는 발표하는 작품마다 논란을 낳는 것으로 유명한 캐나다의 극작가 브래드 프레이저(Brad Fraser)의 2013년 초연작이다. 사회에서 금기(禁忌)로 여겨지는 예민한 소재들을 거침없이 다루고, 비판적인 주제의식을 과감하게 드러내는 것으로 평가받는 프레이저의 특징을 한 단어로 요약한다면, 그것은 바로 '불편함'일 것이다. 그는 캐나다 언론 《아트파일(Artsfile)》과의 인터뷰에서 "좋은 극에는 우리를 불편하게 만드는 요소들이 있습니다. 그것이 연극을 보러 가는 이유가 아닌가요?"라고 묻는다. 프레이저에게 연극은 "사회에서 탐구되지 않은 모든 것들의 금기를 깰 필요"가 요구되는 예술이기 때문이다. 그는 영국 언론 《더 스테이지(The Stage)》를 통해 자신을 소개하면서 "열악하고 거친 환경에서 자란 아웃사이더"라고 표현한다. 어떤 측면에서 보면 정상인으로 분류되는 사람들 역시 부적응자, 소수자, 아웃사이더일 수 있다고 말하는 프레이저는 자신은 "아웃사이더들의 이야기를 쓰는 작가"이고, 그것이 곧 "우리의 이야기"임을 간과해서는 안 된다고 강조한다.

중증 지체 장애를 앓고 있는 17살 아들 '조이(Joey)'와 그를 돌보기 위해 개인의 삶을 포기한 아버지 '제이크(Jake)'를 중심으로 장애 청소년이 겪는 성(性)과 죽음을 선택할 권리, 장애인 가족이 겪는 희생과 어려움, 사회적 제도의 문제들을 조명한 작품 〈킬 미 나우〉는 2015년 영국 공연을 거치며 큰 논란에 휩싸이게 된다. 실제 장애를 겪고 있거나 장애아를 둔 가정의 관객들은 연극의 비현실성과 장애인 가족을 그려 낸 상투적 편견에 대해 불평과 비난을 쏟아 냈고, 신체적으로 정상인인 배우가 장애를 가진 인물을 제대로 연기할 수 없음에 대해 날카로운 비판을 던졌다. 장애아를 키우는 부모인 디아 버킷(Dea Birkett)은 《가디언》을 통해 장애 아동의 부모가 된다는 게 어떤 것인지 제대로 상상하지 못하는 연극계를 혹독하게 비판했고, 결국 아버지조차 장애인이 되어 버리고 아들을 부담으로 여기며 삶을 끝내는 선택을 하게 되는 결말에 박수를 치는 관객들을 향해 불편한 마음을 가감 없이 드러냈다. 이에 프레이저는 《더 스테이지》를 통해 〈킬 미 나우〉는 특정 장애의 경험의 진실을 반영하기 위해 쓰여진 극이 아니라 갈등과 어려움 속에서 비극에 이른 극적 인물들을 통해 은유적으로 질문을 던지기 위한 "상상력의 소산"임을 관객들이 이해할 필요가 있음을 강조했다.

"연극은 목소리를 찾아 줘야 할 필요가 있는 소수자들을 위한 공간"이어야 한다고 주장하는 프레이저는 막이 내린 후에도 관객들이 연극이 제기한 문제를 오랫동안 이야기하도록 만들기 위해 사회에서 불편하게 여기는 주제들을 다뤄야 한다고 말한다. 장애인의 성(性)과 안락사라는 민감한 주제를 부각시킨 〈킬 미 나우〉는 선천적으로 X염색체를 2개 이상 보유한 '클라인펠터증후군(Klinefelters syndrome)'을 앓고 있는 프레이저의 조카로 인해 집필된 작품이었다. 그는 캐나다 일간지 《내셔널 포스트(National Post)》와 진행한 인터뷰에서 "정신이 7세 아이의 발달 정도에 머물러 있는 조카의 언어를 오로지 뉘앙스로만 이해하고 적응하게 되는 과정" 속에서 조카가 청년으로 성장해 가면서 맞닥뜨리게 될 삶의 문제들에 대해 진지하게 고민하게 되었음을 설명했다. 그는 결국 성장하면서 자연스럽게 생겨나는 성적 욕구가 '장애인의 성적 욕구'라는 이유만으로 사회에 공포와 두려움을 자극하게 될 것임을 조카를 통해 인지하게 되었음을 덧붙였다. 또, 오래전에 읽은 윤리학 칼럼을 언급하면서, 심각한 장애를 앓고 있는 아들을 키우고 있는 아버지가 청소년기에 들어선 아들의 성적 욕구를 해결해 주기 위해 무엇까지 할 수 있는지를 고민하게 될 때, 우리는 "사회의 금기를 깰 필요"에 직면하게 된다고 말했다.

삶 속에 실제 존재하지만 수면 위로 드러나는 것을 불편해하는 관객들의 '혐오'를 인식하면서도 "사람들이 듣고 싶어 하는 이야기"보다는 "진정으로 관심을 기울여야 할 문제들을 이야기하고 싶다"고 말하는 프레이저의 연극 〈킬 미 나우〉는 사실상 한국 공연을 거치며 지이선 작가의 각색이 더해져 보다 감성적이고 감동적인 극으로 변모한 것으로 보인다. 2015년에 출간된 프레이저의 원작 희곡과 비교했을 때, 한국 공연은 추가된 요소들이 상당 부분 존재한다. 가령, 아들이 태어나기 전 제이크가 집필한 소설 『춤추는 강(River Run Rapid)』의 "모든 아이들은 완벽하다(All children are perfect)"는 문장은 원작에도 존재하지만 나머지 소설 속 문장들은 원작에 등장하지 않는다. 제이크가 조이를 목욕시킬 때 등장하는 '노란 고무 오리 인형'의 서사 역시 존재하지 않으며, 조이가 고모 '트와일라(Twyla)'에게서 선물받은 태블릿으로 하는 게임에 등장하는 "킬 미 나우"라고 외치는 남자 또한 존재하지 않는다. 뿐만 아니라 학교에서 글쓰기를 가르치는 강사인 제이크의 수업에서 만나 수년 동안 비밀 연인 관계를 지속해 온 '로빈(Robyn)'의 '침대'에 관한 소설도 등장하지 않는다.

무엇보다 가장 큰 차이를 보이는 지점은 아들 조이가 인터넷상에서 '안락사(euthanasia)'라는 단어를 접하게 되었음을 말하며 아버지인 제이크의 '자비로운 죽음'에 대해 언급하는 장면이다. 프레이저는 조이의 입을 빌어 극단적인 상황에 몰린 부모들이 잘못된 판단으로 인해 저지를 수 있는 끔찍한 선택인 동반 자살, 혹은 "살해 후 자살(murder suicide)"과 같은 충격적인 문제를 수면 위로 불러온다. 또한 조이는 더 이상 통증과 고통을 견딜 수 없는 아버지가 인간으로서의 존엄을 지키기 위해 '죽음'을 선택할 수 있다는 사실을 받아들이고 지지할 수 있음을 피력한다. 하지만 한국 공연의 경우, 불편한 주제들이 약화된 대신 "서로를 돕기 위해 한걸음 더 내딛어야 할 필요에 놓인 사람들"에 대한 연민과 "외롭고 고립된 사람들이 보다 단단한 가족"으로 거듭나기 위해 희생하고 배려하며 사랑으로 연결되어가는 감동의 과정이 배가된 것으로 보인다. 극의 초점은 "백조가 될 수 없다 할지라도" 변함없이 자식을 사랑하는 아버지 제이크의 헌신적인 사랑과 좀비로 변해 가는 게임 속 남자의 '킬 미 나우(Kill me now)'가 조이의 어눌한 발음에 의해 '힐 미 나우(Heal me now)'로 들리는 서사를 연결하며, 고통에 지친 한 인간의 '죽음'을 향한 갈망과 인내, 삶 그리고 선택과 같은 무거운 질문들을 이어 나간다.

한국 공연의 〈킬 미 나우〉가 전하고자 하는 메시지는 제이크가 쓴 소설의 서문을 통해 보다 명확하게 드러난다. 로빈은 아버지가 소설가였음을 전혀 몰랐던 아들 조이에게 책의 서문을 읽어 준다. "태어나는 모든 아이는 완벽한 존재다. 아이는 태어나는 순간 그 존재 자체만으로 모든 것을 완벽하게 만든다. 그리고 또 하나의 존재를 탄생시킨다. 아이가 태어나는 순간 엄마와 아빠도 태어난다." 제이크는 아이를 처음 목욕시키기 위해 "장난감 고무 오리를 띄우던 순간"을 잊지 못한다. 욕조에 띄운 장난감 오리가 말한다. "안녕, 이제부터 우리는 긴 여정을 시작할 거야!" 아버지는 아이를 욕조 안에 넣기가 두려워 잠시 멈칫거린다. 장애가 있든 없든, 미운 오리이든 우아한 백조이든, 태어난 모든 존재는 그 자체로 완벽하다. 그 완벽한 존재를 세상 속에서 온전히 지켜 내는 일은 두려움과 공포 속에서 시작된다. 빠르게 흐르는 강물 속에 아이가 휩쓸리지는 않을까, 상처 입지는 않을까, 염려하는 불안한 마음은 숨이 다하는 날까지 계속되며 결코 멈추지 않는다.

20년 전 태어날 아기를 고대하며 아이와 함께 성장하는 한 남자의 이야기를 소설로 썼던 제이크는 염색체 이상으로 중증 장애를 갖고 태어난 아들 '조이'를 키우고 있다. 15년 전 음주 교통사고로 어머니와 아내를 동시에 잃고 20대의 나이에 자신보다 10살 어린 여동생과 몸을 제대로 가누지 못하는 아들을 돌보며 생계를 꾸려 나가야 했던 제이크는 이제 40대 초반의 학부모가 되었다. 조이의 현재 나이는 17세, 성호르몬의 증가로 2차 성징이 발현되고, 그로 인해 감정 기복이 심해진 아들은 "괴물같이 생긴 자신을 좋아해 줄 여자는 세상에 없을 것"이라는 사실에 좌절한다. 늘 어린애일 줄 알았던 아들의 성적 욕구의 발현과 갑작스러운 변화에 어떻게 대처해야 할지 모르는 아버지 제이크는 아들이 "스스로 할 수 없는 일이 또 하나 늘었다"는 사실에 슬픔을 느낀다. 17년 동안 아들의 목욕과 엉덩이를 닦아 주는 일, 소변을 보는 일, 성인 기저귀를 채워 주는 일 등 모든 민감한 일들을 도와줬던 아버지 제이크는 손을 제대로 사용할 수 없는 아들의 성적 욕구를 해소하는 일마저 도와줘야 할 것인가에 대한 심각한 고민에 빠진다.

아들 조이는 '태아알코올증후군'으로 인해 "감정 조절이 잘 안 되는" 경증 지체 장애를 앓고 있는 한 살 많은 친구 '라우디(Rowdy)'와 함께 독립하려는 계획을 세운다. 아들 조이와 라우디의 계획을 알게 된 제이크는 조이와 크게 말다툼을 하고, 잔뜩 흥분한 조이의 휠체어에 밀려 그만 바닥에 쓰러진다. 허리와 하반신을 강타하는 끔찍한 고통에 비명을 지르는 아버지를 바닥에 둔 채로 조이는 자신의 어눌한 말투를 알아듣지 못하는 응급 구조 대원과의 힘겨운 전화 통화 끝에 가까스로 구급차를 부른다. 제이크는 척추관 속에 뼈가 자라는 선천적인 질병을 갖고 있다는 사실과 이 질병이 점점 자신의 육체를 마비시키고 뇌에까지 영향을 미쳐 보다 심각한 상태에 이를 것임을 인식한다. 이제 아들을 독립시키려는 제이크 앞에서 단호하게 "끝까지 아빠 곁에 있겠다"고 주장하는 조이는 라우디와 고모 트와일라, 로빈 아줌마의 도움으로 심해지는 '고통'으로 인해 점점 자신을 잃어 가는 제이크를 돌본다. 복용하는 약이 늘고 의식이 깨어 있는 시간이 줄어들며 육체적으로도 정신적으로도 더 이상 견딜 수 없는 한계에 이르렀음을 깨닫는 제이크는 로빈을 향해 이렇게 말한다. "나 자살하고 싶어. 나는 내 인생, 내 고통을 내 마음대로 끝낼 이유도 있고 권리도 있어. 어떤 법이든 편견이든 그런 거 나 조금도 신경 안 써. 그냥 아무나 붙들고 나를 좀 끝내 달라고 매달리고 싶어!"

2012년, 불의의 사고로 사지 마비 환자가 된 '윌 트레이너(Will Traynor)'의 존엄사 문제를 다루며 전 세계에 센세이션을 불러일으켰던 조조 모예스(Jojo Moyes)의 소설 『미 비포 유』에서 '루이자(Louisa)'는 죽음을 선택한 윌에게 사랑을 토로하며 만류하지만 윌은 이렇게 답한다. "나는 더 이상 고통 속에 살고 싶지 않아요. 더 나은 선택은 없어요. 나를 사랑한다면 내가 바라는 끝을 내게 선물해 줘요!" 사랑이 '죽음'이라는 선택을 흔들기에 충분하지 않다는 사실에 상처 입고 좌절한 루이자는 스스로에게 질문한다. "왜 내가 충분치 않은 걸까? 왜 내가 그의 마음을 바꿀 수 없는 걸까?" 하지만 이제 겨우 17살인 조이는 "어떤 일이 있더라도 다시는 병원으로 돌아가고 싶지 않다"는 아빠의 말속에 숨겨진 뜻을 이해한다. 조이는 점점 사라지고 있는 자신의 존재를 향해 느끼는 제이크의 슬픔과 좌절, 절망을 그 누구보다 가장 깊이 이해한다. 보험금을 지키기 위해, 자신이 떠난 후 홀로 남겨질 아들의 미래가 안정되기를 바라는 마음에 '고문'에 가까운 고통을 끝까지 견디려는 제이크가 조이보다 더 어눌한 말투를 쓰기 시작하고 배변 활동을 조절하지 못하게 되자 아들은 아버지 제이크의 "조이, 나 좀 목욕시켜 줘!"라는 말의 숨겨진 의미가 무엇인지 인식한다.

　연극이 공연되는 극장은 '타인의 이야기에서 나의 이야기를 찾아내는 곳'이다. 대부분의 관객들이 '조이'가 아닌 '제이크'에게 감정 이입을 하는 것은 현재 그들이 장애를 앓고 있는 '조이'가 아니라 장애의 가능성을 품고 있는 '제이크들'이기 때문이다. 부모로서 아이를 키우고 있는 사람들, 언젠가 부모가 될 가능성을 지닌 사람들, 아이들은 다 키웠지만 곧 내 몸을 내 마음대로 할 수 없는 시기가 올 것임을 인지하고 있는 사람들… '장애'는 개인이 직접 그 어려움과 고통을 겪기 전까진 섣불리 말할 수 없는 것이기에 우리 모두는 '조이'가 아닌 '제이크'를 향해 다가선다. 그리고 깨닫는다. 조이의 선택이, 아버지의 '죽음'을 승인하며 함께 그 곁을 지켜 주는 그 용기 있는 선택이 같은 고통을 품고 있는 한 인간에 대한 연민과 사랑, 깊은 이해가 없이는 결코 가능하지 않다는 사실을 말이다.

사람들은 누구의 삶에나 '장애'가 숨 쉬고 있고, 어느 '틈'에서든 그 장애가 튀어나올 준비를 하고 있다는 사실을 쉽게 잊는다. 나와는 상관없다고, 내게는 다가오지 않을 일이라고, 쉽게 단정 짓고 돌아보지 않는 일들은 사실상 언제나 내 곁 가까이에, 보이지 않는 근접 거리에서 숨 쉬고 있다. 아직 운 좋게 내가 거기에 닿지 않았을 뿐, 미처 거기까지 도착하지 못했을 뿐, 삶 속 어느 지점에선가 만나게 될 어려움과 고통은 어디엔가 분명 존재한다. 인간을 겸손하게 만드는 것들은 그러한 불행이 타인의 것만이 아닌 내게도 해당된다는 사실을 인식하는 순간들이고, 연극은 그러한 불편한 진실들을 무대 위에 형상화한다. 관객들이 불편한 진실로부터 더 이상 도망치지 않도록 만들기 위해, 그리하여 좀 더 인간다운 삶을, 좀 더 겸손한 삶을, 좀 더 연민과 사랑이 가득한 삶을 살도록 하기 위해서 말이다.

　　연극 〈킬 미 나우〉는 타인의 이야기가 아니다. 고독에 시달리고 희생에 힘들어하며 고통과 죽음, 삶 앞에서 한없이 작아질 수밖에 없는 우리 모두의 삶에 관한 이야기이다. 아무리 정상으로 보이더라도 "어느 한구석은 아웃사이더일 수밖에 없는" 우리 자신의 이야기, 인간의 존엄성과 사랑, 희생 앞에서 우리가 타인에게 보여 줄 수 있는 '용기'에 관한 이야기, 그렇기에 관객들이 '킬 미 나우'를 '힐 미 나우'로 느끼게 되는 것이 아닐까?

* 본 글은 2019.05.11.~2019.07.06. 세종문화회관 S씨어터에서 공연된 연극 〈킬 미 나우〉를 관람한 후 작성된 칼럼입니다.

법과 용서를 둘러싼 동의, 그리고 공감

🎭 연극 〈콘센트-동의〉

프랑스의 철학자 자크 데리다(Jacques Derrida)는 '용서하다'는 '잊어 버리다'와는 전혀 다른 문제라고 말한다. 그는 2005년에 출간된 책 『용서하다(Pardonner)』에서 만약 누군가가 "저지른 악행"으로 인해 다른 누군가가 "어떤 고통과 손실"을 입었다면, 그가 용서를 빌거나 용서를 받기 위해서는 "돌이킬 수 없는 사실 혹은 불행이 있었다는 사실만으로 충분치 않음"을 지적한다. 사건은 발생했고 잘못은 저질러졌지만 과거의 기억은 "환원 불가능한 것"이기 때문에 "흘러갈 수 없는 지난 존재"로 남아 "역전 불가능, 망각 불가능, 소멸 불가능, 회복 불가능, 만회 불가능, 속죄 불가능"과 같은 문제를 남긴다. 그는 '용서'와 관련된 모든 것들이 분석될 필요가 있음을 강조하며 이렇게 말한다. "누구든 언어 행위로 '용서'라는 수행적 단어를 발음한 순간부터 용서받아야 할 일이 다시 시작되는 것은 아닐까요?"

데리다가 궁극적으로 말하고자 했던 바는 용서란 "용서 불가능한 것을 용서하는 것"에서 시작된다는 것이었지만 그가 칸트(Immanuel Kant)의 가르침을 언급하며 설명하듯 "용서란 피해자만이 할 수 있는 것"이고, "반드시 가해자와 피해자 두 당사자 간의 대면을 통해 이루어져야 하는 것"임은 분명하다. 하지만 범죄에는 그것을 판단하는 주체, 즉 '법'이란 것이 존재하고, 법은 피해자의 용서와 상관없이 '처벌'을 행하기도 하고 오히려 '무죄'를 선고하기도 한다. 결국 제3자에 의해 "타인에게 저질러진 모욕, 범죄, 손실"에 대한 판단과 처벌이 이루어지고 사회와 공동체의 안정과 평화를 위한 '정의'가 실현되는 것이다. 그렇다면 핵심은 '법'이 불합리와 불공정을 제대로 벌할 수 있을 만큼 공정하며, 개인의 고통과 상처를 대변할 수 있을 만큼 충분히 인간적인 것인가에 놓여 있을 것이다. 우리는 법에 충분히 '동의'할 수 있을까? '동의'란 어떻게 확인되는 것일까? 한 사람이 다른 사람에게 '진실'을 말하고 '동의'와 '공감'을 얻는 일이 가능할까?

2019년, 국립극단은 법과 언어, 결혼과 외도, 복수와 용서를 두고 신랄하고 불편하며 날카롭고 논쟁적인 주제들을 끊임없이 생각해 보도록 만드는 연극 〈콘센트-동의(Consent)〉를 선보였다. '동의(consent)'라는 단어를 중심으로 법적 정의, 도덕적 정의, 관계, 배신, 성폭력과 같은 여러 복잡하고 예민한 문제들을 매우 사실주의적으로 펼쳐 낸 〈콘센트-동의〉는 2006년 〈래빗(Rabbit)〉으로 데뷔해 이브닝 스탠더드 상과 비평가협회상을 받으며 "영국의 독특한 목소리"로 인정받기 시작한 극작가 니나 레인(Nina Raine)의 네 번째 작품이다. 2010년에 초연된 그녀의 두 번째 연극 작품 〈가족이라는 이름의 부족(Tribes)〉은 2012년에 호주 멜버른과 미국 뉴욕에 진출했고, 오프브로드웨이 협회상을 비롯해 뉴욕 드라마 평론가협회상, 드라마 데스크 어워드 작품상 등을 휩쓸며 큰 주목을 받았다.

소설 『닥터 지바고』의 작가 보리스 파스테르나크(Boris Pasternak)의 조카 손녀이자 시인 크레이그 레인(Craig Raine)과 영문학자 앤 파스테르나크 슬레이터(Ann Pasternak Slater) 사이에서 태어난 니나 레인은 옥스퍼드 대학에서 영문학을 전공한 후 연출가로서 먼저 연극을 시작했다. 2011년 맨부커상을 수상한 줄리언 반스(Julian Barnes)가 그녀의 대부(godfather)일 뿐 아니라 남동생 모세 레인(Moses Raine) 역시 극작가로 활동하고 있는 문학가 집안에서 늘 글쓰기와 함께 자라 온 레인은 아버지의 유일한 충고는 "무엇이 되었든 다른 사람의 감정에 어떤 영향을 미칠 것인가를 두려워하지 않고 글을 쓸 것"이었다고 말한다.

레인의 작품들이 공통적으로 갖는 특징이 있다면 그것은 언어의 이중성과 불충분함, 그리고 불편하고 대담한 문제들을 노출함으로써 이슈를 만들어 내고, 제시된 문제에 대해 여러 관점을 적용해 사유하도록 만든다는 점일 것이다. 주로 영국 중산층의 전문직 종사자들을 주인공으로 내세워 그들의 직업이 품고 있는 문제가 삶에 미치는 영향과 "겉으로는 웃고 있으나 속으로는 울고 있는" 인물들의 허상과 가식, 제도가 품고 있는 사회적, 윤리적 문제와 같은 것들을 "신랄한 농담"으로 꼬집는 레인은 작품 하나를 완성하기 위해 오랜 시간 사전 준비 작업을 거친다. 2018년 영국 일간지 《텔레그래프(The Telegraph)》와의 인터뷰에 따르면, 〈콘센트–동의〉는 사실상 레인이 극작가로 데뷔하기 전인 2005년 코카인을 밀수한 혐의로 기소된 나이지리아 왕자의 재판에 배심원으로 참여하게 되면서 아이디어를 얻은 작품이다. 그녀는 결국 혐의자가 유죄로 입증된 재판 과정에서 "진실이 법적 논쟁에 따라 다르게 읽힐 수 있다"는 사실을 인지하게 되었고, 서로 대립하는 경쟁적인 내러티브가 다른 가능성을 염두에 두도록 만든다는 사실에 흥미를 느끼게 되었다고 말한다.

2017년 4월에 초연된 〈콘센트-동의〉는 원래 2010년에 의뢰된 작품 이었다. 물론 7년이라는 기간 동안 레인이 연출 작업과 BBC 드라마 〈미스트리스(Mistresses)〉의 대본 작업에 참여하는 등 여러 일을 한 것 은 사실이지만 그녀는 끊임없이 재판들을 참관하고 변호사 친구들의 모임에 참석하면서 리서치 작업을 계속해 나갔다. 그녀가 변호사라는 직업에 유독 관심을 가지게 된 것은 그들의 직업 역시 극작가나 배우 와 마찬가지로 "다른 사람의 입장에 자신을 대입해 볼 필요"가 생긴 다는 점이었다. 《이브닝 스탠더드(London Evening Standard)》와의 인터 뷰에서 레인은 변호사인 친구들이 그들 사이에서 의뢰인에 대해 이야 기할 때 "스스로에게 범죄를 대입해서 말한다"는 사실을 지적하는데, 가령 "내가 세 명의 여성을 강간한 사람을 대변하고 있어"라고 말하 는 대신 그들은 "내가 세 명의 여성을 강간했어"라고 편의상 속기(a shorthand)처럼 줄여서 말하는 방식을 사용한다. 레인은 자신이 관찰 해 온 변호사들을 〈콘센트-동의〉 속에 그대로 불러올 뿐 아니라 음 담패설과 욕설, 윤리적 의식을 망각한 듯 의뢰인과 피해자들을 무시 하는 차별적 발언들을 서슴지 않고 비아냥거리며 자신들의 지적 우 월함을 즐기는 "추악한 상태(at their ugliest)"에 위치시킨다.

〈콘센트-동의〉에는 세 커플의 인물들이 등장하는데, 두 커플은 결 혼 생활 10년째를 맞이한 위기의 부부들이며, 한 커플은 더 늦기 전에 아이를 갖기 원하는 싱글 남녀이다. 그중 4명이 법정 변호사라는 직 업을 갖고 있으며, 1명('키티(Kitty)')은 편집장으로 일하다 최근 아이를 출산하면서 일을 그만두었고, 연극배우로서 활동하고 있는 자신의 친구 '자라(Zara)'를 아직 싱글인 남편의 친구 '팀(Tim)'과 연결해 주려 애쓴다. 하지만 팀은 평소에 자신을 '암내'가 난다며 놀려 대고 무시하는 친구 '에드워드(Edward)'의 아내 키티에게 매력을 느껴 왔음을 숨기고 있다. 40대를 향해 가는 자신이 가임기에서 멀어지는 것을 두려워하는 자라는 왜 한심하고 미치광이 같은 사람들도 다 결혼해서 아이를 낳는데 자신은 그럴 수 없는지에 대해 불만을 토로한다. 에드워드와 키티의 가장 친한 친구들인 '제이크(Jake)'와 '레이첼(Rachel)'은 아직 '나(I)'와 '너(You)'를 구분하지 못하는 큰 아이와 막 걷기 시작한 둘째 아이를 키우고 있는 변호사 부부이다. 걸으로 보기에는 전문직 맞벌이를 하는 보통의 가정처럼 보이지만 제이크는 주최할 수 없는 바람기로 인해 자신의 아내에게 성병을 옮기고도 아내가 자신을 받아 줄 것이라는 착각에 빠져 있다. 레인은 '게일(Gayle)'이라는 스코틀랜드 출신 하층 노동자 계급의 여성을 동의(consent) 없이 성폭행한 혐의로 피소된 패트릭 테일러(Patrick Taylor)의 '강간 사건(a rape case)'에 팀과 에드워드를 검찰 측 변호인과 피고 측 변호인으로 배치시킨다. 레인은 이 사건을 통해 법률 제도의 비인간적 속성과 불공평한 측면을 드러낼 뿐 아니라 변호사들이 재판에서 이기기 위해 사용하는 "무기이자 도구"라 할 수 있는 '언어'가 진실을 반영하기에는 얼마나 턱없이 부족한지를 적나라하게 보여 준다.

　가해자인 피고의 범죄 이력은 편견을 방지하기 위해 배제시키면서도 피해자인 증인의 우울증 치료 이력은 그녀의 진술을 신뢰할 수 없게 만드는 데 이용되는 현실은 가해자를 변론하는 변호사 에드워드의 입을 통해 공정한 처벌을 행할 수 없는 법의 허점을 고스란히 드러낸다. 게일은 자신의 삶을 망친 가해자를 '무죄'로 풀어 준 에드워드와 아무짝에도 쓸모없이 무력하게 자신을 상대 측 변호사에게 먹잇감으로 내던져 준 팀이 함께 있는 자리에 들이닥쳐 부당함을 주장한다. 에드워드는 게일에게 이렇게 말한다. "불행히도 법에는 무죄 추정의 원칙이란 게 있습니다. 죄가 없을지도 모르는 사람이 감옥에 가는 것보다 죄가 있을지도 모르는 사람이 풀려나는 게 더 나으니까요." 그는 "법이란 감정에 치우쳐서는 안 되는 것이고 개인의 이익을 대변해서도 안 되는 것"이기 때문에 개인적인 원한을 해결해 주는 '복수'가 될 수 없으며, "그것은 공평한 일이 아님"을 강조한다. 이 때문에 그는 피해자인 게일의 증언에 타격을 가한 자신의 반대 심문에 대해 전혀 사과할 마음이 없다고 덧붙인다. 하지만 관객들은 '진실'에 다가서기 위해 가장 필요했던 질문인 피해자가 왜 우울증 치료를 받게 된 것인지, 왜 진술서에 말하지 못한 것을 재판 5분 전에야 털어놓게 된 것인지에 대해 에드워드와 팀이 전혀 궁금해하지도, 관심을 갖지도 않았다는 점에서 그들이 정당성을 주장할 수 없음을 인식하게 된다.

레인은 무언가에 '동의'했다는 것을 증명할 수 없는 어려움을 에드워드가 실제로 경험하고 이해하도록 만들기 위해 2막에서 그가 팀과의 외도를 저지른 아내 키티에 의해 '부부 강간'으로 고발되는 상황에 처하도록 만든다. 에드워드는 누구보다 자신이 이성적이며 합리적이고 논리적이라고 생각하는 변호사이다. 그는 "사과합니다(I apologise)"라는 말은 하지만 "미안합니다(I'm sorry)"라는 말은 결코 해 본 적 없는 "공감(empathy)"이라는 단어를 혐오하는 인물이다. 그는 하루 종일 피해자들이 쏟아 내는 '진술'과 술에 취해 감정적으로 공정함에 대해 뒤떠드는 의뢰인들의 '말'에 귀를 기울여야 하는 일이 너무 지긋지긋

하다. 그는 인간이 '두뇌'가 아닌 '가슴'에 기준을 두기 때문에 불공평한 상황들이 발생하고 문제가 생기는 것이라고 생각한다. 그는 다른 무엇보다 자신과 '공감'하는 것이 중요하다고 외치는 아내 키티를 향해 이렇게 말한다. "무언가에 대해 의견을 가지기 위해 반드시 경험을 할 필요는 없어!" 하지만 키티는 과거에 바람을 피운 사실에 대해 '미안하다'는 말을 않았을 뿐 아니라 거실에 소파 놓을 자리 하나도 쉽게 '동의'하지 못하고, 그 어떤 상처에도 '공감'하지 않는 남편을 용서할 수 없음을 느낀다. 분노한 그녀는 소리 지른다. "너는 한 번도 그걸 당해 보지 않았어. 너는 속이는 일만 해 왔지 결코 속아 본 적이 없지. 너는 당해 볼 때까지 그게 어떤 건지 결코 모를 거야. 그게 네가 이해할 수 있는 유일한 방법이겠지. 그래! 그게 어떤 기분인지 내가 느끼게 해 줄게!"

어쩌면 5년 전에 외도한 남편을 아직까지 용서할 수 없는 키티가 시니컬함과 분노를 가득 담아 쏟아 내는 에드워드에 대한 분석은 정확한 것인지 모른다. 키티는 에드워드가 직업상 "정직하지 않고 폭력적이고 성적으로 이상한 사람들을 계속 만나면서 거짓말을 일삼고 대변하다 보니 타락했다"고 분석한다. 언제나 상대와 "대립하는 일에만 익숙해져서 반대하는 관점을 취하지 않고서는 그 어떤 것도 들을 수 없게 되어 버렸다"는 에드워드는 이제 자신에게 불리하거나 잘못한 일들은 편리하게 잊고 재빨리 다른 기억으로 대체하는 기술을 연마한 '교체 전문가'가 되어 버렸다. 논리는 법정에서나 효과가 있을 뿐 인간의 삶에는 비논리적인 일들이 가득하다고 주장하는 키티는 용서를 빌려면 "무조건적으로 '미안해. 내가 잘못했어!'라고 말해야 하는 것"임을 강조한다.

결국 키티는 '복수'를 위해 팀과의 불륜을 저지른다. 하지만 그녀는 예상치 못한 사랑에 빠지고 만다. 아내의 외도를 눈치챈 에드워드는 집요하게 추궁하고 키티는 사실을 고백한다. 그 어떤 경우에도 이성적으로 판단할 것이라고 확신해 온 에드워드는 울면서 키티에게 매달리고, "이건 공평하지 않아!"라고 외친다. 결국 키티와 팀의 예상치 못한 '사랑'은 에드워드와 자라에게 배신이라는 '상처'를 남기고, 아이 양육권과 부부 강간 혐의로 대치되는 소송을 둘러싼 법적 논리와 현실의 진창 싸움이 시작된다. 연극은 막장으로 치닫고 모든 인물들은 자신들이 규정했던 스스로에게서 벗어나는 '경험'을 통해 자신들이 세웠던 논리가 무너지는 현실을 경험한다. 같은 경험을 가진 사람들은 전에는 이해하지 못했던 인물들을 이해하며, 도덕적 우위와 지적인 우월감으로 무장했던 사람들은 무대 위에 자리한 '그리스 신전의 폐허'처럼 부서지고 해체된다.

레인은 성폭력 사건을 극의 소재로 선택한 이유에 대해 《이브닝 스탠더드》를 통해 이렇게 설명한다. "나는 강간 사건이 여성에게 불공평하게 적용된다고 느꼈어요. 왜냐하면 피해자이자 증인인 여성들에게 신뢰를 가질 수 없도록 만드는 어떤 상황들이 계속 생겼거든요. 법은 냉정하고 인간적이지 않지만 우리는 인간이잖아요? 법에 꼭 필요한 것은 인간애라고 생각합니다. 그래서 배심원단이 존재하는 거죠. (…) 나는 내가 얼마나 무지했었는지를 깨달았습니다. 법이 성범죄에 어떻게 접근하고, 어떤 것들을 고려하는지, 법의 역학이 성범죄에 어떻게 작용해 정의가 행해질 수 있는 것인지에 대해 무지했던 거죠." 그녀는 또한 진술에 일관성이 없다는 이유로 모든 증언을 신뢰할 수 없는 것으로 판단하는 사법 현실에 대해 "모순적으로 느꼈다"고 덧붙인다. 그녀는 기억은 왜곡의 성질이 있기 때문에 "오히려 조금씩 어긋나는 것이 일반적"이며 너무 정확하게 맞아떨어지는 경우, 반대로 거짓말일 가능성이 존재함을 지적한다. 또한 그러한 기억을 설명하는 언어 역시 정확하게 세상을 표현하고 진실을 설명하기에는 부족하다고 볼 수 있다.

레인은 〈콘센트-동의〉를 통해 변호사들이 자신들이 원하는 세계관을 정해 놓고, 그러한 관점으로만 보도록 만드는 '속임수'를 관객들이 인지하기를 바란다. 또, 언어라는 무기의 화살을 날려 상대를 늪에 빠뜨릴 경우, 무너져 내리는 진실의 '이중성'과 '애매모호함'을 관객들이 볼 수 있기를 바란다. 그리고 누구라도 자신의 진실이 무시당하고 공격당하며 다른 사람들에 의해 '공감'되지 않을 때, 감정적 폭발과 분노로 '광기'에 이를 수 있음을 보여 준다. 마치 "잘난 척하며 도덕적으로 우위에 있음"을 당연시 여기던 그리스 신들이 지극히 인간적인 '감정'에 휘둘려 서로를 공격하고, 상처 주며, 결국 분노로 인해 '복수'에 이르는 것처럼 〈콘센트-동의〉 속 인물들은 서로가 '동의'할 수 없음으로 인해 갈등하고 미워하며 서로를 용서하지도, 잊지도 못한다.

레인이 제시하는 주제들은 신랄하고 날카롭지만 무대 위 인물들의 막장으로 치닫는 행동과 반응은 객석에 어이없는 탄식과 폭소를 낳는다. 웃음은 '거리'에서 나오고 관객들은 무대 위 인물들의 삶이 자신들의 '삶'이라 여기지 않는다. 하지만 '냉철한 판단'을 취할 수 있는 거리를 확보한 웃음은 관객들의 '지적인 능력'을 발동시키고, 절대 웃을 수 없는 게일의 재판 장면과 마지막 무대를 채우는 게일의 '유령'

이 관객들을 응시하는 장면을 통해 '법'에 대한 비판적 인식을 확보한다. 극작가 레인의 바람은 성취된다. 그녀가 제기한 모든 문제들은 "공중에 떠도는 이슈"가 되고, 관객들은 집으로 돌아가는 내내 "극에 대해 이야기"하며 동의에 대해, 공감에 대해, 그리고 법과 용서에 대해 생각한다. 우리는 법에 '동의'할 수 있을까? 우리는 상대에게 진심으로 '공감'할 수 있을까? 용서에는 무엇이 선행되어야 할까?

* 본 글은 2019.06.14.~2019.07.07. 명동예술극장에서 공연된 연극 〈콘센트-동의〉를 관람한 후 작성된 칼럼입니다.

숨겨진 편견, '혐오'를 진단하는 도구

미국 법무부에 따르면 "혐오 범죄, 혹은 증오 범죄(hate crime)"는 1980년대 유태인, 아시아인, 흑인들을 향한 공격 사건이 잇달아 발생하면서 언론과 정책 지지자들에 의해 생겨난 단어이다. 당시 미국연방수사국(FBI)은 혐오 범죄를 "인종, 종교, 장애, 성적 취향 또는 민족, 출신 국가에 대한 가해자의 편견에 의해 동기가 부여되어 저질러진 형사 범죄"로 정의했다. 하지만 인류 역사에서 특정 기준을 벗어난 사람들을 향한 증오나 자신의 그룹에 속하지 않은 사람들에 대한 박해는 그 기원을 알 수 없을 만큼 오래된 일이다. 로마 시대의 기독교 박해부터 16세기 식민지 구축을 위한 유럽인들의 원주민 학살, 18세기 미국 혁명 당시 재판 없이 형벌에 처해지는 '린치(lynching)'에 이르기까지 인간이 다른 사람을 박해하고 증오하며 함부로 공격하고 폭력을 휘둘러 온 역사는 깊기만 하다.

도대체 왜 인간은 그토록 누군가를 혐오하는 것일까? 독일의 저널리스트이자 작가인 카롤린 엠케(Carolin Emche)의 『혐오 사회』에 따르면, 혐오는 "자연적으로 발생한 것이 아니라 사회적으로 형성된 감정"

이다. 그녀는 혐오가 "절대적 확신"을 필요로 하는 감정인 반면 혐오의 대상은 "모호한 존재"라는 아이러니에 주목한다. 자신의 감정이나 판단을 의심하는 사람이라면 이성을 잃을 정도로 상대를 미워할 수 없다. 정확한 것을 미워하기란 쉽지 않기 때문이다. 정확성은 섬세한 관찰을 필요로 하고 "서로 모순적인 다양한 특성과 성향을 지닌 각각의 개인을 개별적인 인간 존재로 인정하는 세밀한 구별을 전제"로 한다. 엠케는 "개인을 개인으로 보는 상태에서는 혐오하기가 어렵지만, 일단 윤곽이 지워져 더 이상 개인이 구별되지 않는 모호한 집합체로 규정되면 그들에게 비방과 폄하, 비난과 공격, 분노를 쏟아 내는 일은 쉬워진다"고 말한다. 혐오는 미리 정해진 '양식'에 따라 "훈련되고 양성되며" 어느 날 느닷없이 폭발한다. 하지만 이것은 우발적인 것이 아니라 오랜 기간 사회 속에 똬리를 틀고 성장해 온 흉물스러운 것의 결과일 뿐이다. "혐오가 원인이 아니라 결과"라면, 결과는 분석되어야 하고 그 근본 원인을 찾아야 한다. 그래야만 '혐오'라는 끔찍한 사회 병증의 치료책을 찾을 수 있기 때문이다.

　베네수엘라 출신의 미국 극작가 모이세스 카우프만(Moisés Kaufman)의 연극 〈레라미 프로젝트(The Laramie Project)〉는 이러한 미국의 혐오 범죄 방지법과 반차별법의 확산에 지대한 영향을 미친 작품으로 알려져 있다. 1998년 10월 미국 와이오밍 주에 위치한 레라미(Laramie)에서 발생한 '동성애 혐오 살인사건'을 다루고 있는 이 극은 실제 사건이 발생한 약 한 달 후부터 15개월 동안 주민들을 대상으로 진행한 200건 가량의 인터뷰와 극단 단원들의 일지, 언론 보도들로 '다큐멘터리'를 재구성해 연극으로 선보이는 독특한 형식의 작품이다. 2000년에 콜로라도 주 덴버(Denver)에서의 초연을 시작으로 미국 전역에 위치한 지역 극장, 고등학교, 대학교를 휩쓸고, 유럽을 비롯한 전 세계에 소개된 〈레라미 프로젝트〉는 현재까지도 "미국 내에서 가장 많이 공연된 연극"일 뿐 아니라 "편견과 관용, 시민권과 인권"을 가르치기 위한 방편으로 미국과 영국에서 학교 교재로 사용되고 있는 작품이다. 2002년 HBO에 의해 영화로 제작된 〈레라미 프로젝트〉로 베를린 국제 영화제에서 '특별상'을 수상하기도 한 카우프만은 2016년 버락 오바마 대통령으로부터 미국에서 예술가에게 주어지는 최고의 상이라 할 수 있는 '국가 예술 훈장(National Medal of Arts)'을 수여받았다.

와이오밍 대학에서 정치학을 전공하며 인권과 성 소수자의 권리를 위해 일하고픈 꿈을 꾸었던 21세 청년 매튜 쉐퍼드(Matthew Shepard)는 1998년 10월 6일 아론 맥키니(Aaron McKinney)와 러셀 헨더슨(Russell Henderson)이라는 20대 청년들에 의해 무참한 폭행과 고문, 강탈을 당한 뒤 레라미 외곽 울타리에 묶인 채 18시간 동안 방치되었다. 자전거를 타고 가던 행인이 돌부리에 걸려 넘어지는 바람에 발견된 쉐퍼드는 얼굴을 알아볼 수 없을 정도로 폭행당해 온통 피범벅이 된 상태에 있었고, 병원으로 옮겨졌지만 심한 두개골 골절과 뇌 손상으로 인해 혼수상태에 있다가 결국 5일 만에 사망했다. 이 사건은 미국 전역에 보도되어 엄청난 여론의 주목을 받았고, 전 국민의 추모와 논쟁, 정치적 촉구를 불러왔으며, 혐오 범죄 방지법(hate-crime law)을 통과시키기 위한 운동이 시작되도록 만들었다. 하지만 많은 사람들의 노력에도 불구하고 혐오 범죄 관련법이 적용되는 데에는 10년이 넘는 세월이 걸렸다. 차기 정권에서 '혐오 범죄 방지법'을 통과시킬 것을 약속했던 오바마 대통령은 2009년 10월 11일, 마침내 '매튜 쉐퍼드 법(The Matthew Shepard Act)'에 서명했다.

카우프만은 사건이 발생한 지 38일 후인 1998년 11월 14일, 자신의 극단 단원들과 함께 레라미를 처음 방문했다. 그의 목표는 "왜 그러한 사건이 발생한 것인지, 그날 밤 발생한 일은 정확히 무엇인지, 레라미라는 도시는 어떠한 곳인지"에 대한 분석을 바탕으로 "연극을 하는 예술가로서 이 사건에 대한 반응으로 무엇을 할 수 있는지", 그리고 "현재 발생한 사건에 대한 국가적 담화에 연극이 매체로서 어떤 공헌을 할 수 있는지"를 탐구하는 것이었다. 베르톨트 브레히트의 서사극 이론을 설명하는 글 「거리 장면(The Street Scene)」의 "상황(situation)"에서 모티브를 얻은 카우프만은 3개의 막으로 구성된 〈레라미 프로젝트〉에 "순간(moment)"이라는 개념을 적용했다.

〈레라미 프로젝트〉의 모든 장면들은 "구조주의자의 관점에서 연극을 분석하고 창조할 수 있는 방법"으로 고안된 '순간들(moments)'로만 구성된 특징이 있다. 이러한 '순간들'은 오직 "의미를 전달할 수 있는 다른 순간들과 병치되는 연극적 단위"로 기능할 뿐 장소의 변화나 인물의 등장과 퇴장을 의미하지는 않는다. 이 때문에 1998년부터 1999년까지 여섯 차례에 걸쳐 방문한 레라미에서 많은 주민들과 진행했던 400여 시간이 넘는 인터뷰 내용들은 시간의 순서를 따르지 않는다. 무대는 의상과 소품이 그대로 드러나 보이는 상태에서 의자와 테이블 몇 개를 움직이며, 청바지와 셔츠의 일상복을 입은 배우들이 자신들이 연기하는 레라미 주민들의 직업이나 특징을 드러낼 수 있는 설정을 즉석에서 실행하는 방식을 적용한다. 8명의 배우들은 70명에 달하는 인물들을 연기하면서 자유자재로 변화한다. 모든 것은 브레히트가 말한 것과 같이 "교통사고가 발생한 것을 목격한 사람들이 쏟아내는 설명"을 들을 때처럼 관객들이 객관적인 위치에서 사건이 발생한 순간 주변의 것들을 이성적으로 판단하고 분석할 수 있는 '거리'를 확보하는 일에 초점이 맞춰진다.

누군가에게 벌어진 사건에 대한 설명을 듣는 일은 그 사건에 대한 사전 지식이 없는 사람들에게 전체 상황을 그려 보도록 만드는 집중력과 상상력을 요구한다. 같은 사건에 대해 각자 다른 이야기를 쏟아 내는 경우라면, 청자는 상황이 품고 있는 구조를 더 넓은 범위에서 보게 된다. 많은 시점에서 서술된 이야기들의 퍼즐을 맞춰 나가는 과정 속에서 사건에 연루된 다른 고리들을 발견하게 되기 때문이다. 레라미 주민들이 속사포처럼 쏟아 내는 이야기들은 매튜 쉐퍼드에게 발생한 사건 경위에만 초점이 맞춰져 있지 않다. 오히려 레라미가 어떤 곳인지, 레라미 주민들의 삶이 어떠한지, 레라미가 어떤 역사적 맥락과 경제적 맥락을 품고 있는지, 사회적 계층의 차이는 어떠한지, 발생한 사건에 대해 어떤 감정을 품고 있는지와 같은 사건 주변부에 관한 진술들로 가득하다.

관객들은 곧 레라미가 한적한 곳에 위치한 평범하고 보수적인 공동체의 일반적인 축소판이라는 사실을 깨닫는다. 외부에서 유입된 교육받은 계층이 경제적으로 윤택한 삶을 영위하고 있는 대학가 지역을 제외하고는 대부분의 주민들이 몇십 년, 혹은 몇 세대에 걸쳐 살아온 레라미는 넓은 목장 지대였던 곳이고, 한때 미국을 가로지르는 철도 산업의 부흥으로 공장의 노동력을 필요로 했지만, 1998년 현재 많은 주민들이 경제적 어려움을 겪고 있는 곳이다. 아이들이 밤늦도록 밖에서 놀아도 걱정할 필요가 없는 레라미는 모든 사람들이 서로 알고 지내며 모든 것이 개방된 듯 보이지만 암묵적으로 작용하는 '혐오'와

'배제'가 뿌리 깊게 존재하는 도시이다.

 "생각하는 것보다 게이들이 엄청 많다"고 진술되는 레라미는 실제로 존재하기는 하지만 겉으로 자신의 정체성을 드러내서는 안 되는 많은 성 소수자들이 "커밍아웃한 사람들과 함께 있는 것을 보여서는 안 되는" 편견으로 가득한 곳이다. 침례교와 모르몬교, 카톨릭교가 지배적인 레라미에서는 대부분의 주민들이 부모에게 '동성애는 나쁜 것'으로 교육받으며 자라 왔고, 겉으로는 "간섭하지 않고 간섭받지 않는다"는 원칙을 내세우지만 내면적으로는 안과 밖으로 경계를 그은 채 불편한 마음을 숨기고 있다. 카우프만은 지식인이면서도 지역에서 발생한 사건에 대해 입장을 표명하는 것을 불편해하는 '교수'부터 시작해 사건을 조사하고 가해자들을 취조하면서 생각이 완전히 바뀌게 된 '형사', 피해자의 친구들과 가해자의 친구들, 레라미에 거주하고 있는 성 소수자들과 이슬람 페미니스트 여학생, 침례교와 모르몬교, 카톨릭교와 유니테리언교를 대표하는 성직자들의 설교와 인터뷰 내용을 고르게 활용하면서, 레라미가 어떤 곳이었는지를 드러내 보인다. 또, 사건에 대한 언론의 보도 방식과 '혐오'가 일상인 도시에 살고 있는 주민들로 전락해 버린 레라미 사람들의 정서적 반감, 보수 성향의 정치인이 표명하는 갑작스러운 입장 선회, 피해 가족의 대변인을 자처한 병원장에게 가해지는 동성애 혐오를 품은 사람들의 공격, 에이즈 보균자였던 피해자로 인해 HIV 바이러스에 노출된 경찰, 피해자의 장례식에 나타나 교리를 설파하는 목사와 가해자들의 무기 징역 선고에 이르는 상당히 많은 관점들을 조명한다. 극은 사건이 품고 있는 여러 메커니즘을 드러내 보일 수 있도록 '순간들'을 배치한다.

연극 〈레라미 프로젝트〉가 파헤치는 것은 사건이 발생하게 된 자세한 경위와 사실 관계라기보다는 그 이면에 도사리고 있는 사회의 묵인과 방조, 주민들을 점유하고 있던 이데올로기와 무지, 미국이라는 국가 전체가 품고 있던 차별과 배제, 무관심, 그리고 '혐오'라는 근본적인 문제들이다. 2018년, 매튜 살인 사건이 발생한 지 20년을 돌아보는 《콜로라도 일간지(The Coloradoan)》와의 인터뷰에서 카우프만은 〈레라미 프로젝트〉가 아직까지 많은 사람들에게 울림을 남기는 것은 "여전히 우리 사회에 그 이야기가 침투할 수 있는 비슷한 상황들이 존재"할 뿐 아니라 레라미에서 발생했던 모든 반응들과 편견들이 많은 지역 공동체에 똑같이 작용하고 있기 때문임을 밝혔다. 그는 2017년 샬러츠빌(Charlottesville)에서 발생한 백인 우월주의자 집회에서 한 사람이 죽도록 방치된 사건의 경우에도 많은 주민들이 "우리는 이런 사람들이 아닙니다!"라고 말했음을 언급하며, 레라미 주민들이 자신들이 다름을 주장했던 것과 마찬가지로 많은 사람들이 현실을 외면하고 방어하는 데에만 급급하다는 사실을 지적했다. "매번 혐오 범죄가 발생할 때마다 반복적으로 목격하게 되는 현상"이라고 말하는 카우프만은 우리가 '그와 다르지 않다'는 사실을 더 빨리 인지할수록, 그것이 우리 사회의 일부이자 현실임을 재빨리 인정할수록 우리가 문제를 제대로 해결할 수 있는 기회가 생길 것임을 깨달아야 한다고 주장했다.

이는 엠케가 《혐오 사회》를 통해 주장하는 논리와 일맥상통한다. 그녀는 "증오하는 자들이 그 대상에게 해를 입힐 수 있는 여지를 주지 않는 것 또한 우리 모두의 책임"이라는 사실을 인지할 필요가 있다고 강조한다. 그녀에 따르면, 주변에 멍하니 서서 바라보기만 하는 사람들 역시 증오의 목소리를 증폭시키는 것이나 다름없으며, 폭력과 위협을 지지하지 않았다 할지라도 은밀하게 묵인했다는 사실만으로 증오가 사회 전체로 퍼져 나가는 일에 일조한 것임을 인식해야만 한다. 우리 자신은 증오하지 않았을지 몰라도 귀찮은 일에 휘말리기 싫어서, 혹은 고요한 일상을 유지하기 위해 모른 척 고개 돌린 순간들이 결국 '승인'이 되고, 증오를 '방조'하는 결과를 낳았기 때문이다. 그녀는 "개입하지 않으려는 사람들", 자신들의 행동이 아무런 영향을 미치지 않을 것이라고 생각하는 사람들을 향해 이렇게 말한다.

> "모습이 다르고, 생각이 다르고, 종교나 사랑하는 방식이 다르다는 이유로 멸시받고 위협당하는 사람들에게 힘이 되어 주는 데는 많은 것이 필요치 않다. 그것은 차별을 감지해 내는 일, 사회적 공간이나 담론의 공간에서 추방된 이들에게 그 공간을 열어 주는 것과 같은 작은 일들이다. (…) 우리는 그들을 홀로 내버려 두어서는 안 되고, 그들이 외쳐 부를 때는 귀를 기울여야 한다. 증오의 물이 계속 부풀어 오르는 것을 방치해서는 안 된다."
>
> - 『혐오사회』 중에서 -

미국 《내셔널 퍼블릭 라디오(NPR)》에 따르면, 매튜의 어머니인 주디 쉐퍼드(Judy Shepard)는 〈레라미 프로젝트〉가 아들의 이야기를 살아 있는 것으로 만들 뿐 아니라 "우리 안에 놓여 있는 모든 편견에 관해 사람들을 교육하고 있다"고 말한다. 이는 연극 〈레라미 프로젝트〉가 인터뷰를 진행한 배우들에 의해 이해된 레라미 주민들의 언어를 그대로 드러내는 방식을 취하고 있기 때문이며, 쉴 새 없이 다른 인물로 변모하는 배우들을 바라보며, 그들의 감정에 이입하는 동시에 상황을 둘러싼 여러 시선들과 이데올로기들의 움직임에도 주목할 수 있도록 만들기 때문이다. 무엇보다 연극 〈레라미 프로젝트〉가 많은 사람들에게 효과적일 수 있는 이유는 레라미가 특정한 한 지역이 아니라 관객들이 속해 있는 공동체와 크게 다를 바 없다는 사실을 인지하도록 만들어 내는 '보편성'에 있다. 극 속에 매튜가 전혀 등장하지 않는다는 사실은 그의 부재를 더 강렬하게 인식하도록 만들고, 레라미 주민들에게 폭풍처럼 몰아친 불안, 갈등, 충격, 슬픔, 죄의식, 불편함과 같은 복잡한 감정들은 관객들에게 그대로 노출된다.

〈레라미 프로젝트〉는 많은 사람들이 자신들이 품고 있는 줄도 몰랐던 편견과 혐오, 무책임과 외면, 무관심에 대해 생각해 보도록 만든다. 감정이 불편하다는 이유로 다르게 분류된 사람들에게 함부로 해도 된다는 암묵적 정당화의 길을 열어 주었던 레라미의 세상은 대부분의 사람들이 속해 있는 공동체의 현실과 다르지 않다. 매튜 쉐퍼드 살인 사건이 불러온 충격과 반성이 분명 많은 사람들의 인식에 새로운 변화를 가져왔음에도 불구하고 혐오 범죄 방지법이 통과되는 데 10년이란 세월이 걸렸다는 사실은 증상의 원인을 발견하고도 치료를 하는 데 많은 고통과 인내, 노력이 필요하다는 사실을 입증한다.

연극 〈레라미 프로젝트〉가 우리 안에 숨겨져 있던 편견과 혐오를 진단하는 엑스레이(X-ray)와 같은 도구라면, 환자인 우리들은 병을 치료하기 위한 수고와 노력을 아끼지 말아야 할 것이다. 엠케의 말처럼, 증오에 환호하는 사람들을 향해 냉담하고 날카로운 눈길을 보내 그들이 자기 확신을 잃도록 만드는 일만으로도 혐오의 기반을 흔들 수 있을지 모른다. 혐오는 다른 사람만을 파괴하지 않는다. 혐오는 우리 스스로를 파괴한다. 그렇기에 모든 인간의 자유와 평등을 위해 싸우는 일은 결국 우리 모두에게로 되돌아온다. "모든 이가 딛고 설 수 있는 자유와 평등의 튼튼한 지반을 닦아 놓는 것", 그것이 모두를 위한 시작이어야 하지 않을까?

* 본 글은 2019.07.13.~2019.07.28. 두산아트센터 Space111에서 공연된 연극 〈레라미 프로젝트〉을 관람한 후 작성된 칼럼입니다.

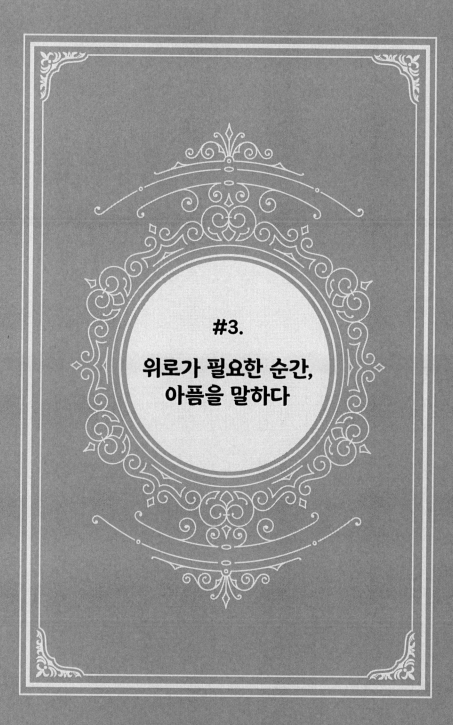

#3.
위로가 필요한 순간,
아픔을 말하다

위로와 격려, 지지가 필요한 우리의 삶

🎭 연극 〈오펜스〉

세상에 태어난 지 19개월 만에 시각과 청각을 모두 잃게 된 헬렌 켈러(Helen Keller)는 1903년 출간된 자서전에서 "만약 사흘만 세상을 볼 수 있다면 첫째 날은 사랑하는 사람의 얼굴을, 둘째 날은 밤이 아침으로 변하는 기적을, 셋째 날은 사람들이 오가는 평범한 거리를 보고 싶다"고 말했다. 볼 수도 들을 수도 없기에 말을 할 수도 소통을 할 수도 없었던 헬렌은 불만에 가득 찬 채 손에 닿는 것은 무엇이든 파괴하는 "폭군(tyrant)"과 같은 상태에 놓여 있었다. 나 이외의 세상이 존재한다는 것을 알 수 없었던 아이, 자신이 무엇인지조차 알지 못했던 아이를 '세상' 속으로 끌어낸 것은 다름 아닌 가정 교사 앤 설리번(Anne Sullivan)이었다.

8살 때 어머니가 죽고 알코올 중독자인 아버지의 학대 속에 살다 10살 때 남동생과 함께 구빈원으로 보내졌던 설리번은 트라코마(trachoma)로 인해 시각을 잃게 되었음에도 자신에게 닥친 고난과 역경을 딛고 퍼킨스 시각 장애인 학교(the Perkins Institute for the Blind)를 우수한 성적으로 졸업했다. 학대와 방치, 어머니와 남동생의 죽음, 시각

상실과 같은 연이은 불행으로 인해 세상을 향한 분노와 억울함, 상처가 가득했던 설리번은 주변의 많은 사람들에게 적대감을 불러일으킬 만큼 고집이 세고 비타협적이었지만 여러 선생님들의 따스한 애정과 관심, 보살핌, 지지를 통해 배움에 대한 열정을 불태울 수 있었다. 그녀의 이러한 경험은 천방지축이었던 헬렌을 대면한 순간 정신적으로도 도덕적으로도, 또 영적으로도 그녀의 삶에 등불과 같은 존재로 자리해야 할 책임감을 일깨우도록 만들었다. 설리번은 1888년 퍼킨스 학교 사감 선생님인 소피아 홉킨스(Sophia Hopkins)에게 보내는 편지에 이렇게 적었다. "나는 이 아이의 교육이 내 삶의 중요한 사건이 될 것이란 생각이 들어요. (…) 내 안에 있는 무언가가 꿈을 능가하는 성취를 이룰 수 있을 것이라고 말해요. 나는 헬렌이 갖고 있는 놀라운 힘과 능력들을 끌어내고 발전시킬 수 있다고 믿어요. 내가 어떻게 그런 확신을 하는지 알 수는 없지만 암흑 속에서도 나는 그것을 느낄 수 있어요!"

헬렌은 1908년에 출간한 『내가 사는 세상(The World I Live In)』에서 설리번 선생님을 처음 만났을 때의 자신의 느낌에 대해 이렇게 서술한다. "선생님이 내게 오시기 전까지 나는 나라는 존재를 알지 못했습니다. 나는 세상이 아닌 곳에 살고 있었죠. (…) 내 정신은 의미 없는 감각들이 온갖 소란을 피우고 요동을 치는 무정부주의적 혼란의 상태에 놓여 있었습니다." 헬렌의 이러한 혼란스러운 감정의 소용돌이를 다스린 것은 펌프(pump)에서 쏟아져 내리는 차가운 물의 촉감과 설리번 선생님이 손바닥 위에 써 주었던 "물(water)"이라는 단어에 대한 첫 인식이었다. 세상에 존재하는 물질이 있고, 각기 이름이 있으며, 언어를 통해 소통이란 걸 할 수 있다는 사실을 알게 된 헬렌은 자신이 찢고 망가뜨렸던 인형들을 도로 붙여 놓기 위해 애를 썼고, 처음으로 후회와 슬픔을 느끼며 사랑할 수 있는 감정이 있다는 것을 알게 되었다. 설리번은 헬렌이 온갖 사물에 부딪치고 넘어지면서도 모든 것의 이름을 묻고 잔뜩 흥분해 기쁨의 눈물을 흘리며 그녀에게 달려왔던 때를 이렇게 기록하고 있다. "지난밤 내가 잠자리에 들었을 때 헬렌이 내 품속으로 들어와 나를 껴안고 처음으로 내 볼에 키스를 했어. 내 심장은 기쁨으로 충만해서 터질 것만 같았어!"

　미국 극작가 라일 케슬러(Lyle Kessler)의 1985년 연극 〈오펀스(Orphans)〉는 설리번 선생님과 헬렌의 관계를 떠올리게 하는 따뜻함과 감동, 아픔과 슬픔이 담긴 작품이다. "연극은 인간 정신을 기리는 예술"임을 강조하는 극작가 케슬러의 연극 〈오펀스〉는 1983년 LA에서의 초연과 1985년 시카고에서의 재연이 전혀 다른 결말을 갖고 있는 "바람직한 엔딩을 찾기 위해 25번의 다시 쓰기"를 거친 작품이다. 2013년 〈오펀스〉는 알렉 볼드윈(Alec Baldwin) 주연의 브로드웨이 공연으로 인해 또 한 번 주목을 받게 되는데, 당시 새롭게 출간된 희곡에는 헬렌 켈러의 말을 인용한 에피그라프(epigraph)와 케슬러의 「후기(Afterword)」가 담겨 있다. 케슬러에 따르면, 초연 당시 〈오펀스〉는 《LA 타임스(Los Angeles Times)》의 한 평론가로부터 혹독한 평가를 받았지만 재연에 성공했을 뿐 아니라 1987년 영화화를 거쳐 전 세계로 뻗어 나가면서 30년이 훨씬 넘는 기간 동안 관객들의 사랑을 받았다. 〈오펀스〉가 가진 이러한 힘에 대해 케슬러는 2015년 뉴욕 헌팅턴(Huntington NY) 공연의 「관객과의 대화」를 통해 "분명 극의 어떤 부분이 사람들의 마음속에 자리하고 있는 근본적인 무언가를 건드리고 있다고 생각한다"고 설명한다. 그는 〈오펀스〉가 터키, 이스탄불, 프랑스, 스페인, 이탈리아를 거쳐 도쿄에 이르기까지 오랫동안 재연을 반복하며 사랑을 받고 있다는 사실에 놀라움을 감추지 못하며, 분명 "우리의 일부가 인물들 안에 담겨 있기 때문"임을 언급한다. 그는 "지적인 측면에서가 아닌 감정적이고 정서적인 측면의 공감을 불러일으킨다"는 점에서 〈오펀스〉가 사람들의 마음에 닿고 있음을 강조한다.

케슬러는 연극 〈오펀스〉의 탄생 배경에 대해 1막을 쓴 후 2막을 다시 쓰기까지 무려 6년이라는 시간이 걸렸으며, 쌍둥이 아이들이 태어남과 동시에 마치 운명처럼 2막이 완성되었다고 말한다. 또, '트릿(Treat)'이 "버려짐(abandonment)"에 대한 두려움으로 인해 자신과 싸움을 벌이고 있다는 사실과 그 누구보다 따뜻한 격려와 지지를 바라고 있음을 인식하도록 만들기 위해 '해롤드(Harold)'의 죽음이라는 결말이 필수 불가결 하다는 사실을 25번의 수정 끝에 갑자기 깨닫게 되었음을 덧붙인다. 북 필라델피아의 빈민가에 위치한 연립 주택에 부모 없이 오랫동안 방치된 두 형제 트릿과 '필립(Phillip)'의 이야기는 관객들의 '연민'을 사기에 충분했고, 어느 날 우연히 두 형제 앞에 나타난 아버지 같은 존재 해롤드의 따뜻한 마음은 삶 속에 한 번쯤 상처 입은 기억이 있는 관객들의 마음 역시 어루만지는 '위안'을 선물할 수 있었다.

케슬러는 《브로드웨이 버즈(Broadway Buzz)》와의 인터뷰에서 "〈오펀스〉는 나 자신의 서로 소화될 수 없었던, 치열하게 싸우고 부딪치던 무의식의 요소들을 반영한 극"이며, "우리 모두가 품고 있으면서도 건드려 본 적 없는 이슈들을 드러낸 것"이라고 설명한다. 그는 '필립'은 밖에 나가길 두려워하며 숨기를 바라면서도 바깥세상을 동경하는 마음을, '트릿'은 누군가에게 무시당하거나 이용당하고 버려졌을 때 폐부 깊숙이 느꼈던 분노와 복수의 마음을 표출한 인물이라고 말한다. '해롤드'는 이 두 가지 속성을 하나로 아우르고 봉합하는 "우리 모두가 찾고 있던 아버지"이자 진정한 어른이라고 할 수 있다. 이 때문에 케슬러는 자신의 극이 사실주의나 자연주의 극이 아닌 "우화(a parable)"이자 "도덕극(a morality play)"이라고 주장한다. 감정의 충돌, 결핍된 가족의 구원, 격려와 지지, 위로가 담겨 있는 '진실'을 설파하는 극이란 것이다.

실제로 연극 〈오펀스〉가 전 세계 관객들의 마음을 사로잡은 것은 고아원 출신으로 시카고에서 앵벌이 신문팔이를 하다 갱스터가 된 해롤드가 자신의 어린 시절을 떠올리게 하는 "빈민가의 비행 소년(a dead-end kid)" 트릿과 필립을 만나 그들이 자신과는 다른 삶을 살아갈 수 있도록 모든 노력을 다하는 데서 발견되는 '인간애에 대한 감동'이라고 할 수 있다. 막이 오르면 운동화 끈이 풀린 채로 의자 위를 아슬아슬하게 돌아다니는 필립의 모습이 보인다. 그는 갑자기 창밖에서 누군가를 발견한 듯 책이며 신문, 빨간 하이힐(a high-heeled woman's red shoe)과 같은 물건들을 다급하게 숨기기 시작한다. 무대에는 텅 빈 커다란 마요네즈 통과 선반에 쌓여 있는 참치 캔들, 낡은 소파와 작은 텔레비전이 놓여 있다. 케슬러의 희곡의 경우, 필립이 바닥을 밟지 못하는 강박증을 가진 것으로 묘사되어 있지 않으나 국내 공연의 연출을 맡은 김태형은 필립이 느끼는 심리적 불안과 억압을 운동화 끈에 걸려 넘어질 위험을 안은 채 의자 위만 밟고 돌아다니는 모습으로 표현하고자 한 것으로 보인다. 필립이 2층 계단으로 올라가 몸을 숨기자마자 문이 벌컥 열리며 트릿이 등장한다. 트릿은 큰 소리로 "필립!"을 부르며 숨바꼭질할 기분이 아니니까 당장 나오라고 소리친다. 트릿은 자신이 소매치기로 훔쳐 온 시계, 지갑, 팔찌와 같은 물건들을 테이블 위에 늘어놓으며 인내심이 바닥난 듯 거칠게 욕을 하고 필립에게 당장 내려올 것을 명령한다.

관객들은 트릿이 상당히 폭력적이며, 필립은 형을 무서워한다는 사실을 인식한다. 조심스럽게 필립은 모습을 드러내고, 죽은 엄마의 옷들이 잔뜩 걸려 있는 옷장에 숨어 형이 돌아오기만을 기다리고 있었을 뿐이라고 설명한다. 트릿은 지나치게 빠른 속도로 없어지는 마요네즈에 대해 불평하고, 필립은 참치 샌드위치를 만들어 먹기 위해 마요네즈 두 스푼씩만을 사용했을 뿐이라고 대꾸한다. 트릿은 자신이 없는 동안 필립이 무엇을 했는지를 묻고, 필립은 창밖을 내다보며 온갖 사람들이 지나가는 모습을 바라보고, 가격 맞추기 퀴즈 프로그램을 시청했다고 말한다. 트릿은 소매치기 무용담을 들려주기 시작한다. 지나가는 사람과 부딪치는 사이 재빠르게 물건을 훔치고, 상대방이 욕설을 내뱉거나 완력을 사용할 경우, 주머니칼을 꺼내 상대를 위협하거나 상해를 입히는 트릿은 무시를 참지 못한다. 그는 동생 필립에게 "약간의 피를 보게 되면 갑자기 난리 치던 사람들이 잠잠해진다는 사실이 얼마나 놀라운지"에 대해 말한다. 신문을 찾던 트릿은 단어에 밑줄이 그어져 있는 것을 발견하고, 불같이 화를 내며 동생을 추궁하기 시작한다. 혹시 글을 읽을 줄 아는 것이 아니냐는 질문에 아니라고 잡아떼는 필립의 눈이 허공을 향한다. 관객들은 동생 필립이 혼자 글공부를 하며 지식을 늘려 가고 있음을 알아차릴 뿐 아니라 형 트릿이 동생이 무지한 상태로 남아있기를 바란다는 사실 또한 알게 된다.

어린 시절 아빠가 가족을 버리고 떠난 뒤 엄마마저 죽고 어린 두 형제만 남겨진 집에서 형 트릿은 동생 필립을 나름의 방식으로 보살피며 청년이 되었다. 문을 통해 집안으로 침입하려는 사람들을 온갖 물건을 쌓아 방어하고, 창문으로 넘어오려는 사람들의 손을 물어뜯으며 두려움과 싸워 온 트릿은 정글 속의 동물처럼 날카로운 이빨을 드러내며 '폭력과 분노'를 통해 가까스로 생존해 왔다. 어느 날 갑자기 정글에 던져진 상처 입고 길들여지지 않은 짐승이 '트릿'이라면, '필립'은 그 짐승의 보호 아래 있지만 폭압 속에 갇혀 모든 것을 통제당하는 죄수와 같다. 필립은 언젠가 형과 함께 밖에 나갔을 때 입술과 혀가 부어오르고 얼굴이 퉁퉁 부어 숨을 쉴 수 없었던 기억으로 인해 집 밖을 한 번도 나가 본 적이 없으며, 창문조차 제대로 열어 보지 못한 채 정말 감옥에 갇힌 것처럼 살아왔다.

훔쳐 온 물건들을 현금화하러 나갔던 트릿은 밤늦게 술에 취해 몸을 제대로 가누지 못하는 50대 중년의 남자 '해롤드'와 함께 집으로 돌아온다. 술에 취해 해롤드가 부르는 "만약 내게 천사의 날개가 있다면, 나는 저 감옥 담장 너머로 날아갈 텐데! 엄마 품으로 날아가 기꺼이 죽음을 맞이할 텐데!"라는 노래는 의미심장하다. 원래 1924년 버논 달하트(Vernon Dalhart)의 재즈 송 '죄수의 노래(The Prisoner's Song)'의 가사를 변형해 차용한 해롤드의 노래는 경제 공황 시기의 가난과 어려움을 다룬 드라마 〈앵벌이들의 합창(Dead End Kids)〉에 삽입되었던 곡으로 설정되어 있다. 미시간호가 내려다보이는 시카고의 언덕에 위치한 고아원에서 추위와 굶주림에 떨며 무섭게 몰아치는 바람 소리에 "엄마!"를 외쳐 부르며 눈물을 흘리던 해롤드의 어린 시절의 기억은 이 노래에 점철되어 있다. 뿐만 아니라 트릿이라는 벽에 가

로막혀 담장을 넘지 못하는 필립의 고립된 삶과 두 형제가 잃어버린 모성에 대한 열망과 결핍 또한 담고 있다. 원래 사랑하는 연인에게로 갈 수 없는 죄수의 외로움을 노래한 원곡은 "나를 사랑해 줄 누군가가 있다면 (…) 이 슬픈 내 이야기를 들려줄 텐데. 아직 아무에게도 들려준 적 없는 이야기를!"로 시작하는데, 김태형 연출은 케슬러의 희곡보다 좀 더 많은 부분의 가사를 차용해 사용하고 있는 것으로 보인다. 자신을 사랑해 줄 사람을 향한 그리움, 누군가의 따스함을 필요로 하는 절절함, 죽기 전에 자유를 맛보고픈 열망이 담긴 가사는 각기 해롤드, 트릿, 필립의 내면에 자리한 억압된 욕구들을 설명하는 도구로 쓰인다.

시카고에서 자신의 뒤를 쫓는 갱단을 피해 필라델피아로 도망쳐 온 해롤드는 자신의 어린 시절을 떠오르게 하는 트릿과 지적인 능력을 갖추었음에도 형에게 그 사실을 숨기고 있는 필립의 삶을 바꿔 주기 위해 모든 것을 쏟아붓는다. 변화는 더 이상 끈 풀린 운동화가 아니라 노란색 로퍼를 신은 말끔한 차림의 필립과 비싼 양복을 차려입고 신사처럼 행동하는 트릿의 모습을 통해 드러난다. 안락한 가정의 응접실처럼 변모한 무대에 해롤드는 앞치마를 두르고 등장한다. 아이들을 위해 좋은 음식을 만들어 먹이고, 필립에게 끊임없는 격려와 지지를 보내며, 자신의 여러 지식을 드러내는 해롤드는 트릿의 폭력성을 제어하기 위해 애를 쓴다. 겉모습에 많은 변화를 겪었지만 여전히 자신의 새 구두를 밟거나 행로를 방해하는 등 심기를 건드리는 일이 생기면 치밀어 오르는 분노를 통제하지 못하는 트릿은 폭탄처럼 위험하다.

채권과 증권을 현금으로 바꿔 오는 일을 맡긴 해롤드는 총을 가지고 나간 트릿이 자신의 지시대로 택시를 타지 않고 버스를 타고 돌아오는 길에 덩치가 큰 흑인 남자와 벌인 주도권 싸움에 대한 이야기를 듣고 크게 실망한다. 총을 꺼내 살인을 행할 수 있었던 트릿의 통제 불능 감정과 그 이후의 일을 생각하지 못하는 어리석음에 화가 난 해롤드는 권총을 수거하고, 트릿은 한 번만 더 기회를 줄 것을 간청한다. 해롤드는 필립의 도움을 얻어 트릿 앞에서 폭력이 발생할 수 있는 '가정 상황'을 연기하고, 점점 트릿이 참기 힘든 분노의 상황으로 그를 몰고 가기 시작한다. 결국 자신의 분노를 억누르며 달라진 모습을 보이려던 트릿은 더 이상 터져 나갈 곳을 찾지 못한 폭발적인 감정으로 인해 기절하고 만다. 해롤드는 쓰러져 있는 트릿의 어깨를 쓰다듬으며 기특한 마음을 표현하지만 이내 정신이 든 트릿은 자신에게 손도 대지 말라며 집 밖으로 뛰쳐나간다.

해롤드는 버려진 아이들에게 필요한 것이 어깨를 다독여 주거나 머리를 쓰다듬어 주는 '격려'의 제스처라는 것을 잘 알고 있다. 나를 지지하고 있다는 의미의 커다란 손이 어깨 위에 얹어질 때의 든든함, 누군가가 따뜻한 눈으로 나를 지켜보고 있다는 안도감, 조금이라도 자랑스러운 일이 있을 때 격려와 응원을 더해 주는 어깨의 두드림⋯. 형 몰래 숨겨 둔 책을 통해 세상에 대한 풍부한 상상력을 간직할 수 있었던 필립은 해롤드의 격려를 기꺼이 받아들이고 사랑과 행복을 느끼지만, 세상의 잔인함과 난폭함 속에서 수없이 공격당하며 살아온 트릿은 혼란스러움을 느낀다. 자신의 통제권을 빼앗긴 듯한 '박탈감'과 동생의 관심에서 벗어난 듯한 '결핍감'은 해롤드의 격려와 지지를 자신이 독차지하고픈 욕심을 느끼면서도 그에게 다가갈 수 없는 '무력감', 누군가의 보호 아래 있는 것이 좋으면서도 자유를 잃은 듯 느끼는 '갑갑함'과 더해지며 트릿으로 하여금 해롤드와 거리를 두도록 만든다. 트릿은 해롤드의 어깨를 다독여 주려는 위로와 격려의 제스처를 끊임없이 거부한다. 결국 자신을 찾으러 나갔다가 시카고에서 온 갱단의 총에 맞아 죽음을 맞이하는 해롤드와 마주하게 되는 순간까지도 말이다.

전혀 예상치 못했던 해롤드의 주검 옆에서 트릿은 자신이 진정 바라왔던 것이 무엇인지를 깨닫는다. 갑작스러운 깨달음은 트릿으로 하여금 절망감에 오열하며 무너지도록 만든다. 그의 안타까운 모습은 관객들의 눈시울을 적신다. 어느 날 만나게 된 해롤드라는 어른을 통해 필립은 자유와 용기를 찾을 수 있게 되었지만, 트릿은 오랜 세월 자신 안에 깊숙이 묻어 두었던 결핍과 상처, 분노와 억울함의 감정과 마침내 마주할 기회를 얻게 되었다. 케슬러의 희곡은 오열하는 트릿을 품에 끌어안고 아기처럼 달래는 필립의 손길로 막을 내리지만, 김태형 연출의 〈오펀스〉는 자신만의 해석을 더한다. 김태형의 필립은 케슬러의 필립보다 한걸음 더 나아간다. 어떤 결론이 더 설득력이 있을지는 오롯이 관객의 몫이겠지만 암흑 속에 갇힌 헬렌이 설리번 선생님을 만났던 순간처럼 해롤드가 두 형제에게 '등불'과 같은 존재가 된 것임은 분명하다. 해롤드의 대사처럼, 두 형제는 "다시는 길을 잃지 않을 것"이며, 해롤드의 존재는 그들과 "항상 함께 있을 것"이기 때문이다.

* 본 글은 2019.08.24.~2019.11.17. 대학로 아트원씨어터 1관에서 공연된 연극 〈오펀스〉를 관람한 후 작성된 리뷰입니다.

관망해 온 사람들을 향한 경고

🎭 연극 〈맨 끝줄 소년〉

　이야기의 시작은 무엇일까? 일반적으로 학자들은 '스토리텔링(sto-rytelling)'은 인간에게 내재된 속성이라고 말한다. 인간에게는 이야기를 하고픈 본성이 있고 삶의 사건을 다른 사람에게 전달하고픈 본능이 있다는 것이다. 영문학자 브라이언 보이드(Brian Boyd)에 따르면, 스토리텔링이 생겨난 이유는 인간이 서로를 관찰하는 데 강렬한 '관심'을 가지고 있고 남을 이해하고픈 능력이 '진화'되어 왔기 때문이다. 그는 『이야기의 기원』에서 사건을 파악하려는 능력은 다른 동물들도 가지고 있지만 인간의 경우 단순히 사건을 기술하고 전달하려는 것이 아니라 사람들의 '관심'을 끌어당겨 "사회적, 도덕적 감정과 가치에 호소함으로써 협력하고 원하는 방식으로 현실을 생각하도록 유도하기 위함"이라고 설명한다. 이 때문에 '픽션(fiction)'은 사실의 범위를 넘어서는 강렬하고 놀라운 방식으로 구성되고 다른 사람들의 관심에 호소할 수 있는 방향으로 창조된다. 보이드는 "인간은 타인의 관심을 갈망하지만 진부하고 예견된 이야기는 별로 좋아하지 않기 때문에 충격적이거나 특이한 인물 혹은 사건에 흥미"를 느끼고, 결국 "이야기의 호소력은 인물과 플롯에서 나온다고 할 수 있다"고 말한다. 즉, 어느 정도 예측은 하지만 종국에는 완전히 예상을 벗어나는 이야기에 보다 끌리고 깊은 인상을 받는다는 것이다.

스페인의 극작가 후안 마요르가(Juan Mayorga)의 연극 〈맨 끝줄 소년(El chico de la última fila)〉은 이러한 스토리텔링에 대해 생각해 보도록 만드는 작품이다. 2006년 작품인 〈맨 끝줄 소년〉은 두 차례에 걸쳐 스페인의 최고 권위 막스상(the Max Best Author award)을 수상했고, 2012년 토론토 영화제 국제비평가협회상을 수상하면서 화제가 되었던 프랑소와 오종(François Ozon) 감독의 영화 〈인 더 하우스(In the House)〉의 원작이기도 하다.

2015년 국내에서 초연된 연극 〈맨 끝줄 소년〉은 전석 매진이라는 기록과 호평으로 큰 관심을 모았고, 2017년 재연, 2019년 삼연을 통해 관객들의 사랑을 받았다. "연극은 철학처럼 갈등에서 출발해 철학자들이 아직 답을 얻지 못한 질문들을 관객에게 던질 수 있다"는 점을 강조하는 마요르가는 "가장 좋은 연극은 관객들을 생각하게 만든다"라고 주장한다. 문학 교사 '헤르만'과 교실 맨 뒷줄에 앉는 소년 '클라우디오'의 '작문' 과제를 중심으로 펼쳐지는 연극 〈맨 끝줄 소년〉은 위험천만한 관음증적 욕망과 상상, 허구와 현실의 경계, 예술을 향한 관점에 관한 질문들을 끊임없이 던지며 관객들의 머릿속을 자극하고 사유를 불러낸다. 수학과 철학을 전공하고, 발터 벤야민(Walter Benjamin) 연구로 철학 박사 학위를 받은 마요르가는 작품 속에 벤야민의 예술 이론이나 사유들을 적용하거나 활용하는 경향이 있다. 〈맨 끝줄 소년〉의 경우, "보고 인식하며 창출하는 인간의 미메시스(mimesis) 능력"이나 "교감을 통해 은폐된 것들을 드러내는 예술" 혹은 "주어진 현실과의 타협이 아니라 현실에 대한 개입과 관여, 간섭과 훼방, 참여이자 제안으로서의 예술"에 관한 생각들이 클라우디오의 글쓰기에 적용된다.

마요르가는 2014년에 출간된 한국어판 희곡 《맨 끝줄 소년》에 「한국 독자에게 쓴 글」을 첨부하면서, 자신이 처음 극을 쓰게 된 계기를 설명한다. 수학 교사로 근무하던 당시 시험공부를 전혀 하지 않아 문제를 풀 수 없었던 한 학생이 시험지에 자신의 사연을 적어 제출했던 경험은 작품의 출발점이 된다. 마요르가는 테니스 선수로의 성공을 꿈꾸는 학생이 비록 수학에는 재능이 없지만 반드시 운동을 통해 꿈을 이룰 것이라며, 의지와 희망을 담은 자신의 이야기를 수학 답안지를 이용해 전달했다는 사실이 매우 흥미로웠다고 설명한다. 그는 "교사와 학생의 이야기, 부모와 자식의 이야기"를 하고 싶었을 뿐 아니라 "다른 사람들의 삶을 관찰하는 즐거움, 실제 삶과 상상 속의 삶을 혼동하는 위험, 그리고 상상하는 행위 자체"를 무대 위에 구현하고 싶었음을 피력한다.

또, "지나치게 관망해 온 사람들과 관망하는 법을 배우고 있는 사람들, 다른 사람들이 모두 보이는 맨 끝줄을 택한 사람들의 이야기"라는 점을 강조하는데, 이는 다름 아닌 '관객들'이다. 극 중 헤르만이 언급하는 "모두를 볼 수 있지만 정작 자신은 눈에 띄지 않는 맨 끝줄"은 사실상 관객들의 위치이며, 자신의 삶 역시 타인에 의해 관망되거나 관찰되고 있음을 인식하지 못하고 있는 모든 '인간들'이라 할 수 있기 때문이다. 다른 누군가의 비밀스러운 삶을 엿보면서 각자만의 '관점'을 가지고 해석하며 상상하고 의미를 창출하는 관객들은 모두

'클라우디오'이고 '헤르만'이며, '라파의 가족'이라고 할 수 있다. 한 사람은 자신이 드러나지 않는다고 믿는 다른 사람에 의해 관찰되고, 다른 사람은 그 사람에 관한 이야기를 제멋대로 상상하며, 누군가는 그 상상의 이야기를 실제라고 믿고, 또 다른 누군가는 더 깊은 속내를 듣고 싶어 이야기를 재촉한다. 이야기의 핵심에는 늘 타인의 삶에 대한 궁금증과 호기심이 있고, 예상을 벗어나는 인물과 사건, 내가 살아보지 못한 삶에 대한 막연한 동경과 관심이 존재한다. 타인의 삶에 대한 궁금증, 그것은 곧 인간으로서 '나'라는 존재에 대한 궁금증이자 관심이지만, 스스로를 볼 수 없는 인간은 늘 타인의 이야기에 빗대어 자신에 대한 '이해'에 도달한다.

연극 〈맨 끝줄 소년〉의 플롯은 크게 세 갈래로 나뉜다. 문학 교사인 헤르만과 학생 클라우디오의 관계, 클라우디오가 지켜보는 친구 라파 가족의 일상, 그리고 헤르만과 헤르만의 아내 후아나의 삶이다. 이 세 영역은 클라우디오를 중심으로 끊임없이 교차하고 얽히며 서로 동떨어진 듯 보이면서도 같은 결말을 향해 나아가는 독특한 구조를 형성한다. 한때 작가가 되기를 희망했으나 재능이 부족해 성공하지 못했던 헤르만은 문학을 가까이하며 살고 싶은 마음에 교사가 되었다. 하지만 문학에는 전혀 관심이 없고 작문을 싫어하는 학생들을 가르쳐야만 하는 교사로서의 삶에 회의가 들 뿐이다. 큐레이터로 일하는 아내 '후아나'는 얼마 전 세상을 떠난 관장으로부터 갤러리를 물려받은 쌍둥이 자매로 인해 곤경에 처해 있다. 예술에 관심이 없는 쌍둥이 자매는 한 달 내에 갤러리의 상업성을 증명해 보이지 못한다면 큐레이터를 해고하겠다며 압박을 가하고 있다.

학생들의 형편없는 작문을 채점하며 아내와 대화를 나누던 헤르만은 갑자기 흥미로운 글 하나를 발견한다. 30분 동안 두 문장을 쓰는 것도 힘겨워하는 학생들 사이로 지난여름 내내 공원에서 몰래 엿보던 친구 '라파'의 집을 교환 학습이라는 핑계로 마침내 방문했다는 클라우디오의 글은 헤르만을 자극한다. 클라우디오는 글에서 "자신과는 정반대 선상에 있는 듯 보이는 라파의 집이 궁금"했고, "공원에서 바라보던 집의 내부가 자신의 상상과 일치하는지 확인하고 싶었다"고 말한다. 자신의 집보다 4배쯤 커 보이는 라파의 집 안을 둘러보던 클라우디오는 거실 소파에 앉아 인테리어 잡지를 읽고 있던 라파의 엄마 '에스테르'와 마주친다. 그녀의 친절한 말투, 우아한 움직임, 태도에 끌린 클라우디오는 "혼동할 수 없는 중산층 여인의 향기"로 인해 친구 라파의 수학 공부를 핑계로 그의 집을 계속 드나들 생각을 했음을 피력한다. 그의 글 맨 끝에는 심지어 이야기의 연재를 의미하는 "(계속)"이라는 단어가 삽입되어 있다. 클라우디오의 작문을 읽은 후아나가 걱정과 염려를 드러낸다. 남의 집을 훔쳐보고 싶은 욕구, 은밀한 욕망이 내재되어 있는 소년의 글은 분명 위험해 보인다. 하지만 헤르만에게는 오로지 재능의 '가능성'이 보일 뿐이다. 독자로 하여금 '다음'을 궁금해하도록 만드는 능력, 라파의 집을 함께 들여다보고 싶은 독자의 관음증적 속성을 자극하는 매력이 있기 때문이다. 결국 클라우디오의 글은 교사 헤르만에 의해 점점 발전되기 시작한다.

문학의 형식을 전혀 가늠하지 못하는 클라우디오에게 헤르만은 특정 인물을 우스꽝스럽게 표현하는 것은 쉽지만 가까이 다가가서 "아무런 선입관 없이 바라보고, 그 사람만의 논리와 상처, 작은 소망과 절망을 찾아내는 일"은 어렵다고 설명한다. 그는 '예술가의 경지'에 이르는 길은 바로 그러한 논리와 상처, 소망과 절망을 찾아내는 것이라고 말한다. 체호프(Chekhov)와 세르반테스(Cervantes), 디킨스(Dickens)와 같은 위대한 작가들의 책을 빌려주면서 끊임없이 혹독한 평가를 거듭하는 헤르만의 태도에 있어 주목할 점은 그가 사실상 아내 후아나의 감상과 평가를 그대로 자신의 의견인 양 클라우디오에게 전달하고 있다는 것이다. 후아나는 클라우디오를 부추기는 헤르만의 태도가 도덕적으로 옳지 않은 것임을 경고하면서도 글에 대한 호기심을 외면하지 못한다. 매번 쏟아지는 그녀의 비평은 곧장 클라우디오의 글에 적용된다.

어쩌면 관점에 대한 제대로 된 이해와 상상력이 부족한 사람은 '헤르만'인지도 모른다. 한때 작가를 꿈꾸었다는 그는 숫자가 13개인 시계가 지닌 비범함을 인식하지도 못하고, 화가가 '언어'로 묘사하는 그림을 텅 빈 벽을 바라보며 그려내는 상상력 또한 발휘하지 못한다. 그는 늘 '관점'이 중요하다고 말하고, 도움을 주려고 한 행동이 '모욕'으로 읽히는 것은 관점의 '차이'일 뿐이라고 주장하지만 "벨라스케스(Velazquez)의 작품을 볼 때처럼 관점들을 잊어버리게 되는 게 더 좋다"거나 설치 미술 작품들을 "환자들을 위한 예술"로 평가하는 사람들에게 동의하는 무신경함을 보인다. 그는 자신의 관점과 생각만을 고집스럽게 요구할 뿐 아내 후아나가 직장에서 처한 위기나 학생들 앞에서 창피를 당한 라파의 상처, 클라우디오에게 내재된 결핍과 은밀한 욕망 같은 '보고 싶지 않은 점들'은 완벽하게 외면한다.

애초에 클라우디오가 라파를 선택한 이유는 그가 결핍된 자신과는 다른 평범한 중산층 가정의 '전형'에 속해 있었기 때문이다. 학교 앞에서 서로의 손을 잡고 아들을 기다리는 부모와 자연스럽게 부모에게 웃으며 달려가는 라파의 화목한 모습은 9살 어린 나이에 집을 떠난 어머니에 대한 기억을 갖고 있는 클라우디오에게 호기심을 불러일으키기에 충분하다. 하지만 클라우디오는 곧 라파의 집 내면에 자리하고 있는 '틈'을 찾아낸다. 겉으로는 평범해 보이는 무역 회사 영업 사원인 아버지 '라파'와 집수리 계획에 골몰하고 있는 주부인 어머니 '에스테르'에게는 숨겨진 절망의 '틈'이 있다. 남편은 회사라는 사회에서 정당한 대우를 받지 못하는 분노와 스트레스, 억압에 시달리고 있으며, 아내는 육아를 위해 학업을 포기하고 척추 수술로 인해 움직임이 자유롭지 않은 탓에 우울함에 지쳐 가고 있다.

라파 가족이 추구하는 철학은 아버지 라파의 말에서 가장 잘 드러난다. "좋아하는 것보다 의무가 먼저지!" 어쩌면 클라우디오에게 가장 비수가 되어 꽂힌 것은 그들의 '철학'이었는지도 모른다. 가족에 대한 의무를 제쳐 두고 자신의 삶을 위해 떠난 어머니를 가진 자신과 정반대에 있는 라파의 가족에게서 발견한 '틈'은 클라우디오를 자극한다. 클라우디오는 라파의 집 거실 복도에 걸려 있는 파울 클레(Paul Klee)의 그림 4점을 통해 영감을 얻는다. 마치 "어린아이가 그린 그림처럼 갈고리 같은 날개를 가진 천사"들은 세찬 바람을 맞으며 날지 못한 채 그 자리에 서 있다. 그림 속 천사들이 의미하는 "파괴, 개입, 희망, 구원"은 그 자체로 클라우디오의 계획이 된다. 자신의 어머니가 남편을 더 이상 참지 못하고 어린 아들을 부담스러워해 새로운 삶을 찾아 집을 떠났듯 클라우디오는 가족 간의 '의무'만을 강요하는 지루한 삶에서 벗어나 마음껏 '춤'을 출 수 있는 자유의 길로 '에스테르'를 이끌 수 있을 것이라고 생각한다. 클라우디오의 글을 읽는 후아나는 그의 의도를 눈치채고 불안해하지만 헤르만은 전혀 인식하지 못한다. 그가 제자의 '재능'을 통해 자신이 못다 한 꿈을 이루려는 욕망에만 집착하고 있기 때문이다.

헤르만은 모두가 '상처' 입게 되는 결말에 이를 것이라는 후아나의 예측을 무시한 채 클라우디오에게 토마스 만(Thomas Mann)의 장편 소설 『마의 산』을 건네준다. 헤르만은 클라우디오의 글이 주인공의 성장을 다룬 "교양 소설(Bildungsroman)"이 되기를 바란다. 실제로 클라우디오는 『마의 산』에 등장하는 많은 요소들을 자신의 글에 차용한다. 자신이 가진 무언가를 가르치려는 열렬한 교사의 노력이 실제적인 가르침으로 전환되지 않는다는 진실의 깨달음, 비밀스러운 한 여인의 엑스레이 사진, 예술품을 장식품으로 사용하면서도 정작 그것이 예술품임을 모르는 사람들, 자신이 누구인지를 명확하게 드러냄으로써 성장한 인격을 보여야 함에도 모든 것이 흐릿해지고 해체되어 남은 것이 아무것도 없게 되어 버리는 독특한 결말까지…. 『마의 산』의 흔적은 사실상 여러 곳에 산재해 있다.

이제 클라우디오는 헤르만의 가르침을 넘어선다. 그는 헤르만이 읽지 않은 작가들 가령, 피츠제럴드(Fitzgerald)의 『밤은 부드러워』의 방식을 차용하거나 조이스(Joyce)의 의식의 흐름 수법을 사용한다. 클라우디오는 더 이상 관찰자로서가 아니라 '주인공'으로서 등장하기를 갈망한다. 그가 라파의 집안에서 자신의 자리를 찾을 수 없다면, 그가 할 수 있는 유일한 선택은 에스테르를 집 밖으로 데리고 나오는 일뿐이다. 클라우디오는 남편과 다투고 상심해 있는 에스테르에게 '시'를 건넨다. "비조차도 저렇게 맨발로 춤을 추지 않는다"는 문장은 에스테르의 온 마음을 뒤흔들어 놓는다. 그녀는 그것이 자신의 숨겨진 욕망을 표현한 것임을 인식한다. 그녀는 밤새 잠을 이루지 못한다. 에

스테르는 클라우디오의 시가 아들 라파와 남편 라파에게 '배신'으로 읽힐 것이며, 엄청난 '갈등'을 야기할 것임을 잘 알고 있다. 그녀는 말한다. "이 시를 그들이 읽는다면 널 죽여 버릴 거야!" 그녀의 볼에는 눈물이 흐른다.

클라우디오는 에스테르를 라파의 집에서 데리고 나오는 일만이 '구원'이라고 믿는다. 하지만 에스테르는 자신의 분노를 억제하지 못해 직장 상사의 차에 불을 질러 버린 남편과 친구의 배신에 상처 입은 아들의 곁에 남기로 선택한다. '틈'은 봉합되고 라파의 가족은 자신들의 철학인 '의무'를 향해 돌아선다. 여전히 "필연적이면서도 전혀 예상치 못한, 그럴 수밖에 없으면서도 반전이 있는 결말"을 찾아내 글을 완성해야 할 필요를 가진 클라우디오는 이 모든 것의 '시작'이라 할 수 있는 선생님 헤르만을 향해 움직이기 시작한다. 그는 해고를 당한 후아나가 짐을 정리하고 있는 갤러리로 향한다.

에스테르의 '구원'이라는 '희망'에 실패한 클라우디오는 자신의 '해방'을 위해 헤르만의 삶에 '개입'하기로 결심한다. 헤르만이 줄 수 없었던 답을 클라우디오는 후아나에게 준다. "사람들이 원하는 것은 예술품이 아니라 장식품이에요." 그의 답은 정확하다. 후아나가 판매에 실패한 이유는 '장식품'으로 적합해 보이지 않는 미술품들을 갤러리에 전시했기 때문이다. 후아나는 헤르만 선생님에게 빌린 책들을 되돌려주기 위해 왔다는 클라우디오의 말이 핑계임을 알면서도 그를 거부하지 않는다. 그녀는 그와 함께 집으로 가 서재에 책을 꽂고 점심식사를 할 뿐 아니라 소파에 누워 잠이 든다. 클라우디오의 글을 지속적으로 읽어 온 탓에 그가 낯설지 않기 때문이기도 하지만 그의 모습이 젊은 시절의 헤르만과 닮아 있기 때문이다. 헤르만은 자신이 없는 사이 클라우디오가 후아나에게 접근했을 뿐 아니라 집까지 왔다 갔다는 사실을 알고 그의 '관심'이 이제 자신과 아내를 겨냥하고 있음을 인지한다.

공원에서 클라우디오를 만난 헤르만은 작은 창문들 사이로 보이는 두 여자의 모습에 대해 각자의 이야기를 구성한다. 헤르만에게 유산을 놓고 싸우고 있는 두 자매로 보이는 장면은 클라우디오에게는 레즈비언 커플이 바람을 피운 일로 다루고 있는 모습으로 보인다. 헤르만은 결말이 담긴 원고를 클라우디오에게 돌려주며 "끝을 바꿀 것"을 요구한다. 클라우디오가 말한다. "이게 끝이 아니에요. 계속될 거예요." 헤르만은 그의 또 다른 시작이 자신의 '집'이 될 것임을 알고 있다. 그는 경고한다. "다시는 우리 집 가까이 오지 마. (…) 다시 가까이 오면 널 죽여 버리겠어!"

결국 헤르만이 부추긴 현실에 '개입'하고 '파괴'하며 '구원'하려는 '희망'을 품었던 클라우디오의 예술은 관계의 '끝'을 통해 엔딩에 이른다. 스승과 제자의 관계, 관찰하는 자와 관찰당하는 자의 관계의 끝은 어디로 향하게 될까? '틈'이 있는 곳이면 어디든 파고들 수 있다고 생각하는 클라우디오는 또 다른 '관계'를 찾아 흔들어 놓는 일을 계속하게 될까? 혹시 지금까지 써 내려간 모든 이야기가 그저 그의 상상 속에 벌어진 '허수'의 총합이었을 뿐 실제는 전혀 아니었던 것 아닐까? 어쩌면 헤르만이 주장했던 "맨 끝줄 소년"이란 제목은 처음부터 끝까지 객석에 앉아 아무도 그들을 보지 않는다는 가정 속에 무대 위의 모든 것을 바라보고 있던 '관객'들에게만 어울렸을 뿐, 실제 '맨 끝

줄 소년'은 존재하지도 않았을지 모를 일이다. 우리가 본 것의 진실은
무엇이었을까?

* 본 글은 2019.10.24. ~2019.12.01. 예술의전당 자유소극장에서 공연된 SAC CUBE 연극 〈맨
  끝줄 소년〉을 관람한 후 작성된 리뷰입니다.

'숨겨진 비명'을 듣지 못한 비극

고대 그리스의 철학자 아리스토텔레스는 『니코마코스 윤리학』에서 "부모는 자기 자신을 사랑하듯 자식을 사랑한다. 자신에게서 비롯된 것은 일종의 또 다른 자아이기 때문이다"라고 말했다. 하지만 우리가 이미 익히 알고 있듯 모든 부모가 자신의 아이를 자신을 사랑하듯 사랑하는 것은 아니다. 수많은 지면과 매체를 통해 우리는 부모이기를 저버린 여러 사람들의 이야기를 접한다.

무엇이 특정 사람들로 하여금 자신에게서 비롯된 아이를 "일종의 또 다른 자아"로 보고 "자신을 사랑하듯 아이를 사랑하도록" 만들지 못하는 것일까? 누군가에게는 "나의 심장이 몸 밖에서 영원히 걸어다니도록 만든 결정"이라고 표현되는 '아이'가 다른 누군가에게는 지나치게 부담스러운 나머지 삶을 망쳐 버린 존재로 인식되는 이유는 무엇일까? 질문에 앞서 우리가 분명히 기억해야 할 것은 그 어떤 아이도 부모에게 태어나게 해 달라고 부탁한 적이 없다는 사실이다. 아이는 철저히 부모에 의해 그 '탄생'이 결정된다.

캐나다 극작가 니콜라스 빌런(Nicolas Billon)의 첫 작품이자 2015년 국내에서 초연된 후 관객들의 꾸준한 사랑을 받아 온 연극 〈엘리펀트 송(The Elephant Song)〉은 부모의 사랑이 결핍된 아이의 상처에 대해 생각해 보도록 만드는 작품이다. 2014년 찰스 비나메(Charles Binamé) 감독, 자비에 돌란(Xavier Dolan) 주연의 동명 영화로 토론토 국제 영화제에 소개되면서 큰 화제를 모았던 〈엘리펀트 송〉은 2015년 극작가 니콜라스 빌런에게 캐나다 스크린 어워드 '최고 각색상' 수상의 영예를 선물했다. 또, 2013년에는 〈그린란드(Greenland, 2009)〉와 〈아이슬란드(Iceland, 2012)〉, 〈페로 제도(Faroe Islands, 2013)〉를 3부작(trilogy)으로 엮은 희곡집 『폴트 라인(Fault Lines)』으로 캐나다 최고의 문학상인 '총독상(Governor General's Literary Award for Drama)'을 수상하기도 했다. 빌런은 인간관계 속에서 발생하는 '균열'과 '틈'을 파고들어 다른 사람과 연결된 우리 자신의 '의미'와 관계의 핵심에 놓여 있는 '가치'들이 무엇인지를 탐구하는 작가로 유명하다.

빌런은 "마음을 사로잡는 스토리텔링의 대가"로 불린다. 그는 인간이 겪을 수 있는 "무작위의 폭력과 고문에 가까운 고통"을 드러내거나 인간으로서 훌륭함과 동시에 최악을 선보일 수 있는 갈등의 이야기를 통해 등장인물의 내면을 탐구하기를 즐긴다. 그는 2008년 《원 빅 엄브렐라(the OBU blog)》와의 인터뷰에서 "나는 (인간으로서) 우리가 하는 것과 하지 않는 것, 우리가 얼마나 훌륭하게 될 수 있으며 또 얼마나 끔찍하게 될 수 있는지를 드러내는 이야기를 통해 영감을 얻으며, 우리 자신이 위대하게 될 잠재성을 갖춘 반면 그러한 위대함에 도달하는 데 끊임없이 실패할 가능성 또한 갖추었다는 사실에 사로잡혀 있다"고 말했다. 그의 이러한 강박증은 대학 시절 수업 과제의 일환으로 출발해 캐나다 스트랫퍼드 축제(the Stratford Shakespeare Festival)에서 초연되는 행운을 거머쥔 연극 〈엘리펀트 송〉에도 잘 드러나 있다. 원래 몬트리올에서 빌런이 직접 무대에 올릴 생각이었던 작품은 영화 시나리오 작가인 아버지의 공동 작업자였던 영화감독과 배우의 손을 거쳐 당시 스트랫퍼드 축제 예술감독을 맡았던 리처드 모네트(Richard Monette)에게 이르게 된다. 2004년 스트랫퍼드의 스튜디오 씨어터(The Studio Theatre)에서 초연된 〈엘리펀트 송〉은 2005년 빌런이 직접 번역한 프랑스어 버전으로 몬트리올에서 공연된 후 2007년 오스트레일리아 세계 초연을 시작으로 뉴욕, 런던, 파리, 터키, 한국, 홍콩을 거치며 많은 호평과 갈채를 받았다.

캐나다 온타리오 주에 위치한 브로크빌 정신 병원(the Brockville Psychiatric Hospital)에서 크리스마스이브(Christmas Eve)에 벌어진 일을 다루고 있는 연극 〈엘리펀트 송〉은 구조적으로는 큰 특이점이 없는 작품이다. 병원장인 '그린버그 박사(Dr. Greenberg)'는 크리스마스이브 전날 갑자기 연락도 없이 사라져 버린 '로렌스 박사(Dr. Lawrence)'의 행방을 찾기 위해 마지막 상담 시간을 가졌던 환자 '마이클 알린(Michael Aleen)'을 찾아온다. 상담을 위해 간호사가 로렌스 박사의 사무실로 마이클을 데려오고 약 한 시간이 지난 후, 로렌스 박사는 사라지고, 마이클은 이미 자신의 방으로 돌아간 뒤였다는 정황은 최근 불미스러운 일로 큰 곤혹을 치른 병원장 그린버그로 하여금 모든 사실을 정확히 파악할 필요를 느끼도록 만든다. 극은 시종일관 '로렌스 박사의 사무실'이라는 단 하나의 배경을 벗어나지 않으며, 그린버그 박사와 수간호사 피터슨(Ms. Peterson), 그리고 마이클 알린이라는 세 인물 간의 대화가 유발하는 긴장감은 관객들이 사건의 퍼즐 조각을 맞춰 '진실'에 이르기 위한 노력을 끊임없이 이어 나가도록 유도한다. 정신과 의사와 환자 사이의 심리 게임, 진실에 이르기 위한 두뇌 싸움, 마이클의 코끼리에 대한 집착과 부모가 자식에게 미치는 영향과 같은 플롯은 영국 극작가 피터 쉐퍼(Peter Shaffer)의 1973년 작품 〈에쿠스(Equus)〉를 떠올리게 한다. 실제로 빌런은 2015년 캐나다 일간지 《글로브 앤 메일(The Globe and Mail)》과의 인터뷰에서 자신의 극과 〈에쿠스〉 사이의 유사성을 인정한다. 그는 극작가 쉐퍼의 이름을 따서 '피터슨(Peterson)'이라는 수간호사 인물의 이름에 반영했음을 밝히며, 이는 연극이 무엇인지를 알려 준 쉐퍼에 대한 인정이자 "작은 농담(a little joke)"이라 할 수 있다고 말한다.

그렇다면 연극 〈엘리펀트 송〉이 오랜 기간 많은 관객들의 사랑을 받으며 세계 여러 나라에 소개되고 있는 이유는 무엇일까? 그것은 아마도 스토리텔링의 움직임이 어디를 향하고 있는 것인지 미처 예상치 못한 관객들이 순간적으로 다른 방향으로 틀어 충격적인 결말에 이르는 극을 보고 난 뒤 느끼는 '감정' 때문일 것이다. 미국 일간지 《디트로이트 프리 프레스(Detroit Free Press)》의 마틴 콘(Martin F. Kohn)의 표현대로라면, "새벽 4시에 일어나서 갑자기 모든 것을 이해하게 되는 극"에 가깝기 때문이다. 연극이 끝난 뒤 극장을 나선 관객들은 인물들의 대화 속에 숨겨진 채로 끊임없이 이어지던 여러 암시들을 인지하게 될 뿐 아니라 마이클이 진정 얻고자 했던 것이 무엇이었는지, 그가 자신에 관한 파일을 읽지 않은 병원장 그린버그에게 인식시키고 싶었던 것이 무엇이었는지에 대한 '이해의 여정'을 떠나게 된다. 무언가 부족하다고 느껴졌던 극 구성은 마이클이 던져 놓은 코끼리에 관한 진술들과 수수께끼 같은 농담, 비유와 상징으로 가득한 꿈과 대화들을 다시 엮어 전체를 분석하고 재구성하려는 관객들의 노력으로 인해 채워지고, 마이클의 비극이 불러온 복잡한 상념들은 긴 여운을 남긴다. 이는 극작가인 빌런이 관객들을 특정 관점으로 이끌기보다는 무대 위에 구현된 인물들을 통해 관객들이 자신만의 각도에서 질문을 던지고, 인물에 대한 해석을 새롭게 구성할 수 있기를 원했기 때문인 것으로 보인다.

〈엘리펀트 송〉에는 총 세 인물이 등장하지만, 극은 열다섯 살에 정신 병원에 수감되어 8년 동안 갇혀 지낸 마이클이 관객들 모두에게 던지는 '존재와 자아에 관한 질문'을 중심으로 진행된다. 대화하는 상대와 게임 하기를 즐기며, 코끼리에 관한 해박한 지식을 갖고 있고, 병원에 있는 그 누구보다 똑똑한 환자인 마이클은 로렌스 박사의 행방을 묻기 위해 찾아온 병원장 그린버그와 인사를 나누자마자 의미심장한 말을 던진다. "내 코드 네임은 하얀 코끼리, 당신은 존재의 위기예요! (…) 어떤 사람은 견과류 알레르기가 너무 심해서 죽을 수도 있대요. 그런데 나는 가식 떠는 것에 알레르기가 너무 심해서 참을 수가 없어요. 죽을 것 같아!" 그는 코끼리에 관한 여러 사실들을 나열하기 시작한다. "코끼리는 모계 사회를 형성하고 산대요. 자기 가족의 뼈를 구별할 수도 있고요. (…) 코끼리는 사랑하는 이가 죽으면 눈물을 흘린대요. 다윈에 따르면, 코끼리는 눈물을 흘릴 줄 아는 유일한 동물이죠. 물론 악어는 빼고요. (…) 코끼리는 포유류 중에서 임신 기간이 제일 길어요. 엄마 뱃속에서만 22개월. 상상이 돼요?"

마이클은 그린버그가 원하는 정보를 쉽게 줄 생각이 없다. 그는 그린버그가 원하는 것을 미끼로 자신이 원하는 것을 얻기 위한 '거래'에 나선다. 자신을 분석한 의사들의 소견이 가득한 서류 파일을 그린버그가 아직 읽지 않았기 때문이며, 그가 자신을 분석하기 위해 온 것이 아니라 단순히 로렌스 박사의 행방을 묻기 위해 온 사람이기 때문이다. 마이클은 피러슨의 예리한 눈을 피해 자신이 원하는 것을 얻기 위한 여정에 그린버그를 적극적으로 이용할 계획을 세운다. 마이클은 소문을 통해 병원에서 있었던 성 추문 사건에 대한 보고를 받지 못한 그린버그가 병원장으로서 어떤 곤란에 처했는지, 아이를 갖지 못하는 아내의 우울증과 불면증으로 인해 남편인 그가 어떤 스트레스를 겪고 있는지를 잘 알고 있다. 로렌스 박사가 말없이 사라진 날, 자신에 대해 가장 잘 알고 있는 간호사 피러슨이 근무를 쉬었다는 사실과 로렌스 박사가 남긴 메모를 자신이 갖고 있다는 사실을 아무도 모른다는 상황은 모든 계획을 마이클이 원하는 방향으로 이끌 수 있도록 만든다.

그린버그가 말장난에 끊임없이 휘말리는 모습은 마이클의 '영민함'을 드러냄과 동시에 마이클과 로렌스 박사를 둘러싼 사건의 진위 여부에 대한 '궁금증'을 증폭시킨다. 또한 피러슨과 그린버그 사이에 감도는 '불편함'과 마이클이 그린버그와 피러슨을 향해 보이는 '이중적인 태도'는 진실에 대한 의문을 지속하도록 만든다. 경찰을 통해 로렌스 박사가 향한 곳을 알게 된 그린버그는 여전히 그가 왜 그곳으로 간 것인지에 대해 알아야 할 필요를 느낀다. 사실 그린버그는 마이클의 진실이나 그의 고통 혹은 과거에 대해서는 관심이 없다. 그의 내면에는 아내에게 빨리 돌아가고 싶지 않은 '비밀스러운 마음'과 병원에서 일어나는 일에 대해 무지했던 과거의 경험에 대한 '공포'가 도사리고 있을 뿐이다. 자신이 모르는 어떤 일이 실제로 병원에서 발생하고 있는 것이 아닌지 직접 확인해야 할 필요에 사로잡힌 그는 마이클을 추궁하는 일을 멈추지 못한다. 반면 피터슨은 평소와 다른 모습을 보이며 그린버그 박사를 이용해 무언가를 얻으려는 듯 보이는 마이클이 의심스럽고 불안하기만 하다. 피터슨은 마이클의 속내를 탐색하며 "절대로 어리석은 짓을 하지 않겠다"는 약속을 할 것을 주장하지만 마이클은 끝내 코끼리 인형 '안소니(Anthony)'를 내세우며 대신 맹세를 하도록 시킬 뿐이다.

하얀 코끼리와 존재의 위기, 코끼리 인형 '안소니'를 소중히 여기게 된 사연, 8살 때 처음 만난 아버지와 케이프타운(Cape Town)에서 마주한 끔찍한 사냥 장면, 유명한 오페라 가수인 어머니가 좋아하던 아리아 '오, 사랑하는 나의 아버지(O Mio Babbino Caro)'의 가사, 매번 똑같은 결말로 되풀이되는 꿈에 이르기까지, 마이클이 파편처럼 쏟아 내는 이야기들은 커다란 그림을 구성하는 작은 퍼즐 조각들이 된다. 관객들은 그린버그와 마찬가지로 마이클이 진짜 원하는 것이 무엇인지 알지 못한다. 하지만 그린버그와 다르게 로렌스 박사의 행방과 이유보다는 마이클의 속내에 더 관심이 있다. 피터슨과 단둘이 있을 때의 마이클을 볼 수 있는 관객들은 그린버그 박사의 '무신경함'이 닥쳐올 위험을 막아낼 수 없음을 인지한다. 이 때문에 관객들은 행간을 잘 읽어 보라면서 각종 언어로 작별 인사를 건네는 마이클의 농담이나 더 이상 좋은 업을 쌓는 '카르마(karma)'에 관심이 없어졌다는 무심한 태도, 모든 것이 무언가를 입증할 필요의 문제가 아니라 "도와 달라는 절박한 외침"이자 "웃긴 연극을 그만 끝내고 싶다는 신호"임을 피력하는 비아냥거림을 그냥 지나치지 못한다. 관객들은 점점 더 마이클이 쏟아 내는 이야기에 집중한다. 그가 숨기고 있는 것이 무엇인지 파악하기 위한 두뇌 싸움은 더 이상 그린버그와 마이클의 것이 아니다. 관객들과 마이클의 보이지 않는 싸움이 시작된 것이다.

마이클의 상태는 그가 꾸는 '꿈'을 통해 암시된다. 그는 갑상선 제거 수술을 한 엄마의 목에 난 상처가 벌어지면서 태어난 자신에 관한 이상한 꿈을 꾼다. 관객들은 환호를 보내지만 자신을 품에 안은 엄마의 목소리가 나오지 않자 야유와 욕설이 쏟아지기 시작한다. 환호가 야유로 바뀌는 순간 갑자기 꿈에서 깨는 마이클의 상태는 '하얀 코끼리'라는 코드 네임과 겹쳐지며 모든 것을 설명하게 된다. 세계적인 오페라 가수로서의 명성을 가장 중요하게 생각했던 엄마의 하룻밤 사랑, 그 결과로 태어난 자신이 환영받지 못함을 인식하는 아이, 처음 본 아버지가 아무렇지도 않게 쏘아 죽인 코끼리, 새끼의 탄생을 모든 암컷들이 함께 환호하고 돌보는 책임을 나누는 것으로 알려진 코끼리들의 생활 방식, 사랑이 아니면 죽음을 달라고 호소하는 내용의 푸치니(Puccini)의 오페라 〈잔니 스키키(Gianni Schicchi)〉 속 아리아…. 퍼즐들은 하나씩 조각을 맞추기 시작한다.

아시아에서 신성한 존재로 여겨지던 '하얀 코끼리'는 평화와 번영을 약속하는 상징이었지만, 신성함 때문에 필요한 노동력으로 동원할 수도 없고, 유지 관리의 비용이 너무 커 사실상 "축복이자 저주"로 불렸다고 한다. 이러한 기원은 영어에서 '하얀 코끼리(White Elephant)'라는 단어를 "기대를 충족시키지 못하는 비싼 부담" 혹은 "유용성이 없음에도 제거할 수 없는 무엇"을 의미하는 말로 쓰이도록 만든다. 실제로 '하얀 코끼리'는 서구 문학 작품에서 "원치 않는 아이"를 은유적으로 의미하는 경우가 많다. 8살 아이로서 감당하기 힘든 공포와 충격에 직면해야 했던 마이클이 케이프타운에서 돌아왔을 때 엄마가 보여 준 '따스함'은 코끼리 인형 안소니를 통해 상징된다. 상처 입은 아이를 달래 주기 위해 인형을 선물하고 '코끼리 송'을 불러 주는 엄마의 모습은 마이클에게 '희망'의 그림자를 드리운다. 하지만 산산조각 난 희망은 절망과 분노를 일깨우고 결국 더 큰 상처를 아이의 가슴속에 심는다. 15살 나이에 자신이 엄마에게 "세 개의 음정"만도 못한 존재였음을 확인하게 된 아이의 마음은 어땠을까? 평생 '사랑' 외엔 바란 것이 없는 존재가 가질 수 없는 '사랑' 앞에서 느끼는 갈증의 깊이를 무엇에 빗댈 수 있을까? 잔뜩 부푼 희망이 절망으로 변하는 경험을 수차례 겪은 아이가 새롭게 맞이한 '따스함' 앞에서 느끼는 버려질 두려움과 공포를 우리가 짐작이나 할 수 있을까?

자신의 아이를 '확장된 자아'나 '제2의 자아'로 인식하기보다는 '제1의 자아'에 집중할 수 없도록 방해하는 존재로 인식하는 엄마의 이기심을 비난하거나 폭력적인 장면에 아이를 노출시키는 아빠의 무지함을 비난하는 것만으로는 충분하지 않다. 마이클이 그린버그에게 충고하듯 "1분 1초도 놓치지 말고 온 힘을 다해 아낌없이 아이를 사랑하라"는 교훈만으로도 부족하다. 관객으로서 우리가 주목해야 할 것은 어디에서도 존재를 확인할 길 없는 인간이 느끼는 끔찍한 고통과 외로움, 누군가에게 어떤 의미로 존재하고 싶은 인간이 자신이 속한 곳을 찾을 수 없을 때 간절하게 외치는 비명을 들을 수 있는 '예민함', 바로 그것이 아닐까? 그린버그가 도움을 요청하는 소리에 좀 더 민감할 수 있었다면, 자신이 필요로 하는 것보다 상대인 '마이클'이 필요로 하는 것에 좀 더 집중할 수 있었다면, 어쩌면 비극은 '희망'이라는 다른 이름을 가질 수 있지 않았을까?

* 본 글은 2019.11.22.~2020.02.16. 예스24스테이지 3관에서 공연된 연극 〈엘리펀트송〉을 관람한 후 작성된 칼럼입니다.

'겨울의 마음'을 가져야 할 필요

🎭 연극 〈메리 제인〉

    누구나 아플 것임을 아는데 아프다 말하지 않고, 누구나 고통스러울 것임을 아는데 고통스럽다 말하지 않는 사람이 때로는 더욱 슬프고 가슴 시리다. 비명조차 지를 수 없는 크기의 고통을 안으로 삭히는 것 외엔 다른 방법이 없기에 가슴을 짓누르는 무게를 삼키고, 또 삼키던 이는 되풀이되는 시간 속에 답답함과 피로감으로 지쳐 간다. 그럼에도 불구하고 있는 힘을 다해 무너지지 않으려 버티고, 또 버티는 순간의 '시시포스(Sisyphos)'를 향해 우리가 고개를 숙이게 되는 것은 그의 숭고한 노력과 발버둥이 결코 남의 것이 아님을 알기 때문이다. 끊임없이 되풀이되며 흘러내리는 거대한 돌덩이를 산비탈 위로 밀어 올리려는 무한의 노력을 계속하는 시시포스에게 내려진 형벌은 우리 자신에게 내려진 형벌이고, 끝없이 이어지는 인내와 노력, 고통과 번뇌, 부조리함은 크고 작음의 차이만 있을 뿐 우리 모두의 삶에 주어진 것들이다.

    프랑스 작가 알베르 카뮈(Albert Camus)는 『시지프의 신화(Le Mythe de Sisyphe)』에서 "이 신화가 비극적인 것은 주인공의 의식이 깨어 있기 때문이다"라고 말한다. 그는 이렇게 설명한다. "나는 무겁지만 한결같은 걸음걸이로, 아무리 해도 끝을 낼 수 없을 것 같은 고통을 향해 또다시 걸어 내려오는 이 사람(시시포스)을 본다. 내쉬는 숨과도 같은 이 시간, 어김없이 되찾아오는 불행과 같은 이 시간은 곧 의식의 시간이다. (…) 만약 한 걸음 한 걸음 옮길 때마다 성공의 희망이 그를 떠받쳐 준다면 그가 고통스러워할 이유가 있겠는가? (…) 어떤 날에는 고통스러워하면서 산을 내려오겠지만 또 어떤 날에는 기뻐하면서 내려올 수도 있을 것이다. 나는 바위로 되돌아가는 시지프(시시포스)를 상상해본다. 그것은 고통으로 시작되었다." 자칫 깔려 죽을 수도 있는 엄청난 무게의 짐을 버려 내려 애쓰는 안간힘, 끊임없이 밀려드는 번뇌와 고민으로 잠 못 드는 밤, 매일 아침 늘어 가는 한숨, 그리고 차오르는 슬픔을 억누르며 시작하는 또 하나의 하루, 거역할 수도 내던져 버릴 수도 없는 운명 앞에서 모든 것을 받아들이고 묵묵히 힘겨운 투쟁을 이어 가는 인간의 모습….

미국 극작가 에이미 헤르조그(Amy Herzog)의 연극 〈메리 제인(Mary Jane)〉 속에는 시시포스와 같은 삶을 살아가면서도 결코 미소와 친절을 잃지 않는 주인공 '메리'가 존재한다. 임신 25주 만에 미숙아로 태어나 뇌출혈로 중증 뇌성 마비를 앓게 된 아들을 혼자 돌보면서도 결코 웃음과 따스함을 잃지 않는 여인 '메리(Mary)'가 선사하는 삶의 긍정, 그녀의 깊은 속에 흐르고 있는 고통과 슬픔, 아픔과 비극은 관객들에게 진정한 '사유의 시간'을 선물한다. 무엇이 잘못된 것인지 알 수 없었던 여인, 아이를 낳자마자 "작은 몸에 링거 줄과 호스를 온통 꽂고 있는" 아들의 모습을 인큐베이터를 통해서만 볼 수 있었던 여인, 출산 직후 아직 몸도 추스르지 못한 상태에서 남편의 공황 발작까지 감당해야 했던 여인, 그리고 곧바로 죽음이 예견되었지만 3년 동안 생명을 이어 온 아들 알렉스(Alex)와 둘만 남겨진 여인… 그녀는 비극을 감당하지 못해 도망친 남편 '대니(Danny)'에 대해 이렇게 설명한다. "그도 노력했어. 정말로 노력했어. 하지만 알렉스의 삶의 일부가 될 수 없다는 게 그에게는 지옥이었나 봐. 하지만 나는 그럴 수가 없었어. 나는 진심으로 그가 평화를 찾았기를 바래!"

중학교 수학 선생님이 되기를 꿈꾸었지만 출산과 함께 학교를 그만두고, 의료 보험 혜택이 제공되는 직장과 소아과 병동을 갖추고 있는 종합 병원 근처에 살면서 아들을 돌보기 위해 고군분투해야 했던 메리는 퀸스(Queens)에 위치한 작은 원룸 아파트에 살고 있다. 삽관된 튜브를 통해 음식과 영양분을 공급하고 기도를 막을지 모르는 침이나 이물질들을 빨아들이는 석션기(suction machine)를 24시간 착용한 채 '삐' 소리가 들릴 때마다 점검해 줘야 할 필요가 있는 아들의 간호는 전문 간호사들의 교대조 투입과 센터에서 제공되는 치료 프로그램들을 통해 가까스로 유지되고 있다. 메리의 신용 상태는 컴퓨터에 그녀의 이름을 치면 커다란 'X'자가 포함된 대출 불가 리스트가 뜰 정도로 심각하고, 언니의 대학 동창에게 부탁해 어렵게 들어간 회사의 행정 보조 일은 아들로 인해 병가와 휴가를 지나치게 많이 쓴 탓에 현재 불화를 겪는 중이다.

게다가 어릴 때부터 편두통이 심했던 메리는 한 번씩 편두통이 시작되면 토하거나 어지러움을 느끼고 마비가 오는 탓에 고통으로 잠을 이루지 못하고 완전히 뻗어 버리는 일이 반복된다. 메리는 아주 많이 지쳐 있다. 하지만 그녀는 그 누구에게도 자신의 부담을 가중시키거나 불행의 기운을 옮기지 않기 위해 밝음을 유지한다. 초긍정, 유머, 웃음, 배려, 그리고 절대로 통제를 잃지 않는 놀라운 의지력, 이 모든 것들은 이제 곧 3살이 되는 뇌 병변 장애아를 키우는 30대 싱글맘 '메리'를 표현하는 단어들이다.

　미국에서 2017년에 초연된 연극 〈메리 제인〉은 2019년 겨울, 극단 맨씨어터에 의해 한국에서 첫선을 보였다. 2013년 〈4000마일(4000 Miles)〉로 퓰리처상 희곡 부문 '최종 후보(a finalist)'로 선정되었고, 2018년 〈메리 제인〉으로 뉴욕드라마비평가협회 '베스트 연극상'과 오비상(Obie Award) '극작가상'을 수상한 헤르조그는 한 개인의 경험이 결코 사회 속 다른 사람들과 분리될 수 없기에 "전체 인간의 삶 혹은 역사로 기능할 수 있음"을 긍정하는 작가이다. 예일대드라마스쿨(Yale School of Drama)에서 석사 학위를 받은 헤르조그는 극작가 리처드 넬슨(Richard Nelson)으로부터 "깔끔하고 단순하며 위트가 넘치는 대사들을 쉽게 전달하면서도 삶에 관해 여러 가지 생각을 떠올리도록 만드는 작가"라는 평을 받았다. 극작가이자 시나리오 작가로 유명한 존 궤어(John Guare)는 그녀가 "자신의 인물들에게 냉정한 시선을 던지면서도 따뜻한 마음을 드러내는 작가"임을 강조한다. 이는 그녀가 항상 자신의 경험과 관련된 것들이나 가족, 혹은 주변 사람들의 삶에서 소재를 찾기 때문이며, 자연주의적이라고 느껴질 만큼 진짜 삶의 모습을 관객들에게 보여 주면서도 현실을 넘어서는 무언가에 도달할 수 있도록 유도하기 때문이다. 연극 〈메리 제인〉의 초연과 뉴욕 공연의 연출을 맡았던 앤 카우프만(Anne Kauffman)은 헤르조그의 극이 "냉철한 현실에서 출발해 꿈 같은 초현실적인 세상으로 들어가는 경향이 있음"을 지적한다.

연극 〈메리 제인〉의 경우, 선천성 신경 근육계 질환인 네말린근병증 (Nemaline Myopathy)을 앓고 있는 아이를 키우고 있는 작가 개인의 삶과 건강 보험 공단 관료로 평생 일해 온 헤르조그의 어머니를 통해 홀로 아픈 아이들을 돌봐야 하는 여성들의 현실에 보다 밀접하게 접근할 수 있었던 환경이 출발선이 되었다고 볼 수 있다. 헤르조그는 드라마투르그 에이미 보랏코(Amy Boratko)와의 인터뷰에서 "현실 속에서 아픈 아이들을 돌보는 일은 거의 전적으로 여성들에게 맡겨져 있기 때문에" 늘 그들의 역경과 공동체의 역할에 대해 관심이 있었음을 피력한다. 극이 초연되었던 2017년 미국 연방 정부의 아동 건강 보험 프로그램 개혁의 실패는 많은 논쟁을 불러왔다. 서비스 철회와 예산 삭감, 미국 전역에 9백만 명에 달하는 아이들을 위험으로 내몰고 있다는 문제 제기는 아픈 아이를 가진 부모들의 비난과 재정 부담의 문제를 지적하는 시선 사이의 첨예한 충돌을 불러왔다. 실제로 헤르조그는 연극 〈메리 제인〉을 통해 "2029년이 되어도 공사가 끝나지 않을" 소아병동의 개관이나 비용과 예산 삭감에 관한 문제들을 냉소적으로 비판하는 데, 국내 공연의 경우, 국가 시스템이 다르기 때문에 국내 현실과 맞지 않는 부분들은 삭제된 것으로 보인다.

장애를 가진 아이를 돌보는 부모에 관한 유사한 다른 극들과 연극 〈메리 제인〉이 구별되는 점은 '메리'라는 주인공의 남다른 성격 구현과 1인 2역을 맡은 4명의 배우들에 의해 각기 다르게 연기되는 20대부터 70대에 이르는 다양한 여성 인물들의 '연대(solidarity)'와 '위안(comfort)'에 있다. 점점 더 심각한 상황으로 흐르는 알렉스의 상태와 어려움 속에서도 눈물을 보이거나 분노, 좌절을 표출하기보다는 스스로를 끊임없이 다독이며 자신과 마주치는 모든 사람들에게 친절과 배려, 따뜻함으로 대화하려는 메리의 모습은 오히려 안타까움을 배가시킨다.

슬픔 앞에서 슬픔을 드러낼 수 없는 외로움, 아픔 앞에서 아픔을 보일 수 없는 두려움은 알렉스가 실려 간 병원 대기실에서 혼자 멍하니 앉아 있는 메리의 모습을 통해 관객들에게 더 깊이 전달된다. 또한, 가족은 아니지만 상대의 짐의 무게를 덜어 주기 위해 손해를 감수하거나 원칙을 깨고, 자신의 불편을 다소 인내하며 배려를 위해 조금이라도 노력하는 메리 주변 여성들의 모습은 아직 남아 있는 세상의 '온기'를 관객들의 가슴에 전한다. 헤르조그는 아픈 아이를 둔 부모로서 실제 자신이 느꼈을 법한 것들을 인물들의 대사에 무덤덤하고도 날카롭게 담기 때문에 아픈 사람을 간호하는 모든 사람들이 겪었을 현실적인 문제와 어려움, 주변 사람들의 위로가 상처가 되거나 스트레스가 될 수 있는 상황들, 종교가 구체적으로 어떤 역할을 할 수 있는가에 대한 고민 등과 같이 보다 폭넓은 주제들을 극 속으로 불러온다.

메리의 아파트 관리인 '루디(Ruthie)'는 꽉 막힌 주방 싱크대 배수구를 뚫느라 애를 쓰면서, 힘든 상황 속에 모든 것을 안으로 삭히는 메리를 향해 이렇게 말한다. "당신은 정말이지 친절하고 유쾌해. 너무 유쾌해서 당신이 감당하고 있는 것들을 생각하면 나는 갑자기 궁금해져. 당신이 감정을 표출할 출구가 따로 있는 건지, 아니면 몸 안에서 그런 감정들을 모두 흡수하는 건지 말이야." 메리가 말한다. "내가 좀 피곤해 보이긴 하지? (…) 그런데 막상 나와 같은 상황에 실제로 들어가게 된다면 말이야. 사람들은 좀 놀라게 될 거야!"

꽉 막힌 싱크대 배수구는 분명 답답하고 암담한 메리의 상황을 대변하는 은유이다. 하지만 루디가 자신의 힘만으로는 배수구를 뚫을 수 없음을 인지하고 결국 포기하듯 메리의 상황 역시 그녀의 힘만으로는 타개할 수가 없다. 어쩌면 현실 속에서 모든 것을 감당하고 책임을 다 해야만 하는 메리가 가장 두려워하는 것은 피로와 우울, 슬픔의 감정 속으로 끝없이 침잠하게 되는 것인지도 모른다. 미래를 전혀 예상할 수 없는 그녀가 아들에 대한 책임의 끈을 놓을 수 없는 상황에서 내면의 깊은 감정에 대해 얘기하고, 자신의 몸을 돌보기 위해 계획을 세우는 일은 일종의 '사치'일 수도 있다.

삶에서 '잠'을 가장 소중히 여기는 메리는 그저 자신의 의무를 성실하게 다하는 전문 간호사들이 교대조 순번을 잘 지켜 주기만 해도 '행복'이라고 생각할 만큼 힘겹다. 실제 가족이라 할 수 있을 만큼 애정과 관심을 다하는 '셰리(Sherry)'와 같은 간호사도 있는 반면, '삐' 소리에 제때 반응하지 않으면 발작이 일어날 수 있음을 알면서도 환자 옆에서 졸고 있거나 일하는 환경의 열악함에 대해 불평하는 '도나(Donna)'와 같은 간호사도 있는 것이 현실이다. 생계와 의료 보험 혜택을 유지하기 위해 직장 일도 해야 하는 메리가 밤새 자기 대신 아들을 돌봐 줄 전문 간호사들의 교대 순번에 문제가 생길 때 겪게 되는 육체적 피로와 정신적 스트레스는 도나의 실수를 상부에 보고하겠다는 셰리를 만류하는 장면에서 드러난다. 메리가 말한다. "우린 이미 너무 많은 간호사들을 잃었어! 알렉스와 같은 케이스가 힘들다는 걸 알아서 다들 두려워하잖아. (…) 이번 달만 해도 3번이나 간호사를 구하지 못해서 내가 3일 밤을 꼬박 새웠거든. 상부에 보고하지 마, 제발!"

아픈 사람을 간호해야 하는 보호자들이 자신을 챙기는 일은 쉽지 않다. 또, 자신이 돌보는 환자가 처한 상황을 명확하게 인식하고 특정 판단과 결정을 내리는 일도 쉽지 않다. 특히 환자가 의견이나 감정을 전혀 표현할 수 없는 상황일 때에는 더욱 그렇다. 주변 가족들의 위안이나 도움은 때로 현실과 동떨어져 있고, 알렉스와 같은 병동에 입원해 있는 유대교 여인 '차야(Chaya)'의 말처럼, 그들은 "자신이 아무것도 모르는 축복이자 전혀 알고 싶어 하지 않는 종류의 축복"에 대해 숙고의 과정 없이 피상적인 말들을 내뱉는다. 대부분 공감과 조언을 나눌 수 있는 사람들은 비슷한 상황에 처한 유사한 경험의 소유자들이고, 다른 이의 비극에 진심을 다할 수 있는 것도 같은 길을 겪어 온 사람들이다. 위로는 이런저런 이유로 마주치게 되는 낯선 사람들이 조금이라도 도움이 될 수 있는 길을 찾아봐 주기 위해 노력하는 따뜻한 배려와 친절에서 발견되곤 한다.

'왜 내게 이런 일이 일어난 걸까? 내가 그렇게 큰 잘못을 저지른 걸까?'라는 질문을 스스로에게 되풀이하도록 만드는 상황, "천 갈래의 가능성"을 놓고 걱정하는 것 외엔 사실상 그 어떤 것도 할 수 없는 현실, 보호자가 하는 모든 노력이 환자에게 실질적으로 도움이 되는 것인지조차 판단할 수 없는 막막함… 헤르조그는 9개 장면의 에피소드와 9명의 인물들을 통해 아픈 사람들을 돌보는 보호자들이 겪게 되는 크고 작은 사건들, 현실 속에서 느끼는 실질적인 감정들, 내면에 조심스레 품게 되는 종교적이고 철학적인 질문들을 관객들에게 노출시킨다.

연극 〈메리 제인〉의 결말은 관객들의 상상에 맡겨진다. 뇌 수술을 받고 있는 아들을 기다리며 어항 속의 물고기를 하염없이 바라보던 제인은 점점 심해지는 편두통을 감지한다. 시야의 왜곡과 환각을 불러일으키는 편두통은 눈송이나 서리, 결정 구조에서 볼 수 있는 패턴들이 "프랙탈(fractal)"로 반복되는 아름다운 구조를 생성한다. 메리는 병원 소속 승려인 '텐케이(Tenkei)'와 함께 앉아 눈을 감은 채로 반짝이는 문양들의 반복을 바라본다. 전체 구조를 그대로 닮은 작은 구조가 패턴을 무한히 반복하고 순환해 복잡하고 묘한 구성을 낳는 프랙탈 현상은 자연계의 많은 곳에서 찾아볼 수 있기에 "우주에 속한 모든 것의 구조"라 할 수 있다.

미국 시인 월리스 스티븐스(Wallace Stevens)는 "한 사람을 알면 모두를 아는 것이고, 한 장소에 대한 감각을 알면 우주에 대해 아는 것이 된다"고 말했다. 한 사람의 삶을 안다는 것은 곧 모든 사람들의 삶을 알게 됨을 의미한다. 어쩌면 헤르조그가 바란 것은 관객들이 '메리 제인'이라는 한 여성의 삶을 바라보면서 놓친 것이 무엇인지, 미처 눈치채지 못한 것이 무엇인지, 그 '드러나지 않은' 고통의 무게를 느끼는 것, 바로 그것이 아니었을까?

스티븐스는 시 〈눈사람(The Snow Man)〉에서 서리와 얼음으로 뒤덮인 소나무 가지의 감정을 헤아리기 위해서는 "사람이 겨울의 마음을 가져야 함"을 강조한다. 아픈 사람들을 돌보는 사람들의 마음을 헤아리기 위해서는 혹독한 추위와 거센 바람이 흔드는 겨울 숲 한가운데 서 있는 나무 한 그루의 마음을 상상할 수 있어야 한다. 오직 "귀 기울여 듣는 자"만이 "그곳에 없는 무(無)와 그곳에 있는 무(無)를 볼 수 있기에" 우리는 오늘도 겨울의 마음을 가지고 바람이 내는 소리에 귀 기울일 수 있어야 한다.

* 본 글은 2019.12.07.~2020.01.19. 홍익대학교 대학로 아트센터 소극장에서 공연된 연극 〈메리 제인〉을 관람한 후 작성된 리뷰입니다.

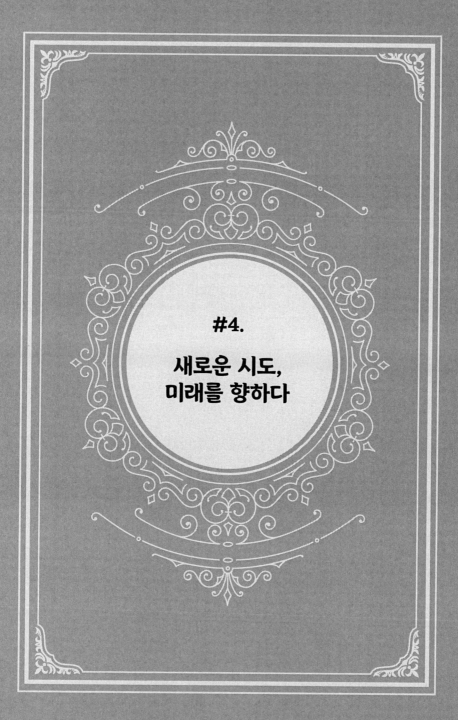

#4.

새로운 시도,
미래를 향하다

2028년 우리의 미래에는 무엇이 있을까?

> 🎭 연극 〈렛 뎀 잇 머니〉

2018년 '세상은 우리의 생각만큼 끔찍하지 않다'는 주장을 통계 자료로 뒷받침하며 전 세계가 "과도하게 극적인 세계관"에 갇혀있다고 주장한 한스 로슬링(Hans Rosling)의 『팩트풀니스(Factfulness)』에 따르면, "인간의 뇌는 본능적으로 극적인 것에 열광하는 경향"이 있다. 사람들은 실제보다 "세상이 더 무섭고, 폭력적이며, 가망이 없는 곳"이라고 여기지만 실제 통계 자료는 세상이 예전보다 훨씬 살기 좋은 곳, 안전한 곳으로 변모해 왔으며 사람들의 생활 수준은 이전보다 훨씬 부유해졌음을 드러낸다. 로슬링은 세계은행과 유엔의 통계를 근거로 2017년 현재 세계 인구의 75%가 중간 소득을 유지하고 있으며, 고소득 국가까지 합친다면 91%에 해당하는 사람들이 이전보다 훨씬 발전된 삶을 영위하고 있다고 말한다. 물론 여전히 부유한 나라와 빈곤한 나라가 존재하지만 20년 전만 하더라도 29%에 달했던 세계 극빈층의 수치가 2017년 9%로 감소했다는 통계는 분명 세상이 좋아지고 있다는 사실을 입증한다.

하지만 사람들은 삶이 이전보다 나아졌다고 느끼지 못하며 세계의 상황이 점점 더 악화되고 있다고 말한다. 로슬링은 그 이유를 세 가지로 분석한다. 첫째, 인간의 기억은 과거의 모습을 쉽게 잊고 대상을 미화하는 경향이 있다. 둘째, 기술의 발전과 언론 자유의 확대가 그 어느 때보다 많은 소식을 빨리 접할 수 있는 환경을 구축했지만 그로 인해 극적인 사건, 고통과 재난으로 점철된 사건들의 보도가 넘쳐 나게 되었고, 인류의 고통을 감시하는 능력 또한 놀랍도록 개선되었다. 셋째, 세계가 점점 나빠진다는 것은 단지 느낌일 뿐 명확한 자료나 근거를 바탕으로 한 생각이 아니다. 사람들은 세계 주변에 도사리고 있는 거대한 문제들이 아직 해결되지 않았다는 면에서 '상황이 좋아지고 있다'고 말할 수 없는 느낌을 표현하는 것뿐이다. 로슬링은 심각한 문제들이 여전히 존재하고 우리가 안심할 수는 없지만 그렇다고 해서 "아무것도 개선되지 않았다는 잘못된 믿음을 가지고 두려움에 빠져 과도하게 극단적인 세계관을 형성할 필요는 없다"고 강조한다. 과거의 발전을 인정하고 인류에 대한 믿음과 확신을 가진 채 현재 발생하고 있는 심각한 문제들을 제대로 바라보고 판단하는 일, 그가 21세기를 살아가는 우리에게 필요하다고 주장하는 능력은 다름 아닌 "사실 충실성(factfulness)"에 입각한 세계관의 형성이다. 세상은 악화되는 동시에 개선되고 있다. 단, 극적인 것에 민감하게 반응하는 인간의 특성 탓에 좋은 소식보다 나쁜 소식이 더 많이 전달되고 영향을 미칠 뿐이다.

독일 도이체스 테아터(Deutsches Theater Berlin)의 2018년 연극 〈렛 뎀 잇 머니(Let Them Eat Money. Which Future?!)〉는 로슬링이 주장한 것과는 전혀 다른 미래를 펼쳐 보인다. 2016년 영국의 유럽 연합(EU) 탈퇴인 브렉시트(Brexit)로 촉발된 유로존의 붕괴와 이민자의 문제, 최근 발전을 거듭하고 있는 인공 지능과 생체 과학 기술이 가져온 노동력 대체 현상, 기후 변화가 야기한 식량 부족과 미세 플라스틱 입자의 두뇌 침투로 인한 신종 질병에 이르기까지⋯. 〈렛 뎀 잇 머니〉가 2018년을 기준으로 10년 후를 예상해 그려 내는 2028년 유럽이 마주하게 될 미래는 지극히 암울하고 두렵기만 하다.

1883년부터 현재에 이르는 전통을 자랑하는 도이체스 테아터는 2017년 "어떤 미래가 펼쳐질 것인가(Which Future?!)"에 관한 주제로 새로운 연구 프로젝트를 계획했다. 10년 후 유럽의 미래와 위기에 대한 가상 시나리오를 논의하는 프로젝트에는 250여 명의 환경, 경제, 노동, 기술 및 여러 분야의 전문가들과 시민들이 참여해 활발한 리서치와 토론 활동을 벌였다. 2018년 4월, 훔볼트 포럼(Humboldt Forum)에서는 리서치 과정에서 제기되었던 가장 긴급하고 첨예한 문제들에 관해 이틀 간 심포지엄이 개최되었다. 심포지엄에서는 시민 사회를 대표하는 여러 사람들과 문화, 정치, 경제, 과학 분야의 전문가들, 사회와 국가에 대해 새로운 모델을 제시하는 연구자들이 열띤 논의를 쏟아냈고, 도이체스 테아터는 그 결과물들을 축약하고 덜어 내는 과정을 통해 2018년 9월, 연극 〈렛 뎀 잇 머니〉를 초연했다. 2년에 가까운 연구 기간, 13개의 워크숍을 통해 얻은 여러 전문가들의 예측은 기본소득, 기후 변화, 국가와 민주주의 체제의 해체, 인공섬 건설, 신종 질병과 생체 바이오 칩, 기술로 인한 노동력 대체 등 많은 문제들을 노출하며, 연극 〈렛 뎀 잇 머니〉의 2028년이라는 가상의 미래 속에 '현실'로 구현되었다.

〈렛 뎀 잇 머니〉는 2018년 지구 온난화로 인해 극심하게 악화된 기상 변화가 유럽 연합으로 이주하려는 이민자들과 원조 요청을 폭발적으로 증가시킨 시점에서 출발한다. 페이스북(facebook)과 페이팔(paypal)을 통해 부를 축적한 '슈테판 타르프(Stefan Tarp)'는 인공 지능 관련 사업에 뛰어든다. 또한, 파킨슨병과 유사한 떨림과 피로, 기억력 이상 등의 증상을 보이는 신종 질병 '트레머(Tremor)'가 발생한다. 미국의 자본가들과 러시아의 신흥 재벌들은 어느 나라에도 속하지 않으며 바다를 자유롭게 이용할 수 있는 인공 섬 건설을 시작하고, 2022년 타르프는 인공 섬 '오션시티(Ocean City)'를 건설한다. 그는 제약 회사 노바(NOVA) 연구소를 통해 트레머를 진정시킬 수 있는 칩 기술을 비밀리에 개발하고 임상 실험을 실시한다. 한편 부상으로 인해 배달 업무를 한동안 쉴 수밖에 없었던 '유르겐 반도프스키(Jurgen Bandows-ki)'는 모든 배달 업무가 이미 드론(drone)으로 대체되어 버렸음을 깨닫게 된다. 소규모 농장들은 지속되는 가뭄과 기상 악화, 대규모 농장만을 상대로 하는 대형 농약 회사들로 인해 대기업에게 땅을 매입당한 뒤 퇴거된다. 가뭄은 내전을 불러오고, 난민들은 갈 곳을 잃는다. 원인을 모르는 질병 트레머는 이제 전 세계로 번지고, 감염자들은 격리된다. 먹고살 방편을 잃은 사람들은 지하로 숨어들어 저항 단체 '렛 뎀 잇 머니'를 결성한다. 2023년 이탈리아의 유럽 연합 탈퇴는 실업과 불안을 더욱 가속화한다.

2024년 의회에서 기본 소득 도입이 결정되고, 유로화와 암호 화폐가 혼합된 형태로 시민들에게 지급된다. 프랑스 남부의 농장에서 퇴거당한 '일듄(Yldune)'과 '옹즈(Onz)', 딸 '지나(Sina)'는 유르겐과 함께 사이버 공격을 중심으로 한 각종 저항 운동을 벌인다. 2025년 기본 소득은 계획대로 유지되지 못하고 절반으로 삭감된다. 뿐만 아니라 건강 보험이 폐지되고 대신 타르프가 개발한 생체 이식 칩이 도입되어 시민들의 생체 데이터를 모니터링한다. 타르프가 개발한 앱은 기록된 생체 데이터를 직접 평가하고 전자 진단을 통해 처방된 사항을 사용자가 준수하도록 조종한다. 치료는 최소화되고 병원을 방문할 경제적 여유가 없는 사람들의 수술은 거부된다. 타르프의 노바 연구소가 개발한 트레머 치료제인 '칩'은 정기적으로 업데이트를 거치지 않으면 원상태로 복귀되는 부작용이 있음에도, 인공 섬에 위치한 병원을 방문할 여유가 있는 사람들을 위해서만 출시된다.

계속되는 폭염으로 인해 60% 이상의 땅이 염류화되고 더 이상 농사를 지을 수 없는 상태가 되어 버리자 유럽 시민들은 대륙을 버리고 인공 섬의 거주지를 확보하기 위해 재산을 처분하기 시작한다. 2027년 외환 시장이 요동치고 유로화는 붕괴된다. 유럽 대륙에 남아 있는 시민들의 약탈과 시위가 곳곳에서 발생하고, 북유럽 연합은 비상사태를 선포한다. 전기, 데이터 네트워크, 음식과 물자의 수송 경로는 경찰과 군인에 의해 통제되고, 시민들에게 전기와 음식이 배급된다. 저항 단체 '렛 뎀 잇 머니'는 식료품점에 잠입해 강탈한 물건들을 대중들에게 분배함으로써 점점 더 많은 팔로워들을 이끌게 된다. 인공 섬으로 이주할 경제적 능력이 없는 시민들은 자신들만의 초공동체를 형성하고, 생존을 위해 빈번한 투쟁을 벌인다. 2028년 결국 의회가 해산된다. 타르프의 인공 지능 앱은 다음 정부를 위해 현재의 사태에 대한 책임을 묻는 청문회를 기록으로 남기는 일을 맡는다. 홍채 인식을 통해 신원을 확인하고 관련자들의 인터뷰 전 과정은 영상으로 녹화되어 인공 지능에 의해 저장된다. 하지만 저항 단체 '렛 뎀 잇 머니'는 아카이브를 해킹해 관련 데이터와 심문자 리스트를 확보하고, 표적을 납치해 심문의 전 과정을 대중에게 라이브로 실시간 송출한다.

연극 〈렛 뎀 잇 머니〉는 저항 단체의 리더인 일듄과 옹즈가 2028년의 '붕괴'를 낳은 책임을 추궁하기 위해 납치한 유럽 위원회 의원 '프랑카 롤뢰그(Franca Roloeg)'와 전직 노동조합원이자 기본 소득 협회 설립자인 '라포 로써(Rappo Rosser)'의 온라인 심문에 대중을 초대하는 장면으로 시작된다. 그들은 누구도 '붕괴'에 대해 이야기하지 않는 이 시점에 책임자로 보이는 사람들에 대한 추궁과 취조가 필요함을 토로한다. 그들은 팔로워들이 라이브 영상을 통해 롤뢰그와 로써의 이야기를 심판하고, 그들을 어떻게 처리했으면 좋을지 결정해 줄 것을 요구한다. 또한 실시간으로 시청하고 있는 1,100만 명이 넘는 팔로워들을 향해 물과 데이터, 식료품, 토큰 등을 기부해 줄 것을 요청한다.

그들이 납치한 책임자들에게 묻는 질문은 하나이다. "우리가 마땅히 누려야 할 것을 누리지 못하는 이유는 무엇인가? 시스템이 실패한 책임은 도대체 누구에게 있는가?" 그들은 또 관객들을 향해 이렇게 묻는다. "질문이 없는 자는 죽은 것과 다름없다. 그런데 왜 우리는 항상 원으로만 돌고 있는 것일까?" 무대는 철제로 된 좁은 틀 안에 롤뢰그와 로써를 카메라 앞에 세워 놓고 일듄과 옹즈가 그 위에 군림하고 있는 모습으로 연출된다. 영상과 팔로워 수, 실시간 시청자들의 댓글은 화면에 영상으로 송출된다. 무대 바닥은 더 이상 농작물이 자랄 수 없는 불모의 땅이 되어 버린 유럽 대륙을 상징하듯 온통 '소금'으로 뒤덮여 있다. 납치된 인물들의 속박된 상태와 고통, 죄의식과 두려움과 같은 것들은 천장에 설치된 긴 줄에 거꾸로 매달리거나 줄에 몸을 감는 아크로바틱 동작들을 선보이며 표현된다.

극은 저항 단체가 납치한 롤뢰그와 로써를 라이브로 심문하는 장면과 인공 지능 청문회에서 기계에 의해 질문되고 저장되는 중앙은행 총재 '프레리히 콘스트(Frerich Konnst)'와 자본가 타르프의 인터뷰 장면으로 구분된다. 홍채 인식이 한 번에 되지 않는 불편함이나 입력되지 않은 정보를 인식하지 못하는 오류, 언어 인식의 불능으로 인해 저장되지 않거나 삭제되는 인터뷰 기록의 발생과 같은 인공 지능(AI)의 문제는 유르겐이 자동화된 병원 시스템에 문의를 하기 위해 전화를 걸었다가 보이스 인식을 하지 못하는 인공 지능으로 인해 카테고리를 찾을 수 없어 결국 포기하고 마는 에피소드와 연결되며 객석에 웃음을 선사한다.

정치, 경제, 기술, 환경이 복잡하게 얽힌 유럽의 여러 문제들을 심문과 인터뷰, 각 인물들의 속내, SNS를 통해 표출되는 메시지들로 쏟아내는 극의 진행 방식은 다소 산만하고 관객들에게 이해의 어려움을 낳는다. 하지만 정확하게 맥락을 꿰지 못하더라도 인물들이 관객들을 향해 던지는 의미심장한 대사들이 극이 궁극적으로 질문하고자 하는 바를 드러내도록 만든 부분은 장점이다. 통치권과 헌법이 아닌 '상법'을 선택한 세상이 마주하게 될 결과가 무엇인지, 서로 반대편을 향해 질주하는 두 대의 기차가 충돌하지 않으려면 어떻게 해야 하는지, 현재를 돌아보지 않고 미래에 도달했을 때 닥쳐올 최악의 시나리오는 무엇일지 묻는 연극은 관객들이 디스토피아(dystopia)의 세상을 너머 "과잉도 궁핍도 아닌 열심히 고민하고 노력해서 얻은 진실"을 깨달을 수 있기를 바란다.

연출을 맡은 안드레스 바이엘(Andres Veiel)은 훔볼트 포럼 심포지엄에 관한 동영상에서 2008년에 발생했던 금융 위기와는 또 다른 차원의 새로운 '위기'가 실제로 존재하는 것이라면, "이 위기를 과연 극복할 수 있을 것인가?"라는 질문을 던져 볼 수 있어야 한다고 말한다. 그는 "위기를 잠깐 멈춰 서서 스스로를 변화시키는 시간"이라고 간주한다면 연극은 그러한 위기를 제시하고 생각과 질문, 의심과 상상의 과정을 모두 거치도록 만드는 완벽한 예술임을 강조한다. 실제로 극은 2018년 세계 석학이라 불리는 8명의 학자들에게 인류의 미래를 질문한 인터뷰를 정리한 책 『초예측』에서 언급된 내용들이 거의 고스란히 담겨 있다.

역사학자 유발 하라리(Yuval Harari)는 "향후 30년 내에 우리가 내리게 될 결정들이 생명의 전체 미래를 좌우할 것"이라 선언했고, 기술의 발전 속도로 인해 모든 것들이 지나치게 빨리 변화하는 탓에 "누구도 10년 후, 20년 후를 정확하게 예측할 수 없다"는 사실이 오히려 인류를 더 불안하게 만들고 있음을 지적했다. 그는 학자로서 미래를 묻는 질문에 "최악의 상황까지 포함해 다양한 가능성을 제시할 책임"이 있음을 강조하며, "무용 계급(useless class)"의 출현과 같은 극단적인 상황을 경고함으로써 인류가 미리 방어 태세를 갖추고 적극적으로 행동할 기회를 만들어 줘야 할 필요가 있음을 주장했다. 바이엘 또한 같은 입장을 견지한다. 바이엘은 "우리의 목적은 논쟁을 일으키고 미래에 대한 가치관을 충돌시킴으로써 현재의 교착 상태를 벗어날 수 있는 출구를 찾는 것"이며, 인류가 "매번 최고 속도로 같은 벽을 향해 달려드는 '충돌 시험용 마네킹'과 같은 존재로 역사를 반복하지 않도록" 미연에 방지하는 것임을 강조한다.

결국 연극 속 저항 단체 '렛 뎀 잇 머니'는 모든 것이 연결된 붕괴 사태에 명확한 책임을 물을 수 있는 사람이 없다는 결론에 이르게 된다. 팔로워 수가 급감하고 사람들은 식량과 물, 데이터를 무료로 배급해 주는 단체에 보다 관심을 가지며 흩어진다. 한편, 문제가 생길 경우 다른 기술의 개발과 거래, 협상을 통해 모두 해결할 수 있다고 생각하는 타르프는 인공 지능에게 자신이 납치될 수 있는 방법을 저항 단체에게 알려 줄 것을 명령한다. 저항 단체를 만난 타르프는 그들을 위한 인공 섬을 제안하지만 "무엇을 위해 싸워 왔는지를 잊은 채" 절망감에 휩싸여 분노와 광기로 흐르게 된 일둔과 옹즈는 타르프를 사살하려 한다. 하지만 무슨 상황인지 이해할 수 없게 된 지나는 타르프를 풀어 준다. 그러나 타르프가 기술을 개발하는 목적이 모든 이들을 자유롭게 하기 위함이 아니라 "현재에 대한 통제를 되찾기 위한 목적"임을 알게 되자 지나는 이렇게 외친다. "내가 바라는 것은 우정을 바탕으로 한 소통이야. 나는 나만의 방식을 찾을 거야!"

급작스럽게 선회하는 결론은 지나치게 감성적이고 이상주의적으로 들리지만 이는 로슬링의 주장처럼 긍정적인 면보다 부정적인 면에 더 민감하게 반응하는 우리 두뇌의 특성 때문인지도 모른다. 우리 모두가 진심으로 바라는 것은 지나의 말처럼 자극적인 콘텐츠에 반응하는 팔로워들에 의해 힘을 얻거나 잃게 되는 가변성이 아닌 확고한 어떤 것, 즉 "우정을 기반으로 한 진정한 소통"일 것이다. 단지 너무 빨라진 속도와 요동치는 세상에 익숙해진 탓에 견고함을 바탕으로 한 소통이나 흔들리지 않는 우정에 대한 기대가 사라져 버렸을 뿐이다. 정말로 현재 우리에게 필요한 것은 인류에 대한 믿음과 확신을 바탕으로 한 희망과 기대, 최악의 시나리오를 냉철하게 분석함과 동시에 미래를 향해 낙관적인 태도를 잃지 않는, 로슬링의 말처럼 "가능성 옹

호론자"의 저항 정신, 바로 그것이 아닐까?

* 본 글은 2019.09.20.~2019.09.21. LG아트센터에서 공연된 도이체스 테아터의 연극 〈렛 뎀 잇 머니〉를 관람한 후 작성된 칼럼입니다.

또 다른 세상을 향한 경계에 있는 '문'

🎭 연극 〈템플〉

"사람은 일생 중에 독립적인 존재가 되기 위해 하나의 문을 걸어 나가야 할 때가 있습니다." 학사모를 쓰고 졸업 연설을 하고 있는 주인공 '템플(Temple)'의 첫 대사이다. 어둠 속을 환하게 비추는 조명 속에 있는 그녀가 말한다. "작은 나무 문은 내가 미래로 나아가는 것을 상징했습니다. 그 문을 넘어가려면 도전과 책임을 이겨 낼 힘이 필요합니다. 그러기 위해서는 자신과 타인에 대한 믿음이 필요합니다. 믿음은 두려움을 극복하게 하니까. 우리는 믿음을 가지고 여러 두려운 상황들을 이겨 내고 그 문에 도달해야 합니다!"

문은 벽을 통과하기 위해 인간이 고안해 낸 장치이자 공간이다. 벽을 보다 쉽게 넘기 위해서, 또 위험으로부터 자신을 보호하기 위해서 문은 편리성과 안전성, 그 두 가지를 목적으로 설계된 인간의 고안품이다. 들어가고 나갈 수 있는 곳, 새로운 세상으로 향하는 입구이자 한 세상의 끝이라 할 수 있는 '문'을 삶의 상징이자 은유로 받아들인 템플은 1968년 자신의 일기에 이렇게 적었다. "나는 모든 공포와 불안감을 문 위에 얹어 놓았다. 문을 이렇게 사용하는 것은 위험하다.

문이 잠겨 있을 경우 정서적 분출구를 찾을 수 없기 때문이다. 이성적인 면에서 문은 단지 상징일 뿐이지만 감정적으로 문을 여는 행위는 공포를 가져다준다. 문을 통해 나가는 행동은 공포와 사람들을 향한 불안감을 극복하는 것이 되는 것이다."

템플이 두려워하는 것은 다른 세상에 있을지 모를 미지의 것에 대한 두려움이 아니다. 갇혀 있는 것에 대한 공포, 다른 곳으로 향하는 안전한 탈출로를 찾을 수 없을지 모른다는 것에 대한 공포, 자신이 향하는 길을 다른 사람들이 막아서거나 방해할지 모른다는 공포이다. 즉, 거침없이 앞으로 나아갈 수 있는 자유를 얻지 못하게 될까 봐 느끼는 공포를 말한다. 그녀는 이러한 공포를 초식 동물이 사자를 만나 탈출구를 찾지 못했을 때의 공포에 비유한다.

연극 〈템플〉은 극단 공연배달서비스 간다의 2019년 10월에 초연된 신작으로 '피지컬 씨어터(Physical Theatre)'의 특징이 강조된 작품이다. 실제 인물인 템플 그랜딘(Temple Grandin)은 2살이 되었을 때, 말을 할 수 없을 뿐 아니라 보호시설에서 평생 살아야 할 것이란 진단을 받았지만 교육의 노력과 헌신을 다한 훌륭한 어머니와 창의력을 개발시켜준 과학 선생님의 도움으로 동물학 분야의 권위자이자 가축 시설 설계자로서 성공한 삶을 살 수 있게 된 '자폐인'이다. 연극 〈템플〉은 기본적으로 "자폐인들은 언어가 아니라 그림으로 사고한다"는 사실을 밝혀낸 1995년 책 『나는 그림으로 생각한다』에 근거해 자폐인인 템플이 느꼈을 심리와 감각, 감정들을 퍼포머(performer)의 신체의 움직임을 최대한 활용해 무대에 표현하고자 한 것으로 보인다.

사실 연극 〈템플〉은 장르를 명확히 규정하기 힘든 작품이다. 주인공인 템플이 대학 졸업 연설을 하는 첫 장면은 끝 장면과 연결되면서 하나의 '틀'을 형성하게 되고, 그동안 그녀가 겪어 온 삶의 과정이 여러 화자의 입을 통해 전달되기 시작한다. 템플 역을 맡은 배우를 제외한 7명의 퍼포머들은 해설자이자 템플의 삶 속 인물들, 템플의 예민한 감각을 드러내는 그림자들, 소품이자 무대 배경, 음향 효과까지 매우 다양한 역할을 수행하며 무대를 구성하게 된다. 극은 템플이 자폐인의 특성을 드러내는 언어로 자신의 이야기를 전달하기도 하고, 어머니 역을 맡은 퍼포머가 연극이 만들어진 방식에 대해 설명하기도 하며, 당대의 의학 지식의 한계에 대한 논평이 곁들여진 여러 지적을 하기도 한다. 또, 퍼포머들이 특정 상황에 놓인 템플에 대해 설명을 이어 가기도 하는데, 이러한 연극 방식은 메타적 속성을 강조하는가 하면 강렬한 피지컬 퍼포먼스를 선보이기도 한다. 그뿐만 아니라 유머와 위트, 개그가 강조된 익살극이나 아이들의 극놀이의 특징을 드러내기도 한다.

1986년 영국에서 DV8에 의해 처음 '피지컬 씨어터'라는 용어가 사용된 이후로 30년이 훨씬 넘는 시간이 흘렀다. 공연 연구가인 사이먼 머레이(Simon Murray)와 존 키프(John Keefe)는 피지컬 씨어터가 세상의 주목을 받아 오기는 했지만 여전히 타 장르와 명확한 구분이 이루어지지 않는 상태에 놓여 있음을 지적한다. 연극 〈템플〉의 경우, 머레이와 키프의 관점을 적용한다면, "진보적이고, 신선하며, 실험적이고, 연극적 관행과 거리가 있다"는 측면에서 피지컬 씨어터의 장르로 분류될 수 있을 것이다. 무엇보다 "신체는 세상과 만나는 지점이다"라는 관점에서 볼 때, 과도하게 예민한 감각으로 인해 사람들과 눈을 맞추기가 어렵고 자신을 누군가가 만지는 것을 극도로 불편해하며 소리에 민감한 자폐인의 성장 과정을 '몸'으로 그려 내는 것은 의미가 있는 일이다. 게다가 '몸'은 언어와는 다른 의사소통의 도구라 할 수 있고, 자폐인이 사회적으로 필요한 행동이나 예의범절을 습득할 경우 배우가 연기하는 방법을 활용한다는 점에서, '연극'은 자폐아인 템플이 사회에 적응하는 과정을 드러내기에 적당한 예술 수단이라 할 수 있게 된다.

물론 모든 것을 이미지로 머릿속에 구현해 인식에 이르는 템플의 언어 습득 과정이나 사고 체계를 이해하는 데에는 에미상(Emmy Award)과 골든글로브상(Golden Globes Awards)을 수상한 2010년 영화 〈템플 그랜딘〉이 훨씬 도움이 되는 것이 사실이다. 하지만 과도하게 예민한 감각으로 인해 사람과의 접촉을 고통으로 느끼거나 신경 발작을 일으킬 때의 괴로움은 연극 〈템플〉의 몸으로 표현하는 방식이 훨씬 더 효과적이다. 사춘기 시절 호르몬의 증가로 인해 과도한 신경 발작에 시달리는 템플의 고통은 붉은 줄 세 개가 교차하는 가운데 퍼포머들의 신체로 표현되는 아크로바틱(acrobatic) 동작들과 불안을 가중시키는 바이올린 선율, 조명의 효과가 더해지면서 관객들에게 보다 감각적으로 전달된다. 또, 오르골 소리나 전화벨 소리가 주는 불편함, 템플을 안아 주려는 엄마의 포옹이 주는 과도한 자극은 검은 옷의 퍼포머들이 템플 주변에 하나씩 더해짐으로서 가시적으로 관객들이 위협과 두려움, 압박의 무게를 느낄 수 있도록 해 준다. 템플 그랜딘은 『나는 그림으로 생각한다』에서 신경 발작을 "커다란 통나무 아래 불쏘시개를 넣고 벽난로에 불을 지피는 것"에 비유하면서, 아주 작은 스트레스에도 불이 확 붙으면서 통제할 수 없게 되는 '극도의 공포감'이라고 설명한다.

1947년생인 템플 그랜딘의 어린 시절, 의학계는 자폐(autism)에 대한 인식이 없었다. 프로이트(Freud) 정신 의학이 지배적이던 시기에 대부분의 의사들은 차갑고 냉정한 엄마, 일명 "냉장고 엄마"가 그 원인이라고 보았고, 1944년 한스 아스퍼거(Hans Asperger)가 발표한 '상위' 자폐증 형태에 관한 주장은 전혀 받아들여지지 않은 채 40년 동안 계속 무시될 터였다. 그런 탓에 그랜딘의 자폐증 진단은 그녀가 40대이던 1980년대에 비로소 이루어졌으며, 뇌 사진을 통해 일반인과 다른 두뇌의 특성이 증명된 것도 2010년, 그녀의 나이 63세 때의 일이었다.

아무도 정확히 자신을 이해하지 못하는 세상에서 그랜딘이 자신이 '특별한 아이'임을 인식하고, 자신의 사고방식이 다른 사람들과 다르다는 것을 인지하게 된 것은 마운틴 컨트리 고등학교에서 '칼락 선생님(William Carlock)'을 만나게 되면서부터였다. NASA에서 일하다 고등학교 과학 선생님이 된 칼락 선생님은 그랜딘이 단어 하나를 떠올리면 지금까지 봤던 모든 관련 이미지들을 머릿속에 한꺼번에 떠올리고, 책을 보면 사진으로 찍듯 이미지를 저장해 필요할 때 꺼내 볼 수 있는 비범함을 지녔음을 인식했다. 그는 자폐인의 특징이라 할 수 있는 '고착증(fixation)'을 긍정적인 방향으로 유도해 그랜딘이 머릿속에 자신이 구상한 것들을 3D로 구현해 여러 각도로 돌려 보는 일이 가능한 능력을 '과학'에 적용하도록 이끌었다. 2010년 TED 강연에서 그랜딘은 자폐아들에게 가장 필요한 것은 창의적이고 틀에 얽매이지 않는 자유로운 선생님들이며, 자폐아들이 가진 잠재력을 자극하고 계발할 수 있는 "동기를 부여하는 멘토"임을 강조했다. 그녀는 "세상은 함께 협력하기 위해 다른 종류의 생각을 필요로 하므로 모든 종류의 사고를 발달시켜야 할 필요가 있다"고 말했다.

연극 〈템플〉은 "우리가 보는 세상만, 우리가 생각하는 방식만 존재하는 것이 아님"을 인정할 필요를 강조한다. 자폐를 고쳐야 할 병이나 장애로 바라보는 것이 아니라 다르게 사고하는 독특한 사람들로 바라볼 수 있는 열린 시선을 획득할 때, 우리가 얻게 될 무한한 가능성에 주목하는 것이다. 그리고 그러한 숨겨진 보석과 같은 사람들을 지키기 위해, 그들을 바른길로 인도하기 위해, 옆에서 응원하고 지켜보며 도움을 건넸던 다른 사람들의 역할 또한 놓치지 않는다. 퍼포머들은 연극이 진행되는 동안 자유롭게 무대와 객석의 벽을 허물어뜨리고 관객들에게 말을 걸 뿐 아니라 인물이나 상황에 대한 해설을 하고 반응을 유도하면서 관객들을 강연장에 와 있는 관중이 되도록 만든다. 1945년 뮤지컬 〈회전목마(Carousel)〉의 2막에 나오는 위로와 격려의 넘버인 '당신은 결코 혼자가 아니에요(You'll Never Walk Alone)'를 졸업생들을 향해 부르는 템플의 마지막 장면의 감동은 영화 〈템플 그랜딘〉의 장면과 거의 같게 구현되지만, 연극 〈템플〉은 템플이 엄마에게 '사랑'이 무엇인지를 묻는 장면을 추가함으로써 차별을 시도한다. 연극 〈템플〉의 주제를 꿰뚫는 상징이자 템플 그랜딘의 삶의 상징이라 할 수 있는 '열린 문'을 형상화한 나무 문틀에서 엄마가 템플을 향해 외친다.

"사랑은 누군가를 성장시키길 원하는 거야. 엄마는 템플이 성장하기를 원했어. 네가 너만의 시각적 상징을 만들었다는 건 템플이 자신을 사랑한다는 거야. 스스로 성장하기를 원하고 있다는 거지."

사랑과 성장, 도전과 용기, 억압과 공포는 사실상 자폐인들뿐 아니라 모든 사람들이 공통적으로 삶에서 어려움을 겪는 일이라는 점에서 연극 〈템플〉은 모든 사람들의 '성장'에 대해 이야기하게 된다. "모자란 게 아니라 다를 뿐이다"라는 열린 시각은 모든 사람들이 보편적으로 바라는 관점이다. 끝없이 경쟁하면서 정해진 틀에 갇혀 평가라는 굴레에 지속적으로 휘말리게 되는 사람들이 모두 함께 바라는 것은 '있는 그대로의 모습으로 괜찮다'는 생각 속에 자유로워지는 것이다.

템플 그랜딘의 TED 강연의 주장처럼, 세상은 다양한 사고를 가진 사람들을 필요로 한다. 모두가 같은 방식으로 살아갈 수만은 없으며, 누군가는 다른 방식으로 남들이 보지 못하는 것들을 찾아내야만 세상에 '개선'이 가능하기 때문이다. 그랜딘이 시각적 사고를 하는 덕분에 '소의 눈'으로 세상을 바라봄으로써 좀 더 인간적인 방식으로 소들의 고통을 최대한 줄여 줄 수 있는 가축 시설을 설계할 수 있었던 것처럼, '템플의 이야기'는 우리가 자폐인의 특성을 보다 잘 이해하고 그들의 고통을 덜어 줄 수 있는 보다 따뜻한 태도를 가질 수 있도록 만들어 준다.

신경학자인 올리버 색스(Oliver Sacks)는 1993년 템플 그랜딘을 처음 만났을 때를 떠올리면서 '마음 이론(Theory of Mind)'을 갖지 못한 자폐인에게서는 발견할 수 없을 것이라고 생각했던 '정신적 깊이'를 드러낸 그랜딘에게 충격을 받았다고 말한다. 공항으로 가는 차 안에서 그랜딘은 죽음으로 인해 삶 속에 함께했던 모든 생각들이 사라진다는 사실에 '슬픔'을 보인다. 그녀는 죽음 후에도 '의미 있는 삶'으로 기억되도록 세상에 무언가를 남기기 위해 최선을 다해 살겠다는 '의지'를 내보인다. 이는 버지니아 울프의 "세상의 아름다움에는 양날이 있다. 한쪽 날은 웃음이고 다른 쪽 날은 고통으로 심장을 둘로 갈라놓는다"는 말의 의미를 머리로는 이해하지만 어떤 감정인지 알 수 없다고 말하는 그랜딘에게서 발견하게 되는 놀라운 점이다. 템플이 지닌 '디테일에 주목하는' 자폐적 특징은 도축장에서 소의 죽음을 보면서 감정적인 고통을 느끼지는 못하지만 사라지는 것에 대한 존중과 사라지고 난 후의 세상에 대해 생각해 보게 되는 '깊이'를 선물하게 된다. 죽음에 대한 인식은 삶의 소중함을 각인시키고 무엇보다 '의미 있는 삶'이 되어야 할 필요성을 강조하게 된다.

연극 〈템플〉은 그랜딘이 대학을 졸업하게 될 때까지의 성장 과정만을 담고 있기 때문에 성인으로서의 삶에 대한 부분은 미국 가축 시설의 3분의 1을 설계한 '성공한 동물학자'에 대한 설명이나 그녀가 고안해 낸 '압박기'가 자폐인들의 촉각 방어의 장벽을 줄여 주는 데 사용되고 있음을 짧게 언급할 뿐이다. 하지만 70대 중반에 이른 그랜딘이 현재까지 보여 준 삶의 행보는 전 세계의 사람들에게 귀감이 될 만한 것이라 할 수 있다. 많은 사람들이 자폐증에 대한 올바른 인식을 할 수 있도록 자폐인을 위해 적극적인 노력을 다해 왔을 뿐 아니라 동물들을 위해 최대한 도움을 줄 수 있는 시설을 만들고, 60개가 넘는 논문과 여러 권의 책을 통해 세상에 지식을 보태기 위해 애써 왔다. 세상이 보다 나아질 수 있도록 자신이 가진 모든 능력을 사용하겠다는 템플 그랜딘은 말한다.

"손가락을 튕겨 한순간에 자폐인이 아닌 사람이 될 수 있다 할지라도 나는 그렇게 하지 않을 겁니다. 그건 내가 아니니까요. 자폐증은 내 존재의 일부입니다."

— 『나는 그림으로 생각한다』 중에서 —

'문'은 내가 있는 세상에서 또 다른 세상으로 나아가는 '경계'에 있다. 현재의 세상이 나를 억압하는 곳이라면 그 문은 '출구'가 될 것이다. 현재의 세상이 편안한 곳이라면 그 문은 변화를 향해 나아가는 '입구'가 될 것이다. 템플이 '계단'이 아니라 '문'을 자신의 상징으로 설정한 것은 그녀의 삶의 방식을 규정한다. 성공을 향해 오르는 것이 아닌 다른 세상으로의 변화, 탐험, 자유를 향해 '문'을 찾는 여정을 만들어 내기 때문이다. '문'은 새로운 세계로의 초대가 된다. 새로운 '문' 앞에 서 있는 우리에게 필요한 것은 초대에 응할 수 있는 용기, 누군가가 도움의 손길을 건넬 것이라는 확신, 반드시 다른 세상으로 향하는 또 다른 '문'을 찾아내겠다는 의지일 것이다. 템플은 오늘도 그 문을 향해 발걸음을 옮긴다. 그녀 자신이 다른 누군가에게 도움의 손길이 될 수 있도록, 그녀의 삶이 남긴 모든 자취가 영원히 기억될 수 있도록, 자신만의 문을 찾지 못한 많은 다른 자폐인들이 새로운 세상으로 향할 수 있도록 하기 위해서 말이다. 그녀는 노래한다. "걸어요. 걸어요. 희망을 품고서. 결코 넌 혼자가 아니야!"

모든 인간이 바라는 것은 같다. 앞으로의 삶에 대한 희망, 누군가의 응원과 지지, 혼자가 아니라는 위로와 격려, 그 어떤 고난에 쓰러져도 누군가의 손길이 결국 나를 일으켜 줄 것이라는 믿음과 확신, 우리 모두가 서로에게 그런 존재가 되어 주려는 마음을 잃지 않는다면, 템플이 바라고 기대하는 좀 더 나은 세상이 훨씬 더 가까이 다가와 주지 않을까?

* 본 글은 2020.10.02.~2020.10.11. 대학로 유니플렉스 1관에서 공연된 2020 웰컴씨어터의 연극 〈템플〉을 관람한 후 작성된 칼럼입니다.

폭력의 상황을 해부하기 위한 노력

🎭 연극 〈Everybody Wants Him Dead〉

　　1962년 첫 작품 〈교황의 결혼식(The Pope's Wedding)〉 이후 50년이 넘도록 '폭력'에 관한 극들을 끊임없이 발표해 온 영국의 극작가 에드워드 본드(Edward Bond)는 극작가가 폭력을 다룰 때 주의할 점은 폭력이 결코 해방이나 정화, 소비의 형태로 표출되지 않도록 하는 것이라고 강조한다. 그는 "정상적인 환경이라면 같은 종의 일원들은 서로에게 위협이 되지 않는다"면서 일반적으로 "열악한 상황에 갇히거나 억압에 노출되었을 경우에만 종의 행동이 타락하거나 퇴보함"을 주장한다. 인간이 폭력적인 행동을 보이게 될 때 그 근본 원인은 억압적 사회나 열악한 환경과 같은 구조적 문제에 자리한다는 것이다.

　　본드에 따르면, 불합리하고 불공정한 사회는 인간으로 하여금 불만을 복수의 형태로 표출하도록 만든다. 하지만 복수가 어디를 향해야 할지 정확히 모르는 사람들은 그저 타인을 향해 분노를 쏟아붓는다. 이러한 폭력은 무고한 희생자들을 낳고, 희생자들이 느끼는 불공정과 불합리는 다른 사람들에게로 전가된다. 반복되는 악순환은 인간에게 내재된 '폭력성'을 가정함으로써 '선'과 '악'을 가르고, 서로가 서로를 향해 비난하며 싸우도록 만든다. 결국 폭력이 발생하게 된 실질적이고 근본적인 원인은 점점 멀어지고, 끊임없이 반복적으로 폭력에 노출되며, 정확히 무엇이 잘못되었는지도 모르는 채 수정과 개선의 길에서 멀어진다. 사회는 점점 퇴보한다.

본드는 "극작가가 폭력의 상황을 해부하기 위한 소재"로 사용할 때, 사회 속에서 범죄가 발생하는 이유, 인간이 폭력을 저지르는 이유, 악으로 치닫게 되는 이유들을 근본적으로 보여 줄 수 있다고 생각한다. 그는 연극이 다루는 "폭력의 방출은 대단히 충격적"일 수 있지만 이러한 충격은 왜곡된 것들에 대한 제대로 된 이해와 사건을 바라보는 새로운 관점을 제시할 수 있기 때문에 현실의 '변화'를 가져올 수 있다고 말한다. 관객들이 폭력을 불편하고 충격적으로 느낀다면 단순히 그것을 외면하는 데 멈추는 것이 아니라 폭력을 멈출 방법을 찾아 현실을 개선하기 위한 노력을 할 것이라고 믿기 때문이다. 그는 말한다. "중요한 것은 폭력의 행위가 아니라 폭력이 가해지는 맥락이고, 폭력으로부터 도출되는 결과와 폭력이 보여 주게 되는 사회의 유형이다." 그는 또 이렇게 덧붙인다. "폭력에 대응하는 가장 합리적인 방식은 폭력을 야기한 상황의 조건들을 변화시키는 것이다. 그리고 그렇게 할 수 있는 유일한 방법은 희생자들인 우리 자신이 폭력의 근원을 인식하고 스스로를 교육해 잘못된 구조를 바꿔 나가는 것이다."

연극 〈Everybody Wants Him Dead〉는 어린아이들을 유괴해 장기 밀매와 끔찍한 살인을 저질러 온 연쇄 살인범 '싱페이'라는 인물을 두고 방송국 PD, 검사, 교도소장이 벌이는 라이브 스트리밍 방송을 소재로 한 폭력적이고 자극적인 작품이다. 2016년 〈Q〉라는 제목으로 국내에 초연된 연극 〈Everybody Wants Him Dead〉는 오프브로드웨이 (Off-Broadway)에서 연출가로 일하고 있는 요세프 케이(Yossef K)의 작품으로, 2014년에 이미 오프브로드웨이에서 쇼 케이스로 소개된 바 있다. 2016년 국내 최초로 공연 전막을 페이스북을 통해 생중계로 진행했던 연극 〈Everybody Wants Him Dead〉는 2019년 7월, 네이버 TV로 공연 실황을 생중계했다. 초연 때의 〈Q〉가 아닌 원작 제목 그대로 되돌아온 연극 〈Everybody Wants Him Dead〉는 폭력성과 자극적인 요소들을 좀 덜어 내고 약간의 구조적인 변화를 주었지만 여전히 관객들로부터 불편하고 충격적이며 폭력적이라는 평가를 받았다. 하지만 연극 〈Everybody Wants Him Dead〉의 폭력성과 잔혹성이 불편하게 느껴지는 것은 단순히 피와 살인, 광기, 탐욕이 난무하기 때문만은 아니다. 극이 잔혹한 사건을 중심으로 우리 사회의 깊숙한 곳에 자리하고 있던 불편한 사실들을 파헤치고 날카로운 질문들을 던지고 있기 때문이다.

4명의 등장인물들은 끊임없이 뉴스를 통해 맞닥뜨리게 되는 끔찍한 내면의 소유자들이며, 도저히 이해할 수 없는 괴물과 같은 사람들임에도, 악으로 치닫는 나름의 이유를 갖고 있다. 장기 매매를 위해 유괴되어 신체가 잔혹하게 훼손되고 흔적도 없이 살해된 아이들은 분명 무대 위에서만 발생하는 '허구적 사건'이다. 하지만 최근 몇 년간 뉴스를 도배해 온 실제 사건들과의 연계성이 존재한다는 점에서 현실이 아니라고 외면할 수 없는 두려움이 존재한다. 극은 충격적이고 비인간적이며 야만적인 범죄 행위를 중심으로 그러한 범죄가 발생하게 된 표면적인 이유 외에 그 주변에 도사리고 있는 보이지 않는 구조들을 파헤쳐 나간다. 범죄 스릴러의 형태로 '싱페이'가 실제로 범인인지,

왜 그러한 범죄를 저질렀는지, 범죄와 관련된 조직 혹은 배후가 있는 지와 같은 문제들에 대한 답을 찾아가는 과정 속에서 관객들은 각 인물들이 감추고 있는 비밀스러운 속내와 사회 구조의 문제점들을 하나씩 인식해 나가게 된다.

막이 열리면, 어둡고 핏자국들이 얼룩덜룩 묻어 있는 무대 위로 곳곳에 설치된 TV 스크린 화면들과 카메라들이 눈에 들어온다. 오른쪽 끝에 화장실 변기가 놓여 있고, 커다란 욕조가 비닐로 덮여 있다. 또, 비밀번호를 알아야만 밖으로 나갈 수 있는 디지털 잠금장치가 달린 문이 있다. 지하 벙커처럼 보이는 무대는 밀폐된 공간이지만 다양한 각도에 위치해 있는 카메라들이 라이브로 스크린과 연결되어 있음이 드러난다. 이러한 설정은 관객들로 하여금 실제 라이브 방송의 방청객이자 동시에 스크린을 통해 방송을 시청하는 시청자가 될 수 있도록 만든다. 무대 위의 인물들은 방청객들이나 관객들의 존재를 전혀 가정하고 있지 않기 때문에 송출되는 라이브 방송을 바라보는 시청자들만을 겨냥한 채 극이 진행된다. 관객들은 진실에 가까이 다가갈 수 있는 모든 구도를 확보한다. 관객들은 다각도의 카메라를 통해 강조되는 인물들의 가식적인 모습과 중간 광고가 송출되는 사이 드러나는 본 모습 사이의 괴리를 그대로 볼 수 있는 유일한 사람들이 된다. 뿐만 아니라 지하 벙커 안에 위치한 인물들끼리의 비밀스러운 대화나 벙커 밖 위층 무대에서 벌어지는 상황에 대해서도 속속들이 알 수 있다.

사실 라이브 쇼 방송의 구조를 활용해 인물들의 이중적인 실체와 사건의 전말을 파헤치는 극을 선보인 것이 〈Everybody Wants Him

Dead〉가 처음은 아니다. 2013년 스코틀랜드 비평가상을 수상한 영국 극작가 롭 드러먼드(Rob Drummond)의 〈퀴즈 쇼(Quiz Show)〉 역시 라이브 퀴즈 쇼 방송 형태로 극을 진행했다. 2012년 희대의 성범죄자임이 드러났던 BBC의 유명 방송 진행자 지미 새빌(Jimmy Savile)의 실제 사건을 다루었던 〈퀴즈 쇼〉의 경우, 1막에서 실제 라이브 퀴즈 쇼가 진행되고 퀴즈 쇼 참가자 중 하나가 라이브 방송 중 앵커를 향해 총을 발사하는 폭력의 상황이 전개된다. 2막과 3막이 진행되면서 다소 초현실주의적인 방향으로 흐르며 무대 위 인물들이 숨기고 있던 진실들이 하나씩 밝혀진다는 점에서 차이가 있지만, 관객들이 실제 라이브 퀴즈 쇼 방송의 방청객으로 앉아 있는 듯 느끼며, 방송이 중단되고 광고가 나가는 사이 실제 인질극과 총격의 순간을 모두 목격하게 된다는 점은 유사성을 보인다. 하지만 진실이 무엇이었는가를 밝혀나가는 것보다는 사회의 모순된 구조와 감정, 인간의 이중적 실체, 거대한 자본과 권력의 힘이 드리운 어두운 그늘과 같은 보다 근본적인 사회의 문제점을 파고든다는 데 연극 〈Everybody Wants Him Dead〉의 차별점이 존재한다.

연쇄 살인범 싱페이는 강력 범죄에 대한 사형을 외치는 여론과 집회에도 불구하고 증거 불충분으로 풀려날 상황에 이른다. 한편, 사회 폭로 프로그램 하나로 정권조차 바꾼 전력이 있는 유명 PD는 아무도 상상치 못한 라이브 스트리밍 방송을 기획한다. 그는 교도소장에게 뇌물을 주고 싱페이를 아무도 모르게 지하 벙커로 데려오도록 만든다. 사진 몇 장 찍는 줄 알고 싱페이를 데려왔던 교도소장은 막상 PD가 전 국민을 상대로 싱페이를 주인공으로 하는 라이브 방송을 기획하고 있음을 알게 되자 더 많은 돈을 요구한다. 수백 명의 아이들을 유괴해 장기를 적출하고 살해한 범죄자가 아직 살아 있는 아이들의 소재지를 알고 있을지 모를 상황에 돈만 요구하는 교도소장의 모습은 관객들을 아연실색하도록 만든다. 변기 위에 앉아서 "이 사건이 나랑 무슨 상관이야?"라고 묻던 교도소장은 자신이 싱페이를 데리고 가 버리면 촬영을 할 수 없다는 사실을 들먹이며 협상에 들어간다. 3억이라는 돈을 받게 되었다면서 좋아서 낄낄거리는 교도소장을 향해 PD가 비아냥거리며 말한다. "그런데 소장님 그거 알아요? 진짜 개새끼다!" 그가 조소하며 답한다. "누구보고 개새끼라는 거야?"

잠시 후 검사가 등장한다. PD는 엉망이 되어 버린 검사의 경력을 회복시켜 줄 뿐 아니라 화려하게 법조계로 복귀할 수 있도록 도와주겠다고 말한다. 최연소 사법 고시를 패스한 천재 검사로 불렸지만 헤로인과 코카인 등 마약 중독으로 인해 검찰에서 축출된 것으로 보이는 전직 검사는 연예인 사건이 국민들의 관심을 덮자 은근슬쩍 망각 속으로 도망쳐 버렸다. "희대의 살인범, 전 국민이 사형시키고 싶어 하는 살인마"를 취조할 기회를 제공해 국민 영웅으로 만들어 주겠다는 PD의 제안에 검사는 "적법한 절차가 아니라"며 거절하지만 이내 자신이 재기할 수 있는 기회를 받아들인다. 이때 지하 벙커 위층에 있던 교도소장이 아내의 전화를 받는다. 아내는 딸이 싱페이의 장기 매매 조직에게 납치되었으며 목소리를 확인했다고 울먹인다. 교도소장이 아내에게 "절대 경찰에게 신고하지 말 것"을 신신당부하고 싱페이와 대화를 하기 위해 벙커로 내려간 순간 실시간 라이브 방송이 시작된다. PD는 리얼 다큐 프로그램을 통해 전 국민에게 싱페이의 얼굴을 공개함과 더불어 모든 궁금증을 밝혀내겠다고 말하지만 자루를 뒤집어 쓴 채 수갑을 찬 싱페이가 등장하자 광고가 송출된다. 이제 연극은 자신의 딸을 구하려는 '교도소장'과 방송을 통해 이미지를 쇄신하고 재기에 성공하려는 '검사', 자신이 아이들을 살해하던 장소에 끌려온 것을 알고 빠져나가려고 애쓰는 '싱페이', 라이브 방송을 이어 나가려는 'PD'와의 관계와 각자의 속내가 얽히면서 끔찍한 진실들을 한 꺼풀씩 펼쳐 내기 시작한다.

딸의 소재를 당장 파악해야 하는 교도소장의 절실함은 그가 싱페이의 요구대로 뭐든 다 할 수밖에 없는 상황에 이르도록 만든다. 처음에는 전혀 모르는 일이라고 딱 잡아떼던 싱페이는 갑자기 섬뜩한 게임 조건을 내걸고, 관객들은 그가 정말로 범죄 조직과 연계된 살인범일지 모른다는 확신을 품게 된다. 또, 카메라 앞에 섰을 때와 카메라가 꺼졌을 때 사이에 엄청난 괴리를 보이는 검사는 방송의 신뢰성에 대해 의문을 품도록 만든다. 그는 살인마인 싱페이를 향해 분노를 참을 수 없다는 듯 거칠게 달려들다가도 카메라가 꺼지면 흥분해서 미안하다고 말하는 역겨운 모습을 보인다. 싱페이가 맞는 장면이 방송에 나가거나 미국 서부 민요인 '오! 나의 사랑, 클레멘타인(Oh My Darling, Clementine)'의 특정 부분에 이르게 되면 딸이 죽게 된다고 믿는 교도소장은 혼비백산해 검사의 취조 행위와 방송을 방해한다. PD는 돈까지 충분히 받아 챙긴 교도소장이 갑자기 미친 사람처럼 구는 이유를 이해하지 못해 그를 다그친다. 이제 극은 PD, 검사, 교도소장이 각자 싱페이와 단둘이 벙커에 남겨질 때와 싱페이가 아닌 다른 인물들과 벙커 위층 공간에 있게 될 때를 비추며 폐부 깊숙이 감추어진 그들의 민낯을 노출하기 시작한다.

검사는 싱페이에게 장기를 구매한 정치권 인사들의 이름이 적힌 비밀 장부를 요구한다. 대기업이 연루된 장기 매매업과 정치권 인사들의 비리, 유착 관계를 숨기기 위해 연쇄 살인범을 증거 불충분으로 풀어 주려는 큰손들의 움직임까지, 검사의 입을 통해 쏟아지는 검은 속내는 썩어 빠진 사회를 대변한다. 검사는 정치권의 살생부를 손에 넣고 국가의 최고 위치에 올라 모든 권력을 쥐고 흔들 망상에 빠져 있고, 싱페이에게 장부만 넘긴다면 억울한 누명을 쓴 피해자로 만들어 주겠다고 제안한다. 반면, 교도소장의 이상 행동을 수상히 여긴 PD는 소장을 닦달하는 과정에서 결국 그의 딸이 납치되었다는 사실을 알게 된다. 검사는 소장의 딸은 이미 죽었을 거라면서 "마음먹기에 따라 세상이 달리 보이는 법"이라고 외면하고, PD는 어렵겠지만 딸을 포기하라면서 장애가 있는 딸에게서 도망치고 싶어 했던 교도소장의 비밀스런 속내를 폭로한다.

> "내가 무언가를 간절히 원할수록 누군가는 그것 때문에 괴로운 거야. 그게 신이 내린 저주야. 알겠어? (…) 선택해!"

사실 연극 〈Everybody Wants Him Dead〉가 던지는 가장 큰 질문 중 하나가 바로 이것이다. 내가 간절히 원하는 것을 갖기 위해 반드시 다른 사람을 희생시켜야 한다면, 인간은 어떤 선택을 할까? 장기 이식을 받아야 하는 내 아이가 장기의 출처를 묻지 않고 돈만 내면 수술을 받아 살 수 있다면, 우리는 어떤 선택을 하게 될까? 누군가는 철저한 응징과 복수를 위해 다른 이의 간절함을 외면하고, 또 누군가는 권력욕에 눈이 멀어 다른 이의 죽음을 방치하며, 또 다른 누군가는 자신의 가족이 인질로 잡혀 있다는 이유로 다른 가족의 아이들을 살해한다. 늘 곁에 있을 거라 여겼기에 때로는 부담으로 무겁게 느꼈던 아이들이 사라지고 나서야 부모는 자신의 무관심을 되돌아본다. 끔찍한 범죄가 끊임없이 발생하는 사회에 엄중한 처벌과 공정한 수사를 외치고 정의의 실행을 요구하지만 내 일이 아니라는 안일함에 무심한 태도로 일관한다. 순간적인 분노의 감정은 언론에 의해 쉽게 부채질되었다가 사그라지고 진심으로 상황을 심각하게 받아들이지 않는다. 끔찍한 살인범에게 분노하다가도 광고가 나가는 사이 "저거 사야겠다"라고 생각하게 되는 인간의 산만함, 죽어 가는 누군가에게 장기를 구해 줄 수 있기 때문에 "나도 착한 사람"이라고 주장하는 자기기만, 진실과 정의가 아닌 감정이 지배하는 듯 보이는 사회, 그 속에서 각자의 정당성을 주장하며 자신이 원하는 것만을 쫓는 광기 어린 사람들….

사실상 극이 파헤치고 있는 것은 싱페이가 실제 연쇄 살인범인지 아닌지, PD가 라이브 방송을 기획한 진짜 의도가 무엇인지, 교도소장의 딸이 납치된 것이 사실인지 아닌지의 여부가 아니다. PD의 말처럼, "어떻게 이런 사이코패스가 생겨난 건지, 미치지 않고서야 어떻게 그런 짓을 저지를 수 있는지, 어떻게 해야 그런 놈이 나오지 않을 수 있는지 한 번쯤 생각해 보도록" 만들기 위함이다. 이 때문에 "세상이 미친 건지, 내가 미친 건지"의 질문은 개인의 악함이 아니라 사회의 구조적 문제를 겨냥한다. 이기심과 탐욕이 결합된 돈과 권력이 은폐하는 범죄, 자신만의 정의를 위해 다른 이를 가차 없이 희생시키는 인간의 냉혹함, 진실을 알려 준다면서 사실상 다른 목적을 겨냥하는 방송과 언론의 위선, 무엇보다 변화를 간절히 바라지만 쉽게 흔들리고 명확한 목소리를 지속적으로 내지 못하는 대중의 가벼움…. 연극 〈Everybody Wants Him Dead〉가 불편한 것은 단지 극이 끔찍한 범죄와 폭력, 살인을 다루고 있기 때문만이 아니라, 피하고 싶은 진실, 인정하고 싶지 않은 현실, 감춰진 이기심과 무관심, 그것을 지적하고 있기 때문 아닐까?

* 본 글은 2019.07.09.~2019.09.29. 드림아트센터 1관에서 공연된 연극 〈Everybody wants him dead〉를 관람한 후 작성된 칼럼입니다.

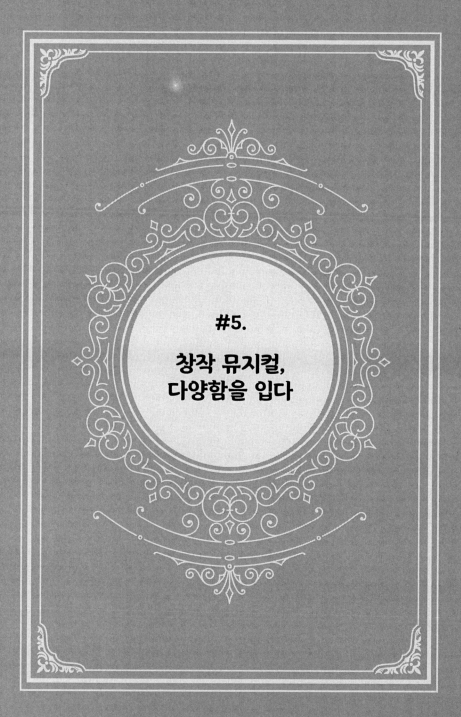

#5.

창작 뮤지컬,
다양함을 입다

'고독함의 해방'을 통해 완성된 '희망'

🎭 뮤지컬 〈호프 : 읽히지 않은 책과 읽히지 않은 인생〉

'희망'을 무엇이라 정의하면 좋을까? 에밀리 디킨슨(Emily Dickinson)은 "희망은 결코 멈추지 않을 날개 달린 무언가"라고 말했고, 알렉산더 포프(Alexander Pope)는 "희망은 인간의 가슴 속에 영원히 피어나는 것"이라고 말했다. 그리스 신화 속에서 '희망'은 우리가 익히 알고 있듯 호기심 가득한 판도라(Pandora)가 제우스(Zeus)가 모든 '악'을 가둬 놓은 상자를 열어 보는 바람에 인간을 불행하게 만드는 모든 탐욕과 증오, 불신, 슬픔, 분노, 절망과 같은 것들이 빠져나오고 난 뒤 유일하게 남겨진 '치유의 정신'이라 할 수 있다. 사람들은 '희망'을 고통을 견딜 수 있도록 만드는 힘, 혹은 거친 세상을 헤쳐 나가기 위해 우리가 반드시 품어야 할 정신으로 인식한다.

존 에이토(John Ayto)가 편찬한 『언어 기원 사전(Dictionary of Word Origins)』에 따르면, 북독일의 한 지역에서 시작된 것으로 보이는 '희망'이라는 단어는 인류가 언어를 사용하기 시작했던 초기부터 존재했다. 'hop(깡충 뛰다)'이란 단어에서 'hope(희망)'이 생겨났다는 주장에 의하면, 희망은 "절망으로부터 안전한 곳으로 뛰어오르다"라는 뜻을 담고 있다. 또 다른 학자에 의하면, '희망'을 외치던 사람들이 언제나 '안식처(refuge)' 혹은 '집(home)'을 갈망했다는 점에서 '희망'이라는 단어에는 이미 "절망의 분위기"가 포함되어 있다. 그럼에도 불구하고 '희망'은 어떤 신뢰와 확신을 가지고 더 나아질 것이란 기대를 품은 채 뛰어드는 것, 즉 '빛'으로 보이는 무언가를 향해 끊임없이 나아가는 인간의 '기대' 혹은 '미래를 건설하는 힘'이라 할 수 있을 것이다.

삶에서 소중한 무언가를 잃어 본 적 없는 사람들은 "붙들고 살 무언가가 필요하다"는 말의 무게를 알지 못한다. 잃어버린 것이 소유했던 물건이나 성취가 아니라 나 자신 혹은 내 삶의 일부가 될 때 사람들은 그것을 대체할 무언가가 없이는 더 이상 살아갈 수 없는 '간절함'을 경험한다. 간절함은 집착을 낳고 집착은 오히려 자신을 해하지만 그것만이 유일한 '희망'이자 '위로'인 사람들에게 '붙들고 살 무언가'는 필연이다. 기나긴 삶의 터널 속에서 예외 없이 무언가를 잃게 되는 순간이 찾아올 때 사람들은 그제야 깨닫는다. 자신을 붙들어 줄 무언가를, 나를 구원해 줄 누군가를 간절하게 바라는 사람들이 절망과 암흑을 물리쳐 줄 '희망'을 품는다는 것이 어떤 마음인지, 그러한 '희망'을 놓지 못하는 삶이 어떤 삶인지, 그제야 사람들은 인식한다. 결코 실현될 수 없는 헛된 꿈이라 할지라도, 물거품처럼 사라지게 될 허망한 환영이라 할지라도 그것이 '빛'으로 느껴진다면, 그것만이 그들을 살게 하고, 고통을 견디게 한다는 것을 사람들은 그제야 온 마음으로, 온몸으로 경험한다.

창작 뮤지컬 〈HOPE : 읽히지 않은 책과 읽히지 않은 삶〉은 30년 동안 고집스럽게 유명 작가의 '원고'를 지켜 온 78세 노인의 희망과 집착에 관한 이야기이다. 2017년 '아르코-한예종 뮤지컬창작아카데미'의 작품 개발 과정을 거쳐 2018년 '공연 예술 창작 산실 올해의 신작'으로 선정된 뮤지컬 〈HOPE〉는 2019년 1월에 초연되었다. "한 권의 책은 우리 안의 얼어붙은 바다를 부수는 도끼처럼 충격을 줄 수 있어야 한다"고 말했던 작가 프란츠 카프카(Franz Kafka)의 '미발표 원고 소송'이라는 실제 사건을 소재로 상상력을 발휘해 완성된 작품인 뮤지컬 〈HOPE〉는 대본을 맡은 강남 작가가 2011년 우연히 보게 된 기사가 '출발점'이었다고 한다. 강남 작가는 프로그램북의 인터뷰에서 "까마귀 같은 행색에 고양이 털이 수북이 날리는 코트를 입고 있는 여인"을 기사로 접하게 된 순간 "저 사람에게 원고는 무엇일까, 저 코트 안에 숨겨진 진짜 모습은 무엇일까 궁금해졌다"면서, '읽는 것은 곧 혁명'이라는 사사키 아타루의 말처럼, 주인공 호프가 "자신을 '읽게' 됨으로써 자기 안의 '혁명'을 이루는 이야기가 되길 바랐다"고 덧붙였다.

인간 존재의 불안과 부조리를 파헤치는 날카로운 통찰력의 소유자, 꿈과 내면세계를 초현실적으로 기술하는 '비현실 세계'를 통해 오히려 '현실'을 더 강렬하게 인식하도록 만들었던 작가 카프카는 체코의 프라하에서 태어났지만 독일어로 교육받고 독일어로 글을 썼던 유대인이었다. 평생 체코에도, 이스라엘에도, 독일에도 완전히 속할 수 없었던 탓에 소외와 혼란을 겪었던 카프카는 "문학, 그 외에는 아무것도 아닌 사람"으로 자신을 규정하면서도 원치 않는 보험 공사 변호사로서의 삶을 이어 가야 했던 무명의 작가였다. 자신처럼 고통받는 누군가를 위해 끊임없이 밤을 새워 글을 쓰면서도 "자신의 절망감이 상태를 더 악화시키지 않도록 하기 위해" 모든 글을 태워 달라고 유언했던 카프카의 실존적 고뇌는 마치 그의 '유작 원고'에게 그대로 적용되기라도 한 듯 2009년 이스라엘 국립 도서관과 에바 호프(Eva Hoffe) 사이의 '소유권 분쟁'은 세계의 주목을 받게 된다.

카프카의 친구였던 막스 브로트(Max Brod)는 자신의 '원고'를 모두 불태워 달라는 카프카의 유언을 어기고, 1924년 카프카의 사후부터 그의 유작들을 보관하게 된다. 1939년 나치의 침공을 피해 팔레스타인으로 이주한 브로트는 '독일어 문학'이라 할 수 있는 그의 작품들이 제대로 인정받을 수 있을 기회를 엿보며 작품들을 편집해 세상에 발표한다. 1968년 브로트는 카프카의 미발표 원고들을 자신의 비서였던 에스더 호프(Esther Hoffe)에게 맡기며 "이스라엘 국립 도서관이나 해외의 도서관에 기증할 것"을 지시한다. 하지만 에스더는 2007년 사망할 당시까지 원고들을 간직했으며, 그녀의 사후 두 딸들에게 소유권이 이전된다.

브로트가 사망한 지 5년째 되던 해인 1973년에 이미 에스더를 상대로 '원고 소유권'에 대한 소송을 제기했다 패소한 이스라엘 국립 도서관(the National Library of Israel)이 에스더가 사망한 2007년, 또다시 텔아비브 가정 법원에 소장을 접수한다. 2008년 재개된 소송은 2016년 8월 대법원 판결을 통해 이스라엘 국립 도서관 측의 승소로 끝날 때까지 8년간 이어졌고, 긴 법정 싸움 속에 2012년 에스더의 큰딸 루스(Ruth)가 사망하고, 작은딸 에바는 전 세계의 엄청난 비난에 홀로 맞서게 된다. 언론들이 보도한 수십 마리의 고양이를 혼자 기르며 은둔하는 "기이한 고양이 여인(an eccentric cat-lady)" 에바의 암울한 이미지는 '거짓'에 가까웠고, 그 어디에서도 한때 취리히에서 음악학을 공부했으며, 30년 동안 엘알 이스라엘 항공(El Al Israel Airlines)에서 근무하다 퇴직 후 연로한 어머니를 모시기 위해 스피노자 거리의 작은 아파트로 옮겨 간 성실한 독신 여성의 모습은 찾아볼 수 없었다.

2018년에 출간된 벤자민 발린트(Benjamin Balint)의 『카프카의 마지막 소송(Kafka's Last Trial)』에 따르면, 에바에게 브로트는 '제2의 아버지'와 다름없는 인물이었으며, 카프카의 미발표 원고를 둘러싼 소송은 독일어로 된 문학 작품을 국유화하려는 독일과 유대인 출신인 카프카라는 작가를 독일에 빼앗길 수 없는 이스라엘의 거대한 이해관계와 힘이 얽혀 있는 사건이었다. 사실 당시 호프 가족이 소유하고 있던 카프카의 원고들은 이미 90년이 넘는 시간 속에 훼손의 가능성이 높아 이스라엘과 스위스의 안전 금고에 보관되어 있었고, 이스라엘 국립 도서관이 소장을 접수하기 전 마르바흐 독일 문학 아카이브(the German Literature Archive in Marbach) 측으로부터 학문적 연구를 위한 접촉이 있던 터였다. 이스라엘 도서관이 소유하게 될 경우 독일 문학으로의 제대로 된 연구가 어렵고, 독일 문학 아카이브로 이전될 경우 유대인을 핍박한 국가에 유대인 출신 작가를 빼앗기는 결과를 낳게 되는 두 나라의 갈등 속에 놓인 원고의 실존적 위치는 카프카가 생전 당시 느꼈던 실존적 고뇌와 크게 다르지 않았다.

뮤지컬 〈HOPE〉는 이러한 복잡한 이해관계와는 무관하게 전혀 새로운 방식으로 주인공 '에바 호프'의 삶을 구현한다. 작가의 상상력은 비록 에바에 관한 왜곡된 언론의 이미지에서 출발했지만 그로 인해 전쟁 속에 고통받고 배신당하며, 상처 입고 지쳐 자신을 동굴 속 깊은 곳에 가둔 78세의 늙고 초라한 여인을 창조할 수 있게 된다. 카프카의 원고는 현대 문학의 거장으로 설정된 '요제프 클라인의 원고'로 변경되고, 카프카의 친구 막스 브로트는 요제프의 원고를 나치에게 빼앗기지 않기 위해 마리에게 맡기는 '베르트'로, 에바의 엄마는 베르트를 홀로 외롭게 사랑하며 평생 원고를 품속에 넣고 지키는 '마리'라는 이름의 여인으로 변경된다. 또한, 원고를 향한 맹목적인 집착을 견딜 수 없어 하며 "절대 엄마와 똑같은 삶을 살지 않겠다"고 선언했던 호프가 엄마가 죽고 난 뒤 되돌아온 허름한 텐트에서 여전히 원고를 불태우지 못한 채 78세 노인이 될 때까지 살게 된 이유를 설명하기 위해, 원고를 의인화한 인물 'K'를 설정한다. 산발한 흰머리에 누더기처럼 낡아 빠진 옷을 아무렇게나 걸쳐 입은 "까마귀" 같은 노인 '호프'와는 대조적으로 말끔한 흰색 정장에 흰색 구두를 신고 젊음을 유지하고 있는 원고 'K'는 마치 할머니와 손자처럼, 친구처럼, 연인처럼 서로 대화를 나눈다. 오직 호프의 눈에만 보일 뿐 법정에 있는 그 누구에게도 보이지 않는 'K'는 외면적으로 진행되는 원고의 소유권을 둘러싼 재판 내용과는 별개로 70년이 넘는 세월을 거스르는 호프의 '과거로의 여행'을 이끌어 나간다. 관객들 앞에 펼쳐진 무대는 텔아비브 대법원의 법정이지만 그들이 듣게 되는 이야기는 그 어떤 이유로도 '원고'를 빼앗길 수 없다고 외치는 늙은 여인의 슬프고도 가슴 아픈 사연이다.

그 누구도 듣지 못했던 사연, 그 누구도 들여다보지 않으려 했던 이야기, 심지어 자신조차 묻어 버리고 외면하려 했던 진실…. 진실은 많은 사람들의 가슴에 아프게 울린다. 진실은 실수와 아픔, 고통과 슬픔, 후회와 회환, 죄의식과 비난으로 점철되어 있고, 벗어날 수 없는 책임의 무게를 무겁게 인식한다. 추운 겨울날 집을 떠나야 했던 나그네는 눈이 깊어져만 가는 숲속에서 돌아올 길을 잃어버린 채 하염없이 그대로 서 있다. 가야만 하는데, 어디론가 발을 떼어야만 하는데, 춥고 배고프고 외롭고 무서워 집으로 돌아가고픈 '희망'만이 머릿속에 가득한데, 무엇에 매였는지 좀처럼 움직일 수가 없다. 집은 점점 희미해져만 가고 눈 속에 갇힌 나그네는 더 이상 자신의 집이 어느 쪽인지, 어떻게 가야 하는지 길을 찾을 수 없게 된다. 강남 작가는 로버트 프로스트(Robert Frost)의 시 〈눈 내리는 저녁 숲가에 멈춰 서서(Stopping by Woods on a Snowy Evening)〉를 떠올리게 하는 서사를 덧붙인다.

세상에 발표되어 읽히기를 원하는 원고이자 동굴 속에 자신을 가두고 사는 여인 호프의 또 다른 자아 'K'는 우리 모두의 '삶'이자 '희망'이라 할 수 있다. 세상에 절망을 이길 힘을 더하고 공감으로 '위로'를 받고 싶었던 작가 '요제프의 희망', 자신은 도저히 가질 수 없는 재능으로 밝게 빛나는 원고를 세상에 내놓아 그 '공로'를 인정받고 싶었던 친구 '베르트의 희망', 언젠가는 원고를 바라보던 그 빛나는 눈으로 자신을 보아 줄 거라 믿었던 '사랑'을 향한 여인 '마리의 희망', 그리고 최소한 원고를 품고 있으면 버려진 삶에 딱 하나 그것만이라도 '소유'할 수 있다고 믿으며 '안정'을 추구했던 '호프의 슬픈 희망'….

삶은 읽히기를 원하고 이해받기를 바라며, 공감되고 앞으로 나아가기를 갈망하지만 '두려움' 앞에 멈춰 선다. 희망은 간절하며 세상에 실현되기를, 다른 누군가와 공유되기를 바라지만 '실패'라는 그림자에 두 발이 묶인다. 그림자는 어둡고, 춥고, 무섭기에 우리는 그 속으로 선뜻 발을 들여놓지 못한다. 그림자를 걷어내고 햇빛 속으로 성큼 나서기 위해 필요한 것은 '용기'와 '따스함'이지만 아무것도 남은 게 없는 사람들에게 '용기'란 허망한 메아리와 같으며 '따스함'은 차마 기대할 수 없는 환상과 같다.

리베카 솔닛(Rebecca Solnit)은 『멀고도 가까운』에서 "책은 고독함, 그 안에서 우리가 만나는 고독함"이며, 글을 쓴다는 것은 "누구에게도 할 수 없는 말을 아무에게도 하지 않으면서 모두에게 하는 행위"라고 말했다. '원고의 소유권'이 누구에게 있는지는 중요치 않다. 원고가 어디에 있는지도 중요치 않다. 그것이 사람들에게 읽힐 것인지, 사람들이 그 원고를 있는 그대로 받아들여 줄 것인지, 그것이 다른 이의 삶을 밝혀 줄 수 있을 것인지, 그 자신의 삶을 해방할 수 있을 것인지, 그것이 더 중요할 뿐이다. '원고'를 둘러싼 재판 한가운데 자신을 세워 놓고, 자신을 둘러싼 껍질을 한 꺼풀씩 벗어 놓으며 스스로를 재판하는 호프의 모습이 가슴 아픈 것은, 그녀의 삶 속에 '나' 또한 자리하기 때문이다. 솔닛은 "누군가의 행동의 뿌리에는 다른 인물이나 역사의 힘이 작용했을" 가능성을 배제할 수 없고, "그런 식의 논리적 연결에 끝이 없기" 때문에 자신의 삶과 마주하는 일은 어렵고 힘들지만 "자신을 모른다는 것은 위험하다"고 말한다. "자아라는 것 역시 만들어지는 것"이며, 무언가가 되어 가는 그 끝없는 과정에 종말이 온다 할지라도 "그 과정의 결과는 계속 살아남을 것"이기 때문이다.

원고의 해방은 곧 '고독함의 해방'이다. 호프의 고독함의 해방은 삶을 구성하는 가장 기본적인 생활인 '일상'을 향해 걷는 첫걸음에서 시작된다. 나를 가두었던 '텐트'라는 공간에서 벗어나 바깥세상인 '사회'로 떠나는 새로운 항해의 시작에는 '용기'가 필요하다. 어쩌면 그것은 집으로의 '회귀'가 아니라 자신의 집의 문을 활짝 열어젖히는 '초대'의 행위인지도 모른다. 그녀가 돌아가야 할 '집'은 언제나 그녀의 '마음'속에 있었고, 그 문을 걸어 잠그는 것도, 모두에게 열어 보이는 것도 모두 자신의 선택이기 때문이다. 이제 '호프'라는 집은 자신의 삶의 문을 활짝 열어젖히고 'K'라는 원고를 해방한다. "자유를 정면으로 지켜낼 용기가 없는 여자, 자기에 대한 혐오만 남은 여자, 외로운 절망 속에 자신을 밀어 넣고 방관하는 여자"인 호프는 또 한 해가 지나 일흔 아홉이 되면 다시 후회하게 될 자신의 '과거'에서 벗어나기 위해 자신을 연민하고 수용하기 위한 '발걸음'을 내딛는다.

> "잃은 적 없는 사람은 몰라. 전부를 잃고 남은 게 하나라면 내 자리를 빼앗고, 내 인생을 망쳐도, 그게 내 유일한 세상!"

호프는 자신의 삶을 지탱시켜 줄 '희망'으로 설정했던 모든 것들의 연쇄 반응 속에 갇혀 버린 자신의 '고통'을 들여다본다. 딸이 아닌 사랑하는 남자 베르트를 '희망'으로 붙들었던 마리의 집착이 호프에게 불러온 '상처', 언젠가는 엄마의 사랑이 자신에게 돌아올 거라 믿으며 엄마를 살리기 위해 다른 사람들을 '죽음'으로 몰아넣었던 호프의 '죄의식', 자신을 시궁창에서 구원해 줄 존재로 카렐에게 '희망'을 품었지만 배신당한 채 홀로 남겨진 호프의 '좌절감', "원고 없는 삶을 증명해 보이겠다"며 엄마를 외면한 채 길을 떠났던 호프의 '미안함'…. 때로 누군가의 '희망'이 다른 누군가에게 '고통'이 되기도 한다. 절망에서 피어나는 희망이 그만큼의 '절박함'을 품고 있기 때문이다. 절박함은 다른 이의 '희망'을 살피지 못하고, 다른 이의 삶에 '상처'를 남긴다.

뮤지컬 〈HOPE〉는 요제프 클라인의 '원고 소유권'에 대한 판결을 우리 자신의 '삶'에 대한 판결문으로 변경한다. 우리에게 주어진 재산은 '우리 자신'뿐이며, 우리의 삶은 "그 누구에게도 팔아넘길 수 없다." 우리는 자신을 잘 돌볼 '의무'를 가지고 있으며, 언제든 자신을 외면할 수 있지만 결국 자신에게 되돌아와야만 한다. 우리가 되돌아갈 수 있는 영원한 '집'은 우리 자신밖에 없기에….

누군가의 읽으려는 노력 없이 읽히는 삶은 없다. 이해하려는 노력이 있을 때, 들여다보려는 관심이 있을 때, 들어 주려는 마음이 있을 때, 기다려 주는 인내가 있을 때, 그제야 삶은 읽힐 '기회'를 찾을 수 있다. 모두의 삶이 읽히기 위해 우리에게 필요한 것은 누구의 삶이든 허투루 지나치지 않는 '세심함'이다. 희망을 품었으나 절망 속에 자신을 가둔 여인 '호프'의 삶이 고립이 아닌 '초대'를 향할 때, 우리 모두의 삶 또한 '희망'을 발견하게 되는 것 아닐까? 뮤지컬 〈HOPE〉가 우리에게 남기는 '희망'은 호프의 이야기가 더 이상 그녀에게 갇히지 않고 관객들에게 전해져 더 많은 '호프'들을 해방할 수 있을 거란 '기대'일 것이다.

* 본 글은 2019.03.28.~2019.05.26. 두산아트센터 연강홀에서 뮤지컬 〈호프 : 읽히지 않은 책과 읽히지 않은 인생〉을 관람한 후 작성된 칼럼입니다.

원작과 각색 사이에 존재하는
의미의 '틈'

🎭 뮤지컬 〈웃는 남자〉

프랑스의 가장 위대한 소설가이자 극작가, 시인, 정치가인 빅토르 위고는 1848년 제2공화정 대통령으로 선출되었던 루이 나폴레옹 (Louis Napoléon Bonaparte)이 1851년 쿠데타를 일으키고 황제에 즉위 하려 하자 이에 반대하는 정치적 메시지들을 쏟아 내기 시작했다. 프 랑스 대혁명(1789)의 자유, 평등, 박애 정신을 고수하는 민주주의만이 계몽주의 시대에 가장 적합한 사회적 이상이라 부르짖던 위고가 제정 에 반대하는 것은 당연한 일이었다. 정치적 탄압을 피해 망명의 길에 올랐던 위고는 1870년 파리로 되돌아올 때까지 19년 동안 『레미제라 블(Les Misérables)』을 포함한 대작들을 끊임없이 쏟아 냈다. 망명 15년 에 접어들던 1866년 위고는 자신의 정치적 삶과 문학적 주제들을 모 두 아우르는 3부작 시리즈를 집필하기로 결심하고, 1869년 『웃는 남 자(L'Homme Qui Rit)』를 출판했다. 하지만 개인적 삶의 역사와 철학, 정 치적 이상과 꿈, 욕망과 죽음, 후회와 성찰까지 위고 스스로 "지금까 지 내가 쓴 그 어떤 책보다도 위대한 작품"이라고 평가했던 『웃는 남 자』는 방대한 분량과 지나치게 과도한 설정, 무리한 사건 전환으로 인 해 비평가들과 독자들의 혹독한 비난을 받았고, "최고의 실패작"으로 여겨졌다.

귀족과 군주, 혁명에 관한 정치 소설 3부작을 완성하는 것이 목표였던 위고는 『웃는 남자』의 서문에 "이 책의 진정한 제목은 『귀족(Aristocracy)』이며, 다음 책은 『군주제(Monarchy)』가 될 것이고, 마지막 책은 『93년(Ninety-Three)』이 될 것이다"라고 밝혔다. 실제로 그는 1873년에 3부작의 마지막에 해당하는 프랑스 대혁명기의 방데 전쟁(1793-1801)을 다룬 소설 『93년』을 출판했지만 끝내 두 번째 책은 완성하지 못한 채 세상을 떠났다. 누구보다 인간에 대한 사랑과 연민이 가득했던 작가, 민중의 계도를 통해 세상을 바꿀 수 있다고 믿었던 이상주의자 위고는 오랜 망명 생활 동안 자신이 보고 듣고 느꼈던 많은 것들을 『웃는 남자』 속에 쏟아부었고, '그윈플렌(Gwynplaine)'이라는 인물을 창조함으로써 잔혹하고 동정심이 부족한 귀족들에게 착취당하는 빈민들이 분노할 수밖에 없는 사회의 현실을 낱낱이 드러냈다. "부자들의 낙원은 가난한 자들의 지옥으로 만들어진 것"이라는 그윈플렌의 평가는 자신들의 이익을 위해 약자들을 함부로 희생시키는 왕과 귀족들이 지배하는 사회의 문제점을 한마디로 축약한 것이었다.

2018년 7월, 위고의 원작을 각색한 창작 뮤지컬 〈웃는 남자〉가 첫선을 보였다. 뮤지컬 〈지킬 앤 하이드〉와 〈몬테 크리스토〉등으로 유명한 작곡가 프랭크 와일드혼(Frank Wildhorn)과 로버트 요한슨(Robert Johanson) 연출의 작품이라는 기대감으로 관심을 모았던 뮤지컬 〈웃는 남자〉는 5년의 제작 기간을 거쳤을 뿐 아니라 175억 원의 투자가 이루어진 작품이다. "부자들의 낙원은 가난한 자들의 지옥으로 만들어진 것이다"라는 그윈플렌의 문장을 전면에 내세운 뮤지컬 〈웃는 남자〉는 상위 1%에게 '웃음'을 선사하기 위해 잔혹한 방식으로 '웃는 얼굴'이 될 수밖에 없었던 광대의 이야기를 화려한 무대와 캐스팅으로 선보였다. 와일드혼은 작곡과 관련한 인터뷰에서 비행기 안에서 요한슨의 권유로 장 피에르 아메리스(Jean-Pierre Améris) 감독의 프랑스 영화 〈웃는 남자(2012)〉를 보게 되었고, 영화에 매료된 나머지 3번을 반복해서 보다 결국 펜을 들어 작곡을 시작했다고 밝혔다. 흥미로운 점은 그가 이토록 감명을 받은 영화가 사실은 지나친 각색으로 인해 비난에 직면했던 작품이라는 것이다. 위고의 소설 『웃는 남자』는 1928년 폴 레니(Paul Leni) 감독의 무성 영화를 비롯해 1940년 DC코믹스의 만화 〈배트맨(Batman #1)〉의 악당 조커(The Joker), 2013년 데이비드 하인(David Hine)의 그래픽 노블(graphic novel), 그리고 2016년 칼 그로즈(Carl Grose) 각색의 뮤지컬 〈웃는 남자(The Grinning Man)〉에 이르기까지 많은 예술가들에게 영감을 불어넣었다. 하지만 정작 "시대의 거울"이라 불리는 원작이 담고 있는 방대한 철학과 사유를 살려 내기에는 상당한 어려움이 존재해 왔다.

창작 뮤지컬 〈웃는 남자〉에도 역시 각색이 반영되었다. 연출과 대본을 맡은 요한슨은 어떻게 작품을 구상하게 되었냐는 질문에 "기형의 모습을 한 청년과 앞을 보지 못하는 소녀의 사랑 이야기"는 관객들에게 울림을 낳기에 충분했고, 주제 또한 "현실을 보지 않으려는 상위 1% 사람들의 책임"에 대해 말하고 있다는 점에서, 현시대에도 공감을 불러올 수 있을 것이라는 기대가 있었다고 말했다. 그래서일까? 뮤지컬 〈웃는 남자〉의 무대는 화려한 귀족들의 세상과 초라한 집시·광대들의 세상으로 양분되며, 인물들 또한 서로를 무시하고 비아냥거리는 부유한 세상에 속한 사람들과 서로의 상처를 위로하고 따뜻하게 보듣는 가난한 세상에 속한 사람들로 구분된다. 이 때문에 그윈플렌의 이복형인 '데이빗 더리모어 경(David Dirry-Moir)'은 원작과 다르게 악역으로 변경되며, 구속받지 않을 자유를 좀 더 즐기기 위해 결혼을 미뤄 온 원작의 설정 역시 신분 상승을 위해 빠른 결혼에 이르고자 고군분투하는 데이빗 경으로 변경된다. 원작에서 '톰-짐-잭(Tom-Jim-Jack)'이란 가명으로 서민들의 삶에 섞여 유흥과 오락, 싸움을 즐기며 살아온 데이빗 경은 의회에서 귀족들을 향해 빈민들의 현실을 가감 없이 쏟아낸 그윈플렌의 비난이 피할 수 없는 진실임을 받아들이는 유일한 인물이며, 그윈플렌을 비웃은 귀족들의 비열함에 도전장을 내미는 나름 용기 있는 인물이다.

반면, 뮤지컬 〈웃는 남자〉의 경우 데이빗 경은 새로운 자극을 원하는 '조시아나(Josiana)'를 그윈플렌에게 안내하고, 그의 괴이한 외모에 지대한 관심을 가지게 된 조시아나에 대한 질투로 그윈플렌이 사랑하는 '데아(Dea)'를 겁탈하려다 제지당하는 비겁하고 졸렬한 인물로 그려진다. 또한, 그는 서자라는 이유만으로 "당연히 누려야 할 권리, 행복할 권리"를 빼앗겼음에 분노한 나머지 2살에 불과한 이복동생을 인신매매단 '콤프라치코스(Comprachicos)'에게 넘겨 입이 찢어진 광대로 살아가도록 만든 파렴치한으로 등장한다. 하지만 원작의 경우, 그윈플렌을 콤프라치코스에게 팔아넘겨 신분을 알 수 없도록 만들고, '앤 여왕(Queen Anne)'의 이복동생인 조시아나에게 공작이라는 지위를 부여해 데이빗 경과의 결혼까지 정해 놓은 사람은 '제임스 2세 국왕(King James II)'이다. 이러한 변경은 위고가 전달하려 했던 주제에 변화를 가져온다. 제임스 2세가 그윈플렌을 콤프라치코스에게 팔아넘긴 것은 공화제를 끝까지 지지하며 자신에게 반하는 그윈플렌의 아버지 린네우스 클랜찰리 경(Lord Linnaeus Clancharlie)을 응징하기 위한 것이었다. 또한, 콤프라치코스는 어린아이들을 사서 인위적인 방법으로 괴물과 같은 얼굴과 몸을 만들어 광대로 훈련시키던 집단의 이름이었다. 왕과 귀족들이 자신에게 반하는 누군가나 성가신 상속자를 제거하기 위한 방편으로 콤프라치코스를 활용했다는 사실은 그윈플렌의 "귀까지 찢어진 입, 드러난 잇몸과 으깨어진 코"의 얼굴이 "운수 좋은 자들이 불운한 자들을 향해 벌이는 착취"를 대변하는 것임을 드러내도록 만든다.

있는 힘을 다해 단호한 의지를 표현하려 해도 곧바로 이가 드러나며 우스꽝스러운 웃음을 짓게 되는 그윈플렌의 얼굴은 하층민의 삶의 '절망스러움'과 '비참함'을 상징한다. 권력을 쥔 자에 의해 영원히 비웃음과 천대를 받도록 운명 지어진 슬픔, 겉으로는 웃고 있으나 속으로는 울고 있는 빈민들의 고통, 운 좋게 모든 것을 쥐고 태어난 자들이 규정해 놓은 틀에서 벗어날 수 없는 좌절과 상처···. 그윈플렌의 웃는 얼굴의 흉측함은 그 자체로 상위 1%들의 잔인함과 기괴함, 포악한 욕망과 탐욕의 그림자를 폭로하고 비난한다.

뮤지컬 〈웃는 남자〉의 경우, 제임스 2세의 악행이 제거된 대신 앤 여왕의 탐욕과 잔인한 속성을 추가함으로써 상위 1%의 무자비함과 천박함이 유지된다. 하지만 귀족들의 변태적인 욕망과 허영, 이중적인 잣대를 대변하는 조시아나 여공작의 캐릭터에 깨달음과 변화의 가능성이라는 설정을 더함으로써 힘 있는 자들의 변덕과 오만에 대한 공격과 비난이라는 주제 의식이 약화된다. 또한, 권력에 기생하면서도 끊임없이 조시아나의 곁에서 복수의 길을 모색하고 혐오로 일관하는 병마개 제거사 '바킬페드로(Barkilphedro)'의 기형적 캐릭터를 부각시키지 못함으로써 연민과 자비가 부족한 사회 속에서 점점 인간성을 잃고 분노, 욕망으로만 치닫게 되는 광기 어린 사람들이라는 주제를 단순화하는 결과를 낳는다.

물론 엔터테인먼트적 속성이 강조되는 뮤지컬이라는 장르의 특성상 단순화와 일반화는 어쩔 수 없는 부분이다. 하지만 원작의 경우, 독자들이 주목하는 것은 그윈플렌과 데아의 '비극적인 사랑'이라는 외면적 틀보다 현재와 비교해도 크게 다를 것이 없는 '17세기 영국 사회에 대한 날카로운 비판과 냉소적인 메시지'라는 점을 생각한다면, 아쉬움이 남는 것은 사실이다. 하지만 눈이 보이지 않는 데아가 그윈플렌의 다른 감각에 빗댄 묘사에 의거해 상상 속에 세상을 그려 내는 방식에 대한 표현이나 인간 혐오자라 말하면서도 따뜻함을 잃지 않는 '우르수스(Ursus)'의 다층적인 측면의 구현, 영화 〈지붕 위의 바이올린(Fiddler on the Roof)〉을 연상케 하는 아름다운 바이올린 선율을 라이브로 들려주는 바이올리니스트를 처음부터 끝까지 마치 내레이터처럼 배치시킨 점 등은 장점이다. 또한, 무대 디자이너 오필영의 설명처럼, 부유한 사람들과 가난한 사람들이 '상처'에 대해 보이는 다른 태도에 주목해 부자들을 즐겁게 하기 위해 찢어진 입을 갖게 된 그윈플렌의 '상처'를 드러내는 무대 장치들을 배치한 점과 상원 의회에서 앤 여왕과 귀족들의 모습을 희화화한 방식 등도 흥미롭다.

뮤지컬 〈웃는 남자〉는 10살의 어린 그윈플렌이 위법 행위가 발각될 것을 염려한 콤프라치코스에 의해 항구에 버려지는 장면에서 시작된다. 겨울밤 눈보라가 몰아치는 차가운 대륙의 모습은 온몸을 흰 천으로 휘감은 퍼포머들의 움직임으로 표현된다. 누더기 차림으로 눈길을 걷던 아이는 죽은 엄마의 젖을 빨고 있는 아기를 발견하고, 포대기에 싸인 아기를 품에 꼭 안은 채 마을로 향한다. 하지만 그 누구도 문을 열어 주지 않고, 아이는 짐수레처럼 보이는 바퀴 달린 오두막 앞에 이른다. 세상에 지친 인간 혐오자이자 철학자, 약장수, 복화술사인 우르수스는 말로는 "인간은 짐승만도 못한 존재"라고 하지만 따스한 연민을 품고 있기에 그윈플렌과 아기를 키우기로 결심한다. 심장이 지나치게 약하고 눈이 먼 아기는 '여신(goddess)'이라는 뜻의 데아라는 이름을 가진 아름다운 소녀로 자란다.

15년이 흘러 25살이 된 그윈플렌은 자신의 '웃는 얼굴'을 보기 위해 몰려드는 관객들 앞에서 공연을 하며, 우르수스를 아버지라 부르고, 자신을 세상에서 가장 착하고 고귀한 존재로 여기는 데아와 한 가족으로 살아가고 있다. 데아는 보이지 않는 세상을 그윈플렌에 의해 그려 나간다. 자신의 흉측한 얼굴을 비롯해 모든 추악함을 볼 수 없는 맑고 순수한 데아가 세상을 아름답게 보기를 바라는 그윈플렌은 세상 무엇보다 데아를 사랑하면서도 마음 한구석에 '만약 그녀가 자신의 모습을 볼 수 있게 된다면, 그럼에도 여전히 자신을 사랑할 수 있을까' 하는 의문을 품는다. 어느 날 톰-짐-잭으로 변장한 데이빗 경과 조시아나 여 공작이 그윈플렌의 공연을 보기 위해 방문한다. 그윈플렌의 도발적 발언과 태도는 조시아나에게 깊은 인상을 남기고 그녀의 욕망을 부채질한다.

원작과 뮤지컬이 또 하나의 차이를 보이는 부분은 바로 이 지점이다. 원작에서 그윈플렌의 갈등은 여동생이자 사랑하는 여인, 천사이자 욕망의 대상인 데아를 향해 혼란스러움을 느끼고 영혼과 육체 사이에서 방황하는 청년 그윈플렌의 고뇌를 조시아나가 자극한 것으로 설정되어 있다. 하지만 뮤지컬의 경우, 자신의 얼굴을 보고도 그를 원한다고 말하는 조시아나에 대한 호기심과 함께 "행복할 권리"를 주장하며 신분 상승을 하고픈 욕망을 드러내는 그윈플렌의 모습으로 캐릭터가 살짝 조정된다. 조시아나의 편지를 받은 그윈플렌이 잠시 그녀를 만나러 간 사이 데아는 겁탈당할 위기에 놓이고, 자리를 비운 그윈플렌을 비난하는 우르수스를 향해 그윈플렌은 "행복할 권리"를 주장한다. 주어진 운명을 받아들이고 데아와 행복할 수 있는 길을 찾아보라는 우르수스의 말에 더 높은 곳을 향해 행복을 찾아 삶을 바치겠다는 그윈플렌의 반박이 빚는 갈등은 결국 그윈플렌이 신분 상승을 '행복의 기준'에 포함시킴과 동시에 현재 데아와의 삶에 만족하지 못하고 있다는 인상을 남기게 된다.

또, 지옥의 사자 와펜테이크(Wapentake)에 의해 끌려간 '눈물의 성'에서 자신이 15년 전 누군가에 의해 콤프라치코스에게 팔렸던 클랜찰리 가문의 적법한 후계자라는 사실을 알게 된 후 그윈플렌이 보이는 행보는 데아를 완전히 잊은 듯 보이도록 만든다. 의회에서 빈민들의 비참한 삶과 현실을 고발하고 상원의원들의 마음을 움직여 보겠다는 꿈이 완전히 좌절되고 나서야 비로소 데아와 우르수스에게 되돌아갈 마음이 생겼다는 설정은 귀족들의 세상에 받아들여지지 않자 가난한 자들의 세상으로 되돌아온다는 인상을 남길 가능성에 직면한다. 그윈플렌은 되돌아가지만 데아의 약한 심장은 그로 인한 기쁨을 충분히 만끽하기도 전에 멈춰 버린다. 그윈플렌은 데아를 안고 바다를 향해 몸을 던진다.

위고의 딸 레오폴딘(Léopoldine)과 사위의 죽음이라는 전기적 사실을 바탕으로 하고 있는 그윈플렌과 데아의 비극적 죽음은 두 남녀의 순수하고 고귀한 사랑은 "모든 세속의 굴레에서 벗어난 사후"에 이루어지며 결국 "죽음을 통해 불멸에 이른다"는 낭만주의적 사고에 바탕을 둔 결과이다. 낭만주의의 대가라 할 수 있는 위고에게 아름다움은 순수하고 깨끗한 영혼을 대변하는 여인과 팜므파탈(femme fatale)을 불러오는 욕망과 육체를 대변하는 여인으로 양분되는 것이었고, 조시아나에게 흔들렸던 그윈플렌이 데아에게 되돌아온 것은 낭만주의적 관점에서 보자면 "영혼의 승리"이자 죽음을 통해 하나가 되는 "사랑의 완성"을 의미하는 것이었다.

사랑과 영혼의 주제 외에 위고가 『웃는 남자』를 통해 피력하고자 했던 것은 '웃음(laughter)'으로 대변되는 인간 현존에 대한 상징과 미래 혁명의 가능성이었다. 그에 의하면 "미소는 동의를 의미하지만 웃음은 거부를 의미"한다. 인간의 '웃음'이라는 감정은 나와 타인을 구분 짓는 '거리'에서 시작되고, 다른 사람의 불행과 비참함을 자신의 것으로 받아들이지 않는 냉정함과 연민하고 공감하지 못하는 불구의 마음에서 비롯된다. 그는 그윈플렌의 웃는 얼굴이 "군주제가 전체 백성들에게, 모든 사람들에게 저지른 범죄를 상징하는 것"으로 읽힐 수 있기를 바랐고, 의회에서 행한 그의 연설이 지금 당장은 아닐지라도 "미래에 곧 다가올 혁명을 예고하는 것"이기를 기대했다. 어쩌면 뮤지컬 〈웃는 남자〉가 궁극적으로 의도했던 것도 현재 사회를 지배하는 상위 1%의 탐욕과 이기심, 잔인함을 밝히고, 좀 더 나은 세상을 건설하기 위한 책임을 다하지 않는 데 대한 비난을 던지기 위한 것이었는지도 모른다. 뮤지컬 〈웃는 남자〉 역시 그윈플렌처럼 모두에게 진실을 말해 주고, 정의로움을 보여 주며, 승리를 획득하고픈 꿈을 꾸었던 게 아니었을까?

* 본 글은 2018.07.08.~2018.08.26. 예술의전당 오페라극장에서 공연된 뮤지컬 〈웃는 남자〉를 보고 작성된 리뷰입니다.

'구원'을 꿈 꾼 한 인간의 삶

🎭 뮤지컬 〈빈센트 반 고흐〉

누군가의 구원을 꿈꾸는 사람은 사실상 자신의 구원을 꿈꾸는 것 아닐까? 누군가에게 사랑과 연민을 전달하고픈 사람은 자신이 그 대상이 되기를 간절히 바라는 것 아닐까? 누군가의 영혼을 진실하게 담아내고 싶은 예술가는 그 누구보다 자신의 영혼이 진실로 전달되기를 바라는 것이 아닐까?

19세기 후반 네덜란드를 대표하는 화가이자 황금빛 태양을 연상시키는 강렬한 그림 〈해바라기(Sunflowers, 1888)〉로 유명한 '빈센트 반 고흐(Vincent Willem van Gogh)'는 자신이 느끼는 것을 다른 사람들이 느낄 수 있기를, 자신이 보는 모든 것을 다른 사람들이 볼 수 있기를, "우리 모두를 하나로 묶는 유대"를 자연 속에서 발견할 수 있기를 누구보다 간절히 바랐던 예술가였다. 27세라는 뒤늦은 나이에 화가의 길에 들어서서 37세라는 젊은 나이로 생을 마감할 때까지 900여 점의 그림과 1,100개의 스케치를 남긴 열정의 예술가 반 고흐는 내면에서 피어오르는 "도저히 가라앉힐 수 없는 거대한 불꽃"에 온몸과 마음, 정신을 내맡긴 채 10년이란 세월을 헌신한 신화적 인물이다.

"예술에 자신의 모든 것을 바쳐야 한다"는 프랑스 화가 밀레(Jean François Millet)의 말을 실천하고자 했고, 인물이나 풍경이 품고 있는 인간의 깊은 감상, 비록 거칠더라도 "내면에 품고 있는 강렬한 감정"을 표현하고 싶어 했던 반 고흐는 평생 자신을 뒷바라지한 동생 '테오 반 고흐(Theo van Gogh)'에게 보낸 902통의 편지로 인해 그의 삶을 세상에 널리 알린 인물이기도 하다. 남들과 다른 두꺼운 덧칠과 강렬한 색감, 독특한 관점, 고집스러운 예술관으로 인해 살아생전 단 한 점의 그림밖에 팔지 못했고, 간질 발작으로 알려진 정신 질환으로 인해 '미치광이 화가'라는 비난에 시달렸으며, 밀밭에서 입은 총상 사건의 원인이 정확하게 밝혀지지 않은 탓에 죽음을 둘러싼 수많은 추측이 난무하게 된 화가!

1996년에 출간된 펭귄 클래식 『빈센트 반 고흐의 편지(The Letters of Vincent Van Gogh)』의 편집자 로날트 데 레이우(Ronald de Leeuw)는 반 고흐를 "근거도 없이 아는 척하는 사람들 때문에 무척 난감해진 사람"이라고 설명한다. 그는 1913년 테오의 미망인 요하나 봉어르(Jo van Gogh-Bonger)가 남편에게 쓴 반 고흐의 편지들을 묶어 출판한 일이 그녀가 염려했던 대로 "반 고흐의 예술을 직접 이해하는 데 오히려 장애가 되었음"을 지적한다. 편지에 근거한 어빙 스톤(Irving Stone)의 소설(1934년)은 반 고흐의 생애를 세상에 알리고 영화(1956년)로도 제작되어 그의 그림이 전 세계에 복제되고, 그가 평생 꿈꿨던 "민중의 예술가"가 되도록 만들었지만, 그림만으로 이해되고 평가받고 싶어 했던 반 고흐의 소망에는 어긋나는 결과를 낳았다. 반 고흐의 사망을 둘러싼 정황들은 많은 사람들의 상상력을 자극했고, 수많은 책과 영화, 창작품들이 파생되도록 만들었다. 레이우는 반 고흐의 삶을 창작한 예술품들이 그의 삶을 왜곡할 가능성에서 벗어나 독자들이 실제로 그의 '편지'들을 읽음으로써 "농촌 생활을 그리는 화가이자 현대 초상화가"로 알려지길 원한다. 또, 강박적으로 내면세계를 갈고 닦으며, 덧없는 것에서 영원과 진정성을 추구했던 '인간 반 고흐'를 이해할 수 있기를 바란다. 그는 이렇게 말한다. "진지한 독자들에게 반 고흐의 편지들이 전부는 아니더라도 그의 작품 대부분을 둘러싼 신화를 반박할 적절한 근거가 되기를 기대한다."

2014년, 화가 빈센트 반 고흐가 동생 테오와 주고받은 편지들을 노래와 음악으로 엮고, 그의 그림 50점을 무대 배경과 영상으로 활용해 반 고흐의 예술 작품과 삶의 이야기를 환상처럼 느낄 수 있도록 창작한 뮤지컬 〈빈센트 반 고흐〉가 초연되었다. "살아 숨 쉬는 반 고흐의 그림 속으로 들어간 듯"한 느낌을 만들어 내기 위해 '3D 프로젝션 맵핑(Projection Mapping)'기술을 활용해 주목할 만한 성과를 낸 뮤지컬 〈빈센트 반 고흐〉는 계속해서 재공연 무대를 선보이며 관객들의 사랑을 받았다. 아무것도 없는 흰 공간에 디지털 빔 영상을 쏘아 인테리어나 오브제, 공간을 실제처럼 구현하는 기술인 '프로젝션 맵핑'은 가상의 이미지가 물리적 현실 세계에 중첩되어 보여지는 기술로 '증강현실(Augmented Reality)'에 가깝다.

뮤지컬 〈빈센트 반 고흐〉의 경우, 무대는 아무것도 걸려 있지 않은 화랑 혹은 박물관의 빈 벽처럼 기능한다. 그림이 하나도 걸려 있지 않은 채 특정 부분에 홈이 파이거나 튀어나오고 들어간 부분들이 '틀'로 형성되어 있고 문, 침대, 창문 모양의 공간 자리만 2차원 평면에 선으로 그려져 있다. 소품으로는 작은 책상과 의자 두 개, 이젤(easel)과

화구 상자가 놓여 있을 뿐이다. 흰색 벽면은 필요한 순간마다 바닥과 벽면에 투사되는 영상들로 인해 특정 장소가 실제처럼 구현되고 고흐의 그림들, 물건들이 적재적소에 배치된다. 또, 심리적 혹은 정신적 상태를 상징하는 환상의 이미지들을 컴퓨터 그래픽으로 펼쳐 보임으로써 뮤지컬 넘버의 가사와 음악만으로는 전달이 어려운 부분들을 보완한다.

관객들에게 잘 알려진 명화들이 화랑에 걸린 그림처럼 투사되거나 반 고흐의 실제 삶 속 공간인 '아를(Arles)'과 '오베르(Auvers)'의 장소들이 무대 위에 현실처럼 구현되는 것 외에 흥미로운 점은, 뮤지컬이 반 고흐가 사망한 지 6개월이 지나 동생 테오가 형의 유작전을 준비하는 시점에 설정되어 있다는 것이다. 죽은 형과 끊임없이 대화를 하며 현재와 과거를 오가는 구성은 테오의 기억 속에 자리한 형 빈센트의 모습으로 연결되면서 테오 역을 맡은 배우가 빈센트를 제외한 '1인 다역'을 하도록 만든다. 기침과 함께 지팡이를 짚은 채 등장한 테오는 "미술관 관장이 드디어 전시회를 허락했다"면서 기쁨에 들떠 형에게 혼잣말을 한다. '마비성 치매'를 앓고 있는 테오는 33세의 젊은 나이지만 흐릿해지는 시야와 가끔 잘 들리지 않는 귀, 형의 기억이 점점 흐려지는 자신의 상태를 언급하며 서글픈 마음과 죽음에 대한 두려움을 드러낸다. 하지만 그는 무슨 일이 있어도 자신이 죽기 전에 전시회를 성사시켜 형의 그림과 생각, 삶의 흔적들이 영원히 기억될 수 있도록 만들 것임을 다짐한다. 밀밭(the wheat field)에서 자신의 가슴에 총을 겨누었던 날, 침대에서 고통스럽게 죽어 가던 그 밤, '형은 무슨 생각을 했을까'의 질문은 '회상'을 불러오고, 무대는 빈센트의 청년 시절의 편지를 시작으로 그의 과거를 구현하기 시작한다.

작품은 기본적으로 빈센트가 19살, 테오가 15살이던 때부터 교환하기 시작한 편지들이 드러내는 사실들에 충실한 편이지만, 서로 의지하고 격려하며 굳건한 믿음으로 결속되어 있던 '형제간의 사랑'에 초점이 맞춰져 있기 때문에, 반 고흐의 삶에 대한 해석에 부족함이 느껴지는 것도 사실이다. 예술 작품을 파는 화상으로서도, 목사로서도, 선교사로서도 적응하지 못했던 빈센트는 테오에게 보낸 편지에 자신의 감정이 가득 들어간 그림을 곁들이곤 했다. 테오는 형의 재능을 알아보고 "누군가는 형의 그림을 통해 교감과 위로를 얻을 수 있을 것"이라고 말한다. 어떤 일에도 적성을 찾을 수 없었던 빈센트는 "그림으로 사람들을 위로한다"는 테오의 말에 화가의 길이 자신의 마지막 선택이며 자신을 구원할 그림을 그리겠다고 선언한다.

뮤지컬 〈빈센트 반 고흐〉가 화가 반 고흐의 삶에 있어서 가장 크게 놓치고 있는 부분은, 빈센트가 엄청나게 많은 양의 책을 읽었던 독서가였으며, 기억력이 뛰어나 종종 문학 작품 속 문구들을 길게 암송했고, 다른 작가들이나 화가들의 사상에 지대한 영향을 받았다는 점이다. 반 고흐가 그토록 화가 공동체를 만들고 싶어 했던 이유는 많은 예술가들이 겪는 광기가 "예술가들을 배척하고 세상에서 고립시키는 사회" 때문이라고 생각했고, 당시 프랑스 예술가들에게 반향을 불러일으켰던 바그너의 "총체적, 공동체적 예술관"에 크게 동의했기 때문이었다. 1888년 반 고흐가 '노란 집'으로 화가 폴 고갱(Paul Gauguin)을 초대해 공동 작업을 하는 일에 유난히 집착했던 것도 이런 이유에서였다. 또, 그가 점점 광기에 물들어 간 이유는 늘 가족의 기대에 어긋나는 선택을 하는 과정에서 억압적인 부모와 갈등을 겪고, 자존감에 상처를 입으며, 동생 테오에게 진 빚을 갚을 길이 없어 보이는 부담과 좌절의 탓도 있었지만, 유전적인 정신병의 영향도 있었다. 실제로 2011년에 출간된 나이페(Steven Naifeh)와 스미스(Gregory White Smith) 공저의 책『반 고흐: 생애(Van Gogh: The Life)』에는 반 고흐의 어머니가 끼친 강박적 불안과 공포에 관한 얘기가 언급되어 있다.

후대의 사람들에게 많이 알려져 있는 반 고흐보다 동생 '테오'의 이야기에 초점을 맞춘 뮤지컬의 선택은 영리한 듯 보인다. 레이우의 표현을 빌자면, 작은 종잇조각까지 모아 두는 테오의 꼼꼼한 성격 덕에 빈센트의 편지들이 그대로 보관된 데 비해 테오의 편지들은 소실이 많아 실제로 테오가 어느 정도로 형의 죽음을 막지 못해 자책했는지는 알 수 없기 때문이다. 죽기 전 테오가 형이 그렇게 만들고 싶어 했던 화가들의 공동체를 이루기 위해 분주히 뛰어다녔고, 자신의 아파트에서 형의 추모전을 열었으며, 극심한 고통과 어지럼증, 환각과 악몽에 시달리다 정신 병원에 입원하고, 결국 형의 죽음 뒤 6개월 만인 1891년 1월 사망에 이르렀다는 사실만 알려져 있을 뿐이다. 뮤지컬 〈빈센트 반 고흐〉는 테오가 얼마나 형을 사랑했는지, 형의 화가로서의 삶이 제대로 읽히고 기억되기를 얼마나 바랐는지를 드러냄으로써 테오의 기억을 통해 전달되는 '빈센트 반 고흐의 이야기'라는 구조를 획득하게 된다.

미술관 관장에게 전시회의 구성을 설명하기 위해 초기, 중기, 후기로 나누어 반 고흐의 그림의 특징들을 설명하거나 미술관을 방문하는 관람객들에게 알려 주면 좋을 감상 포인트나 숨겨진 에피소드들을 말해 주는 장면에서는 자연스럽게 관객들이 그의 이야기를 듣는 '미술관 관장'이자 '관람객'들이 된다. 그가 전달하는 형의 이야기들이 점점 고통과 절망의 나락으로 떨어지고 광기를 향해 갈수록 테오의 건강 상태도 나빠지면서 발작을 일으키고, 정신을 잃으며, 걷지 못하게 된다. 동전의 양면처럼 닮은 듯 다른 삶을 살아가는 두 사람의 모습은 의자 두 개에 등을 맞대고 앉아 서로에게 머리를 기대는 장면으로 구체화된다. 두 형제의 끈끈한 애정, 깊은 연대, 서로를 믿고 의지하는 따뜻한 사랑은 관객들의 마음에 깊이 각인된다. 조금 더 넉넉히 돈을 보내 줄 수 있었다면 형의 마지막이 달라졌을까 후회를 드러내는 동생과 끝없이 동생에게 부담만 안겨 줄 뿐 그 모든 빚을 갚을 길이 없어 절망하는 형, 그리고 예술에 모든 진심을 쏟아 넣으며 사랑과 공감을 갈구했던 형 빈센트의 몸부림을 끝까지 격려하고 지지했던 동생 테오….

　뮤지컬 〈빈센트 반 고흐〉는 빈센트를 누구보다 '구원'을 갈망했던 한 사람으로 설정한다. 추운 겨울날 임신한 채 길에 버려진 매춘부 '시엔(Sien)'을 만난 빈센트는 누군가에게 버려지고 상처 입어 고통과 슬픔 속에 있는 그녀가 "날 닮은 사람"이라고 말한다. 그는 서로의 고통을 나누고 상처를 보듬기 위해 그녀와 아이를 거두고 결혼하기로 결심한다. "모든 것을 덮어 주고, 모든 것을 믿고, 모든 것을 바라고 견뎌 내는 것이 사랑"이라고 생각했던 빈센트에게 다른 누군가가 버린 여인을 구원한다는 생각은 지극히 옳은 일이었다. 특히 미망인이었던 사촌 케이 보스(Kee Voss)를 향한 일방적인 사랑이 매몰차게 거부당한 상태에 놓여 있던 그에게 시엔의 구원은 더욱 필요한 일이었다. 실제로 그는 이를 반대하는 동생 테오에게 보낸 편지에 이렇게 썼다.

　"대부분의 사람이 보기에 나는 빈털터리, 괴짜, 역겨운 사람으로 사회적 지위도 형편없고 갈 데까지 간 밑바닥 사람이겠지. 하지만 그것이 사실이더라도 빈털터리에 별것 아닌 사람의 가슴속에 무엇이 들어 있는지 작품으로 보여 주고 말 거야. (⋯) 시엔과 나는 서로를 간절히 필요로 해. 그래서 나는 그녀와 떨어질 수 없어. 뗄 수 없이 얽혀 있는 것, 그것이 바로 사랑이란다."

- 『빈센트 반 고흐의 편지』 중에서 -

시엔과의 사랑의 끝은 사실 여러 이유들이 복합적으로 작용하지만, 뮤지컬은 권위적이고 강압적인 '아버지의 반대'를 가장 큰 이유로 내세운다. '아버지'는 테오 역을 맡은 배우에 의해 뒷모습과 목소리 변조만으로 연기된다. 조명을 통해 거대한 '검은 그림자'로 형성된 아버지의 강압은 빈센트의 의지를 꺾고 그를 집안에 가둔다. 빈센트의 강렬한 감정들이 두드러지는 그림의 시작이라고 할 수 있는 〈슬픔(Sorrow, 1882)〉의 웅크린 여인은 그림 속에서 나와 그를 떠나듯 연출된다. 뒤러(Albrecht Dürer)의 판화 〈멜랑콜리아(Melancholia, 1514)〉에서 영감을 받은 것으로 알려진 웅크린 나체 여인 〈슬픔〉은 빈센트가 자신의 마음속에서 쏟아 낸 감상이나 우울, 고민 같은 것들을 표현하기로 마음먹은 첫 번째 그림이다. 그는 테오에게 보내는 편지에 이렇게 썼다. "이건 시작이야. (⋯) 나는 사람들이 내 작품을 보고 이렇게 말했으면 좋겠어. 이 사람은 깊이 느끼고 있구나, 강렬하게 느끼고 있구나. (⋯) 내가 온 힘을 쏟는 이유는 바로 그런 바람 때문이야."

하지만 구원의 실패는 죄책감과 좌절감, 실패감을 증폭시키고, 아버지의 집에서 '커다란 털북숭이 개'처럼 취급되던 그는 자존감에 큰 상처를 입는다. 그를 "온 집안을 젖은 발로 돌아다니는 더러운 짐승"

으로 바라보는 가족들의 차가운 시선은 빈센트가 건드리는 바닥마다 무너져 내리는 강렬한 그래픽 영상으로 연출된다. "서른 살이나 되었음에도 동생에게 기생이나 하지. 나는 가족들을 위협해!"라고 울부짖으며 가슴을 치던 빈센트는 결국 벽장 속으로 들어가 숨어 버린다.

이어지는 아버지의 죽음, 스스로에 대한 자책, 동생에 대한 미안함, '안톤(Anton Mauve)'과 '고갱'으로 대변되는 주변 사람들의 몰이해와 비난, 무엇보다 "영혼을 갉아먹는 돈이라는 벌레"에 지친 빈센트는 독한 술과 환각 증세로 인해 광기에 물들기 시작한다. 위고의 소설 『레미제라블』이야말로 "내가 경험한 현실의 핵심"이라고 말했던 사람, "인류애를 느끼고 믿는 것"의 필요성을 강조했던 사람, 자신의 앞날은 "내가 다 마셔 버리기 전까지 결코 양보할 수 없는 물 한잔"과 같은 것이라고 주장했던 사람, "인생이란 얼마나 슬픔으로 가득한지, 그래도 주눅 들지 말고 옳은 일을 실천해야 한다"고 외쳤던 사람….

반 고흐는 자신의 그림을 통해 사람들이 "모든 것을 이해하고 용서하고 평정심을 되찾기"를 바랐지만 정작 자신을 구원하리라 믿는 예술에 대한 사랑이 "사람을 사랑하는 현실적 사랑을 앗아 가는" 아이러니에 빠지게 한다는 것 또한 인식하고 있었다. 고갱이 그린 초상화로 인해 촉발된 불화와 광기의 사건들은 반 고흐로 하여금 "광증을 자신의 질병으로 인정"하고 불안한 생존에서 도피하는 수단으로 '자살'을 언급하게 하면서도 동시에 세상에 더 많은 작품을 남기기 위해 '그림'에 더욱 몰두하도록 만들었다. 그는 자신의 상태를 "자살하려다 물이 너무 차갑다면서 둑으로 기어오르는 사람"이라 표현했고, 상념이 가득 담긴 그림들을 끊임없이 쏟아 냈다.

누구보다 "내가 느낀 것을 다른 사람들이 느끼기를" 바랐던 화가, 자신의 구원만큼이나 다른 사람의 구원을 갈망했던 사람, 온갖 감정으로 점철된 삶이 그림을 바라보는 사람의 마음에 닿기를 염원했던 예술가, 어쩌면 빈센트가 간절히 추구했던 모든 것들은 사실 그 자신이 갖기를 원했던 것들이 아니었을까? 감정의 공유, 사랑을 통한 구원, 이해와 용서, 그리고 연대…. 반 고흐를 처음 호평했던 평론가 알베르 오리에(Albert Aurier)의 말처럼, "여태껏 감각을 이토록 자극했던 화가는 없었다." 그리고 그가 남긴 900여 통의 편지는 그 어떤 화가도 누릴 수 없을 '상상'을 후대 사람들이 하도록 만들었다. 뮤지컬 〈빈센트 반 고흐〉가 바라보는 반 고흐의 삶은 관객들에게 무엇을 전달하고 있을까? 수많은 서적과 영화를 통해 만나게 되는 반 고흐의 생애로 인해 이견이 있을 수 있겠지만, 뮤지컬 〈빈센트 반 고흐〉가 또 다른 '사유'와 '감정'을 불러오는 새로운 경험이 될 수 있지 않을까?

* 본 글은 2019.12.07.~2020.03.01. 예스24스테이지 1관에서 공연된 뮤지컬 〈빈센트 반 고흐〉를 관람한 후 작성된 칼럼입니다.

'사랑'과 '빛'을 낳은 도시의 전설

🎭 뮤지컬 〈줄리 앤 폴〉

　빛의 도시, 사랑과 낭만의 도시 파리(Paris)를 대표하는 건축물은 단연코 '에펠탑(The Eiffel Tower)'일 것이다. 노을이 지는 에펠탑 아래에서 키스하는 연인들을 담은 사진은 쉽게 접할 수 있는 파리의 아름다움의 상징이며, 세계의 많은 사람들이 파리에서 사랑을 꿈꾸도록 만드는 이미지이다. 파리는 언제부터 "사랑의 도시(the City of Love)", "빛의 도시(the City of Light)"라는 타이틀을 거머쥐게 된 것일까? 많은 사람들이 각자 다른 주장을 내세우지만 대부분의 사람들이 동의하는 바는 정치적·사회적으로 격동기에 해당했던 유럽의 19세기를 지나면서 평화와 번영, 자유를 위해 프랑스 파리로 이주해 온 많은 작가들과 예술가들, 인상주의 화가들로 인해 시작된 "벨에포크(Belle Époque)" 시대가 그 시작점이라는 사실이다.

　역사적으로 프랑스는 혁명의 중심지, 새로운 아이디어와 시, 예술의 중심지로 여겨졌고, 1920년대 "재즈 시대(Jazz Age)"를 이끌었던 스콧 피츠제럴드와 어니스트 헤밍웨이(Ernest Hemingway) 같은 작가들을 통해 소설 속에 담겨진 파리의 삶에 대한 동경은 많은 사람들이 파리를 사랑과 연결시키는 이유가 되기도 했다. 20세기 이후 에펠탑을 배경으로 반짝이는 아름다운 도시의 야경과 에펠탑 아래 낭만적인 연인들의 모습은 '빛과 사랑의 도시'라는 파리의 타이틀을 강화시키는 것들로 작용했고, 영화들은 6~7층 높이 이상의 건물을 지을 수 없도록 규제하는 도시의 방침으로 인해 323미터(건물 81층 높이)의 에펠탑이 상징적으로 강조되는 파리의 스카이라인(skyline)을 멋지게 영상에 담아낼 수 있었다. 이처럼 현재에는 파리의 상징으로 여겨지는 에펠탑이 착공되고 완성될 때까지 얼마나 많은 비난과 장애에 직면해야 했었는지를 살펴보는 일은 매우 흥미롭다. 도시 경관을 헤치는 "흉물스러운 철 기둥"이라든가, "세우다 만 공장 파이프", "우스꽝스러운 가느다란 뼈대"라는 힐난에 시달렸던 에펠탑은 완공 후에도 기 드 모파상(Guy de Maupassant)과 같은 소설가가 에펠탑을 보지 않고 식사를 할 수 있는 유일한 곳이 에펠탑 안이기 때문에 그곳에서 식사할 수밖에 없었다는 황당한 일화를 낳았다.

극단 연우무대의 다섯 번째 창작 뮤지컬 〈줄리 앤 폴〉은 프랑스 파리의 에펠탑 건축을 배경으로 한 동화와 같은 작품이다. 실수로 자석을 삼켜 심장이 자석으로 변하는 병에 걸린 자석 공장 직원 '줄리'와 사고로 인해 손을 잃고 철의 손을 가지게 된 서커스 공중 곡예사 '폴'과의 사랑 이야기를 중심으로 한다. 2015년 CJ문화재단 스테이지 업 '리딩 공모'에 당선된 뮤지컬 〈줄리 앤 폴〉은 2017년 공연예술창작신실 '올해의 신작'으로 선정되었을 뿐 아니라 2019년 공연예술창작산실 '올해의 레퍼토리'로 선정되었다. 바이올린과 첼로, 피아노, 퍼커션, 아코디언 등 5인조 라이브 밴드를 무대 위쪽에 구성해 풍성한 음악과 함께 관객들이 19세기 후반 파리 에펠탑 앞 마르스 광장(Champ de

Mars)에 온 듯 느끼도록 구현된 무대는 실제 파리의 모습보다는 놀이 공원이나 서커스 공연장의 모습을 닮은 특징이 있다. 현실보다는 환상을 닮은 사랑, 장난감스러운 무대 공간, '나폴레옹'이라는 이름의 쥐가 인간의 말을 하고 세대에서 세대로 전해진 숨겨진 이야기를 관광객들에게 전달하는 구성은 마치 '구연동화'와 같은 틀을 형성하게 된다.

막이 오르면, "냉철한 이성과 풍부한 감성을 지닌 보기 드문 시인이자 과학자이고 음악가이자 댄서이며 정복자"였다는 쥐 '나폴레옹'이 자신을 관객들에게 소개한다. "종의 한계를 뛰어넘는 매력으로 파리 전체를 사로잡았다"는 쥐 나폴레옹은 객석을 향해 "프랑스 파리에 오신 여러분을 진심으로 환영합니다. 기내식은 입에 맞으셨나요?"라고 묻는다. 1889년 파리에서 "흉측한 새장, 비쩍 마른 철사, 차가운 고철"이라 불렸던 곳이자 자신이 현재 살고 있는 집이 어디인지 맞혀 볼 것을 요청하는 나폴레옹은 그 정답이 다름 아닌 '에펠탑'이라고 말한다. 사람들의 증오와 멸시, 비난과 항의 속에서도 굳건히 건설된 300미터가 넘는 높은 철탑, "증오의 고철 덩어리에서 사랑과 낭만의 상징"으로 변모한 에펠탑 뒤에 숨겨진 "알려지지 않은 이야기"를 들려주겠다는 나폴레옹은 관객들을 향해 이렇게 말한다. "저의 할머니, 할머니의 할머니로부터 전해져 온 이야기, 조금은 이상하고 놀라운 이야기를 이제부터 시작합니다!"

19세기 후반 유럽의 심장이라 불리던 '파리'로 예술가들이 몰려들던 벨에포크 시대의 화려함과는 거리가 먼 자석 공장에서는 매일 반복적으로 둔탁한 기계 소리에 맞춰 자석을 골라내는 직원들의 손이 분주하다. "내 손인지 네 손인지" 구분이 가지 않을 정도로 바쁜 직원들은 점심시간에 주어지는 잠깐의 휴식 시간을 기대하며 오늘도 바쁜 일과를 지속한다. 하지만 형편없는 생산량에 불만을 표시하는 공장장은 "월급을 줄 수 없을 정도"의 위급한 상황이라면서 점심시간을 아예 없애 버리겠다고 발표한다. 작업을 하면서 동시에 밥을 먹으라는 공장장의 요구에 반복되는 작업을 무리하게 계속하던 줄리는 그만 실수로 샌드위치가 아닌 '자석'을 삼켜 버리고 만다. 소동이 난 직원들 사이로 등장한 공장장이 줄리에게 말한다. "그게 얼마짜리인 줄 알아? 자석 값은 월급에서 제하겠다. 이의 없지?" 아름다움을 강조하고 시와 그림, 패션을 중시하는 예술가들의 도시, 물랑루즈(Moulin Rouge)의 춤과 노래, 화려한 쇼를 언급하는 뮤지컬 〈줄리 앤 폴〉은 성장과 이윤만을 목표로 하는 산업 사회 도시 파리의 이면을 겨냥한 일화들을 통해 코믹한 웃음과 동시에 씁쓸한 비난을 남긴다.

매주 서커스 관람으로 위안을 얻는 줄리는 우연히 고소 공포증에 걸린 공중 곡예사 폴과 마주치게 된다. "한때 파리를 주름잡았던" 곡예사 폴은 원인을 알 수 없는 고소 공포증으로 인해 은퇴해야 할 위기에 처해 있다. 오랜 경쟁자인 '장'의 비아냥거림에 반격할 수 없는 폴은 "하늘 위의 구름"이 되어 자유로운 바람에 떠다니고 싶었던 어린 시절을 회상하며 "구름들도 언젠가 비가 되어 내리지, 땅 위의 곡예사"라고 노래한다. 이때 서커스에 늦어 전속력으로 달려오던 줄리가 갑자기 가슴의 통증을 느끼며 쓰러지고, 그녀를 향해 다가간 폴의 철로 된 손이 그녀의 가슴에 달라붙는다. 깜짝 놀라 손을 떼어낸 폴 앞에 줄리가 깨어난다. 그녀는 자신의 가슴이 "쾅 하고 터져 버리는 줄 알았다"면서 심장이 마치 고장 난 기계처럼 철컹거리다 멈추려는 순간 돌아가신 할머니가 알려 준 주문을 외웠다고 말한다. "에펠르, 라펠르, 디펠르, 아무르!"라는 마법의 주문은 "두려움을 이겨내면 놀라운 일이 일어날 것"임을 확신하도록 만드는 용기를 불어넣는 주문이다. 줄리는 자신의 심장이 계속 두근거리며 '철의 손'을 가진 폴을 향해 끌리는 것이 '사랑'의 감정 때문이라고 생각한다.

에펠탑을 둘러싼 동화와 같은 사랑 이야기는 2015년 1월 출간된 알리스 브리에르-아케(Alice Brière-Haquet)의 그림 동화 『마담 에펠: 에펠탑의 사랑 이야기(Mme Eiffel)』로 인해 유럽과 미국에서 주목을 받은 바 있다. 2015년 뉴욕타임스(The New York Times) '올해의 그림책'으로 선정된 『마담 에펠』은 성공한 삶을 영위하던 행복한 엔지니어 에펠(Eiffel)이 어느 날 갑자기 시름시름 앓게 된 사랑하는 아내 캐시(Cathy)를 위해 "눈 깜짝할 사이에 구름에 닿을 수 있는 철도"를 건설하기 위해 탑을 세우게 되었다는 상상의 이야기를 유명 일러스트레이터 쎄실(Csil)의 미니멀한 그림과 함께 펼쳐 낸다.

전 세계를 남편과 함께 거침없이 여행할 정도로 생명력과 에너지가 충만했던 아내는 점점 창백해지고 마른 몸이 되지만 의사들은 그 이유를 알지 못한다. 에펠은 아내의 건강을 되찾아 주기 위해 밤낮으로 탑 건설에 몰두하고, 탑이 완성되자마자 아픈 아내를 품에 안고 단숨에 탑 꼭대기에 오른다. 너무 늦지 않았기를 바라는 간절한 마음으로 아내를 탑 꼭대기에 내려놓은 에펠은 마르스 광장(Champ de Mars)과 세느강(Seine River), 회전목마와 파리 시내의 지붕들이 내려다보이는 아름다운 풍경으로 아내의 뺨에 생기를 되찾도록 만든다.

실제로 에펠탑의 건축가인 구스타브 에펠(Gustave Eiffel)은 가슴 통증을 호소하는 아내 마거리트(Marguerite)의 건강을 염려하는 일이 잦았고, 1877년 갑자기 피를 토하고 쓰러진 아내가 죽음에 이른 뒤 다시는 결혼을 하지 않았다고 한다. 당시 에펠의 나이는 45세, 아내 마거리트의 나이는 32세였다. 1889년 파리세계박람회(Exposition universelle de 1889)를 기념하는 건축 프로젝트가 공식적으로 언급된 것이 1884년이었다는 점을 고려한다면, 동화 속 에펠의 사랑 이야기는 철저히 작가의 상상에 근거한 것임을 알 수 있지만, 마지막 문장만큼은 긴 여운을 남긴다. 작가는 이렇게 덧붙인다. "누가 알겠어요? 그들은 여전히 거기에 있을지도 모르죠. 소문에 의하면 때때로 밤이면 파리의 가로등이 드리우는 그림자 속에서 그들을 발견할 수 있다고 합니다."

뮤지컬 〈줄리 앤 폴〉은 이와 유사하게 파리의 에펠탑의 조명 아래 많은 연인들이 사랑에 빠지게 되는 것은 자석을 삼킨 여자 줄리와 철의 손을 가진 남자 폴의 '간절한 사랑 이야기' 때문임을 강조한다. 서커스 우리 안에 갇혀 있는 사자가 너무 외로워 보인 나머지 무심코 손을 내밀었다가 철로 된 의수를 갖게 되었다는 폴에게 줄리는 "다시는 잃어버리지 않을 손을 갖게 되었네요"라고 말한다. 차가운 철의 손을 감싸는 줄리의 따스한 온기를 느낀 폴은 그녀를 향한 사랑을 인식한다. 하지만 또다시 쓰러진 줄리는 의사에게 자석을 삼킨 후부터 심장의 자성화가 진행되어 왔으며, 철과 닿는 일은 심장을 멈추게 할 수 있다는 진단을 듣게 된다. 폴은 자신으로 인해 생명이 위험해질 수 있는 줄리를 지키기 위해 그녀의 곁을 떠나지만, 줄리에게는 자석으로 변해 가는 심장을 사용할 수밖에 없는 위험한 상황들이 계속 발생한다.

급기야 줄리가 자신의 심장 수술비 1만 프랑을 마련하기 위해 철을 끌어당기는 서커스 쇼를 하려고 하자 그녀를 말려야겠다고 생각한 나폴레옹은 프랑스 곳곳에 살고 있는 쥐들을 동원해 폴의 거처를 수소문하기 시작한다. 나폴레옹의 편지를 받은 폴은 파리로 되돌아와 줄리의 서커스 쇼를 막고, 수술 비용을 마련하기 위해 위험한 고층 에 펠탑 공사를 하기로 결심한다. 고소 공포증을 앓고 있는 폴은 사랑하는 줄리의 심장 수술을 위해 고층 탑에 올라 자신의 목숨을 위험에 빠뜨리게 되는 위기에 처한다. 안전장치도 없이 높은 곳에서 두려움에 떨고 있던 폴은 줄리의 할머니가 알려 주었다는 두려움을 이겨 내는 주문을 기억해 낸다. 마법의 주문은 폴에게 하늘에 닿고 싶어 했던 어릴 적 꿈과 자유로움을 향한 상상을 떠올리도록 만들고, 폴은 사랑을 위해 모든 두려움을 극복한다.

뮤지컬 〈줄리 앤 폴〉은 두 남녀의 동화와 같은 사랑 이야기라는 배경에 에펠탑 건축을 둘러싸고 벌어졌던 사회적 갈등과 파리 예술가 협회의 극렬한 반대, 27개월이라는 촉박한 공사 기간 동안 있었던 인부들의 파업과 같은 역사적 사실들을 허구화해 적절하게 조합한다. 또한, "선거를 위해서라면 영혼이라도 팔겠다"고 외치는 정치인의 검은 욕망을 드러내는 '파리 시장'과 "촌뜨기"를 경멸하며 우월감에 도취되어 앞을 보지 못하는 편협한 시선의 '예술가 대표', 다른 사람의 고통이나 위험과는 상관없이 이윤만 추구하는 장사꾼 '공장장'과 서커스 단장 '장'과 같은 인물들을 통해 날카로운 비판의 시선을 코믹하게 접목한다. 프랑스 혁명 100주년을 기념함과 동시에 프랑스 기술 산업의 위상을 전 세계에 과시하기 위한 목적을 지녔던 에펠탑 건설은 사실상 또 한 번 시장에 당선되기 위한 파리 시장의 "정치적 쇼"로서 추진된다. "세느강의 대운하 건설"이나 "19세기 신 베르사유 스타일의 시청 건설"을 언급하는 시장은 환경 시민 단체의 반발과 세금 부담으로 인해 시민들의 반발을 사게 될 것이라는 청사 직원들의 제지에 분노를 드러낸다. 이에 직원들은 1851년 런던 세계박람회(Great Exhibition) 당시 빅토리아 시대의 위엄과 화려함을 드러냈던 "가로로 길게 지은" 수정궁(Crystal Palace) 대신 파리의 위상을 상징하고 시장의 인기 또한 더욱 높아질 수 있도록 "세로로 길게" 탑을 지을 것을 제안한다. "높아지는 인기"라는 말에 매혹된 시장은 무조건 "세계에서 가장 높은 탑"을 건설할 것을 주장하고, 결국 300미터가 넘는 탑을 건설할 수 있는 소재로는 '철'밖에 없다는 결론에 이르게 된다.

뮤지컬 〈줄리 앤 폴〉은 실제 역사 속에서 수많은 소송과 질타, 모진 비난과 방해 공작, 엄청난 자산의 투자와 끝없는 타협으로 비로소 300미터에 달하는 철탑 건설의 꿈을 이룰 수 있었던 건축가 '구스타브 에펠'이라는 인물을 언급하지 않는 대신 파리 시장의 '정치적 욕망'이라는 설정을 더한다. 1887년 착공 시작 3주 만에 프랑스의 가장 영향력 있는 예술가들 47명이 반대 성명을 발표하고, 한 달 만에 건축가 샤를 가르니에(Charles Garnier)가 주축이 된 "300명의 예술위원회(Committee of Three Hundred)"가 탄원서를 제출한 역사는 "섬세한 예술혼을 갉아먹는 야만적인 탑의 건설"을 저지하기 위해 "절대적인 투쟁"을 계속할 것을 외치는 예술가 대표의 '오만한 태도'를 강조하는 것으로 설정된다. 예술가 대표는 "기술과 진보, 성취와 발전"을 과시하려는 파리 시장을 미적 감각과 공감 능력이 결여돼 "욕심 많은 정치인"이라고 비난한다. 한편, 파리 시장은 낭만적인 풍경만을 아름다운 것으로 간주하는 예술가들이 산업과 기술이 중심이 되는 "철의 시대"임을 인식하지 못하면서 "잘난 척만 하고 목소리만 높여 댄다"고 비난한다.

에펠탑이 완성되고 전야제를 위해 폭죽이 터지는 속에서 줄리는 심장 수술을 받지만, 이미 자석으로 변해 버린 심장을 구원할 길이 없음을 알게 된다. 전 세계의 시선이 파리에 모이는 세계박람회 개막식 날 철탑의 철거와 시장 사퇴를 주장하며 물감을 퍼붓겠다는 '예술가 대표'와 공권력을 동원해서라도 예술가들의 저항을 몰아내겠다고 대립각을 세우는 '파리 시장'의 갈등은 점점 더 깊어져만 간다. 이때 폴의 손으로 완성된 에펠탑의 꼭대기에서 단 한 번도 본 적 없었던 찬란한 빛이 파리 시내를 온통 뒤덮는다. 서로를 향해 으르렁대던 사람들은 갑자기 "주뗌므(Je t'aime)"를 외치며 사랑의 눈길로 서로를 바라본다. "에펠르, 라펠르, 디펠르, 아무르!"라는 주문은 세상을 사랑으로 충만하게 만들고, 에펠탑 꼭대기에 마주 선 줄리와 폴 두 사람은 "철과 자석"처럼 강렬하게 서로를 당기는 사랑으로 함께 춤을 추지만 결국 비극에 이른다. 그들의 사랑은 슬픔과 아픔을 남기지만 '아무것도 두려워하지 않는 사랑의 마법'이라는 전설을 남긴다.

사람들이 에펠탑을 바라보며 '사랑'을 꿈꾸는 것은 끝없이 복제되어 온 에펠탑이 가진 '꿈'이라는 이미지와 반복적으로 사용되어 온 '사랑'의 은유가 이미 '에펠탑'이라는 기호 속에 녹아들어 있기 때문일 것이다. 언제부터 파리가 '사랑의 도시'라 불리게 된 것인지 명확히 알 수는 없지만 한 가지 분명한 사실은 사람들의 기억 속에 '사랑'이라는 기호가 살아 있는 한 우리는 해 질 녘이 되면 노을 속에 길게 드리워진 에펠탑의 그림자 속에 함께 앉아 있을지 모를 줄리와 폴, 캐시와 에펠의 흔적을 찾아 끊임없이 헤매게 될지 모른다는 것이다.

* 본 글은 2020.01.10.~2020.03.02. 드림아트센터 1관에서 공연된 뮤지컬 〈줄리 앤 폴〉를 관람
  한 후 작성된 칼럼입니다.

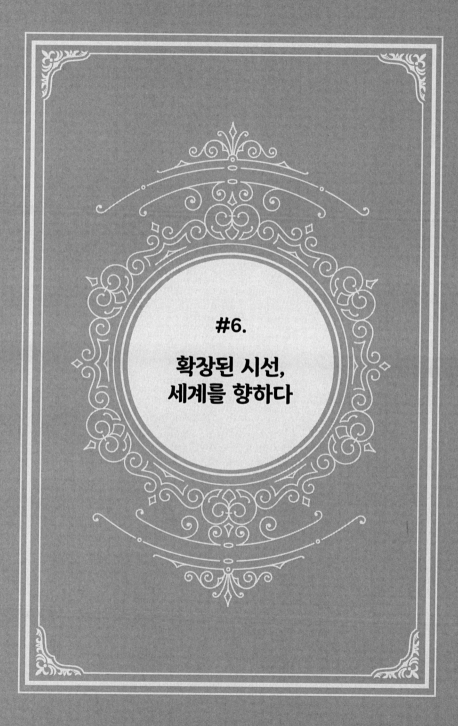

#6.

확장된 시선,
세계를 향하다

'내가 될 수 있는 것'으로 떠나는 여행

야스민 바르디몽 컴퍼니 〈피노키오〉

브라질의 연극 이론가 아우구스트 보알(Augusto Boal)은 「연극, 인간(Theatre, human beings)」이라는 글에서 "연극은 인간의 첫 번째 발명품"일 뿐 아니라 "모든 다른 발명과 발견의 길을 열어 주었다"고 말했다. "보는 행위(the act of seeing)" 속에서 스스로를 관찰하고 자신을 발견하며 무엇이 될 수 있는지를 상상하는 일인 연극은 "관찰하는 나(The observing-I)"를 통해 나와 타인, 그리고 세상을 인지하도록 만든다. 보알은 '내가 존재하는 곳'에서부터 '내가 될 수 있는 것' 사이의 거리를 인식하고 자신을 '안'에 위치시키면서도 상황의 '바깥'에 위치시킬 수 있는 3차원을 구현하는 능력으로 인해 인간만이 '모방'을 할 수 있다고 말한다. '보는 행위' 속에서 무언가를 관찰하는 자신을 느끼고 인식하며 발전하는 존재! 인간은 여러 복잡한 감정을 경험하고 깨닫게 된 인식들을 바탕으로 '자신이 상상하는 무언가'로 끊임없이 나아가는 존재, 바로 그것인지도 모른다.

혁신적이고 창의적인 퍼포먼스로 세계의 이목을 끌고 있는 영국 댄스 씨어터 컴퍼니(dance-theatre company)의 연출가이자 안무가인 야스민 바르디몽(Jasmin Vardimon)의 2016년 신작 〈피노키오(Pinocchio)〉의 짧은 공연이 2019년 국내에 소개되었다. 야스민 바르디몽 컴퍼니(JVC)는 1997년 런던에서 출범해 2003년 〈자장가(Lullaby)〉로 주목을 받은 후 현재까지 선보여 온 모든 작품들이 영국의 관객들로부터 엄청난 환호와 갈채를 받아 온 것으로 유명하다. 2006년부터 새들러스 웰스 극장(Sadler's Wells Theatre)의 협력 연출가로 활동하고 있는 이스라엘 출신의 안무가 바르디몽은 "인간 행동에 관한 예리한 관찰"을 바탕으로 피지컬 씨어터와 연극적 텍스트가 결합된 다층적인 댄스 씨어터를 구현한 공을 인정받아 2014년 '영국예술위원회 특별상(Arts Council England's Exceptional Award)'을 수상했을 뿐 아니라 로열 홀러웨이 런던대학(Royal Holloway, University of London)으로부터 '명예 박사 학위'를 수여받았다.

바르디몽은 고난이도의 대담한 안무들과 상호 작용하는 무대 세트, 연극적 스토리텔링, 애니메이션과 영화와 같은 기술을 조합한 퍼포먼스로 개인과 사회 사이에 발생하는 긴장 관계나 정치적 책임과 같은 문제들을 탐구하는데, 교훈적이라기보다는 관객들이 퍼포먼스에 집중함과 동시에 열린 해석을 가능하게 할 수 있는 방법을 추구하는 특징을 지닌다. 바르디몽은 2017년 리비 워스(Libby Worth)와 함께 출간한 책을 통해 "해석이 예술의 연장"이라는 자신의 생각을 이렇게 설명한다. "나는 창의적이고 적극적인 관객들이 작품의 행간을 '읽을 것'이라고 생각한다. 그리고 개인적인 차원에서 자신만의 이해와 해석의 층위를 덧붙일 것이라고 믿는다."

워스는 '댄스 씨어터(dance theatre)' 혹은 '댄스 드라마(dance drama)'

라고 불리는 바르디몽의 작품들을 특정 장르로 분류하기에는 어려움이 있지만 독일 표현주의 댄스의 영향을 부인할 수 없고, 형식면에서 '춤(dance)'에 좀 더 치우쳐 있다는 점에서, '피지컬 씨어터'보다는 '댄스 씨어터'라는 용어가 더 적합할 것이라고 말한다. 하지만 2016년 작품인 〈피노키오〉의 경우 피지컬적인 특징이 보다 강조된 것으로 보인다. 이는 피노키오가 나무로 만들어진 마리오네트(marionette) 인형이라는 점에 근거하는데, 인간 무용수가 표현하는 '피노키오'의 동작과 표정, 행동과 모습이 관객들에게 완벽하게 실제 '줄 없는 인형'처럼 인지되고 착각을 불러일으킨다는 사실은 놀라움을 금할 수 없다. "꿈꾸는 몽상가로서 퍼포먼스 팀과 함께 꿈을 현실로 만드는 마술"을 펼치고자 노력하는 예술가 바르디몽은 영국 온라인 매체 《에브리씽 씨어터(Everything Theatre)》와의 인터뷰에서 "어린 관객들에게도 적합한 작품을 창작하기 위해" 대부분의 사람들이 알고 있는 동화인 〈피노키오〉를 선택하게 되었다고 밝혔다. 그녀는 1940년에 제작된 월트 디즈니(Walt Disney Productions)의 애니메이션 영화 〈피노키오〉가 전 세계의 사람들에게 보다 익숙한 버전임이 분명하지만, 1883년 이탈리아 작가 카를로 콜로디(Carlo Collodi)의 원작 『피노키오(Pinocchio: The Tale of a Puppet)』를 읽고 난 뒤 훨씬 풍부한 영감과 많은 질문들을 떠올리게 되었다고 말했다. "소작농이 교육될 수 있었을까, 소작농의 아이들이 학교에 가서 '진짜 소년'이 될 수 있었을까, 그들은 단지 당나귀처럼 노동력이 될 운명이었던 것일까"와 같은 교육의 본질에 관한 질문들은 그녀로 하여금 "인간이 된다는 것은 무엇을 의미하는가"에 관한 탐구의 길을 열어 주었다.

사실 나무로 만들어진 인형이 여러 모험을 겪고 자신이 "용감하고 진실되며 이기적이지 않다는 사실"을 증명함으로써 '진짜 소년'이 되는 이야기인 디즈니 버전의 〈피노키오〉는 '양심'에 따라 옳고 그른 것을 선택하고 거짓말을 하지 않는 '착한 아이'가 될 필요를 강조한다. 반면 콜로디의 원작 소설은 19세기 이탈리아 소작농의 어린 시절이 어땠을지, 그들의 삶에 도사리고 있는 위험과 비극적인 요소들은 무엇인지를 꼬집는 풍자로 가득하다. 1881년 아이들을 위한 주간지에 게재되기 시작해 1883년 책으로 출간된 원작은 총 36개의 장으로 구성되어 있지만, 원래 어린 독자들만을 겨냥해 쓸 생각이 없었던 콜로디의 사회 비판적 목소리와 소작농 아이들의 교육에 대한 회의적인 시선으로 인해 소설의 결말이 1881년 15번째 에피소드를 끝으로 피노키오가 나무에 매달려 죽는 것으로 마무리된다. 하지만 독자들의 항의에 의해 콜로디는 '푸른 요정(the Blue Fairy)'의 도움으로 위기를 모면하고 이야기를 이어 나가는 지금의 원작을 완성하게 된다.

동화 연구가 잭 자이프스(Jack Zipes)에 따르면, 디즈니의 〈피노키오〉는 나무 인형이 행복한 인간 소년이 되는 이야기이지만 콜로디의 『피노키오』는 "왜 마리오네트 나무 인형이 그렇게까지 힘든 고생을 하면서 굳이 정직하고 바른 소년이 되려고 했을까?"라는 질문을 떠올리도록 만드는 험난하고 무시무시한 곤경들이 가득한 희비극이다. 자이프스는 이탈리아 소작농 계급 출신인 콜로디가 피노키오를 자신의 행동에 대해 책임지는 법을 배워야 할 "선하지만 행실이 나쁜 아이의 모범적인 예시"로 만들려 했다기보다는 당대의 혹독한 현실을 보여 주고, 교육받은 지배 계층의 시선에서 바라본 교육이 아닌 소작농 소년이 스스로 책임감을 획득하고, 인간다운 동정심을 갖춘 사회 구성원이 될 수 있는 "실질적인 교육"을 할 수 있기를 바랐던 것으로 해석한다.

이스라엘만의 독특한 집단 공동체인 '키부츠(kibbutz)'에서 성장한 바르디몽은 "창의성과 정신, 표현을 개발시키는 교육"이 강조되었던 키부츠만의 교육 방식을 통해 습득한 것들을 작업 과정에서 많이 활용하는데, 〈피노키오〉의 경우 끊임없이 '호기심'을 충족시키고 발전시켜 줄 필요성과 "자유에는 책임이 따른다"는 사실에 근거해 자신의 여러 감정들을 스스로 해결해야 할 필요성에 주목한 것으로 보인다. 그녀는 어린 시절을 회상하며 4시부터 8시까지 가족과 함께 지내는 시간을 제외하고는 또래 집단의 아이들과 대부분의 시간을 보내야 하는 경우, 자신의 공포를 해결할 방법이나 아이들 사이에서 발생하는 문제들에 대처할 방법을 가르쳐 줄 어른이 없기 때문에 충분한 자유 시간을 가지는 만큼 스스로 책임지는 법 또한 배워야 했음을 강조한다.

매일 전날 밤 자신이 꾼 꿈에 대해 이야기하고 그중 하나를 '이야기'로 만드는 작업을 이어 나갔던 키부츠의 창의적인 교육방식과 정기적으로 심리학자들과의 면담 과정을 거쳐 예술을 통해 내면의 감정들을 표현하는 법을 배웠던 경험은 바르디몽의 "정신 상태를 인식하는 일에 대한 관심"으로 이어졌다. 그녀는 일반적으로 사람들이 부인하는 "분노와 질투심과 같은 부정적인 감정들"을 있는 그대로 인식하고 그것들이 어떤 이유로 인해 촉발되었는지를 이해해야 할 필요성을 강조한다. 안무는 단지 "몸의 문제만이 아니라 정신의 문제이기도 하다"라고 주장하는 바르디몽은 무대 위에서 감정적으로 충만한 에너지를 거침없이 표현하는 퍼포머들을 통해 그 에너지가 관객들에게로 흐르고 어떤 '의미'가 형성되기를 희망한다. 이러한 배경은 그녀로 하여금 피노키오가 인간이 된다는 것은 '감정'을 통해 '자유와 책임의 문제'를 배우게 되는 것이라는 의견을 표현토록 만든 것으로 보인다.

무대가 열리면 뻐꾸기시계의 태엽 장치나 오르골을 연상케 하는 퍼포머들의 기계적 움직임이 '제페토(Geppetto)'가 시계공임을 알려 준다. 오르골 음악 소리에 맞춰 움직이던 퍼포머들이 멈추고, 지팡이를 짚고 등장한 제페토는 커다란 천막 속으로 모습을 감춘다. 어둠 속에서 검은 옷을 입은 퍼포머들이 하얀 장갑을 낀 손으로 만들어 낸 '해설자'는 이야기를 시작한다. "옛날 옛적에 나무토막이 하나 있었어요. 평범한 난로의 땔감으로 쓰일 법한 그런 나무토막이었죠. (…) 어떻게 이런 일이 일어났는지는 모르겠어요. 단지 어느 날 나무토막이 제페토라는 목수 앞에 나타났다는 것밖에는 말이죠."

콜로디의 원작에 근거한 내레이션으로 시작하는 공연은 무대 가운데를 차지하고 있던 커다란 천막 안의 그림자들을 통해 제페토가 피노키오를 만드는 모습을 동화처럼 펼쳐 보인다. 밤사이 '소원의 별'에서 내려온 푸른 요정의 손짓에 의해 '생명'을 얻게 된 피노키오는 제페토 앞에서 살아 움직이며 '걸음마'를 배우기 시작한다. 마치 망아지가 땅에 발을 딛기 위해 온갖 노력을 다하듯 혹은 어린아이가 첫걸음을 떼기 위해 넘어지고 엎어지는 일을 반복하듯 정말 마리오네트 인형이기라도 한 듯 두 발로 좀처럼 서지 못하는 퍼포머의 모습은 감탄을 자아낸다. 바르디몽은 기본적으로 콜로디의 원작에 근거하지만 나무인형 피노키오가 "호기심과 공포, 외로움, 슬픔, 분노"와 같은 감정에 노출되고 강렬한 경험을 통해 누군가에게 의존하는 것이 아닌 "용기를 갖춘 독립적인 존재"가 되어야 할 필요성을 깨닫는 과정과 자신이 꿈꾸는 바를 실현시키기 위해 의지를 발현하게 되는 여정에 필요한 장면들을 선별해 무대 위에 구현한다.

디즈니의 〈피노키오〉에 등장하는 '양심' 역할의 '지미니 크리켓(Jiminy Cricket)'과 이야기를 전달하는 '해설자'는 검은 옷을 입은 퍼포머들의 하얀 장갑을 낀 손으로 구현된 얼굴과 목소리로 표현된다. 제페토는 하나밖에 없는 외투를 팔아 ABC 알파벳 교재를 사고 피노키오를 학교에 보내지만 호기심으로 가득한 피노키오는 여우와 고양이의 꼬임에 빠져 마리오네트 극장에 이른다. 극장에서 줄에 매인 채로 마리오네트 공연을 선보이는 인형들의 모습은 '인형보다 더 인형스러운' 퍼포머들의 신체 움직임을 통해 표현된다. 흥미로운 점은, 모든 퍼포머들의 신체적 움직임이 무대 배경에 매달려 있는 나무판으로 된 각종 세트들과 천, 거대한 비닐, 줄을 활용하는 다른 퍼포머들과의 '협업'을 통해 힘의 반동이나 원심력, 중력과 같은 것에 의지하며, 기계 장치의 도움 없이 진행된다는 사실이다. 공중에서 벌어지는 에어리얼 퍼포먼스나 마리오네트의 줄에 의지한 공연 장면, 거짓말을 하면 피노키오의 코가 길어지는 장면, 폭풍우가 거센 바다로 돛단배를 타고 제페토가 피노키오를 찾아 나선 장면 등은 모두 8명의 퍼포머들이 펼쳐 보이는 놀랍고도 환상적인 협업과 완벽한 타이밍의 호흡에 의해 구현된다. 무대 위에서 거의 대부분의 장면을 소화해야 하는 피노키오 역의 퍼포머를 제외하고는 다른 모든 퍼포머들은 자유자재로 역할을 바꾸며 쉴 새 없이 움직인다.

인간처럼 행동한다는 것은 어떤 의미일까? 자신의 내면에 자리하고 있는 수많은 모순된 감정들에 반응하며 정서적 혼란을 겪는다는 것은 어떤 것일까? 양심의 소리에 귀 기울이지 않고 욕망과 충동이 가리키는 길을 고집하는 소년에겐 무슨 일이 일어날까? 마리오네트 극단 단장에게서 받은 금화 5개를 손에 쥐고 집을 향해 떠난 피노키오는 돈을 빼앗으려는 '여우(The Fox)'와 '고양이(The Cat)'의 속임수에 빠져 '빨간 가재 여관(The Inn of the Red Lobster)'에서 금화 1개 값어치의 식비를 계산한 것으로도 모자라 '바보들의 함정(the City of Fools)'이라는 마을에 나머지 금화들을 묻는다. '기적의 땅(the Field of Miracles)'에 돈을 묻으면 몇 배로 불어나는 나무가 자란다는 거짓말을 믿고 한참을 놀다 돌아온 피노키오는 이미 여우와 고양이가 자신의 돈을 전부 훔쳐간 것을 알고 분노하지만 그들을 잡을 방법은 없다. 이런 식으로 계속 가다간 정말로 "오직 노동만 하는 당나귀"가 되어 버릴 것을 경고하는 '양심'의 소리를 무시하고 자신을 구원하기 위해 나타난 푸른 요정에게 '거짓말'을 일삼는 피노키오의 코는 검은 옷을 입은 7명의 퍼포머들이 자신들의 엄지손가락을 연결하는 방식으로 놀랍게 연출된다. 자유자재로 길이를 조절하며 유연하게 움직이는 기다란 코는 "짧은 다리를 가진 거짓말과 긴 코를 가진 거짓말"의 교훈을 환상적이고 마술적인 장면으로 구현해 보인다. 거짓말은 결코 '진실'을 앞지를 수 없으며 자라나는 '코'로 인해 그 흔적을 숨길 수도 없다.

여전히 집으로 되돌아가지 못한 채 친구들 틈에 끼어 왕따를 당하고 '슬픔'이라는 감정에 노출된 피노키오는 게으름으로 일관하고 양심의 충고를 무시한 탓에 결국 당나귀 탈을 쓴 채로 끝없는 '노동'에 착취당하게 된다. 우여곡절 끝에 바다로 자신을 찾으러 간 제페토와 재회하지만 그들이 무사히 집으로 돌아갈 수 있을지는 불투명하다.

"피노키오는 나의 새로운 모험입니다"라고 말하는 바르디몽은 피노키오가 인간으로 변모하는 이유에 대해 디즈니 버전이나 콜로디의 원작과는 전혀 다른 관점을 적용한다. 바르디몽은 흰 장갑을 낀 손들로 구현된 '해설자'의 입을 빌어 마리오네트 인형인 피노키오가 어떻게 커다란 상어(고래)의 뱃속에서 아버지 제페토와 함께 빠져나올 수 있었는지는 명확히 알 수 없지만 한 가지 확실한 점이 있음을 강조한다. "피노키오가 이 여정을 통해 진짜 소년이 될 수 있을 만한 인간의 감정들을 발견하게 되었다는 것"이다. 또한, 그러한 감정들은 원래부터 피노키오에게 "내재되어 있던 것들"일 뿐 '생명'을 부여받은 나무 인형에 불과했던 피노키오가 '인간'으로 거듭나는 데 진정으로 필요했던 것은 자신의 내면을 들여다보고 탐구하며 "사랑받는다는 것이 무엇인지, 꿈을 꾼다는 것이 어떤 것인지, 어떻게 자신이 원하는 존재가 될 수 있는지"를 깨닫는 과정에 있었음을 피력한다.

'자유' 속에서 여러 가지 감정에 노출되고 '경험'이라는 깨달음을 통해 '변화'와 '책임'의 길로 나아가게 되는 피노키오의 여정은 현대의 관객들이 사회 속에서 자신의 삶을 선택하게 되는 방식과 같다. 때로는 완고함으로 자신이 욕망하는 것만을 탐하고, 뻔히 드러나는 거짓을 일삼기도 하지만, 순수함이 외면당하고 속임수와 유혹이 뱀처럼 똬리를 틀고 있는 세상에서 자신을 사랑하는 사람들의 친절에 기대고, 사랑에 보답할 필요를 느끼며, 스스로 책임지는 법을 배워 나가는 것, 어쩌면 그것이 바르디몽이 말하는 '진정한 인간이 되는 법'인지도 모른다. 보알의 지적처럼, "홀로 상상의 거울 속에서 자신을 관찰하는 능력"을 갖춘 인간이 끊임없이 자신의 현재 위치에서 미래의 '내가 될 수 있는 것'을 향해 움직이는 존재라면, 바르디몽의 피노키오는 결국 자신이 상상하는 바를 스스로의 힘으로 이루어 낸 결과라 할 수 있을 것이다. 마리오네트 인형 피노키오는 단순히 '줄 없이 움직이는 인형'이 아닌 자유로운 인간이기를 꿈꾸었고, 스스로 '감정의 소용돌이'를 빠져나와 자신이 상상하던 존재인 '인간'으로 완성되었다. 꿈은 현실이 되었고, 삶은 모험을 완성했다.

* 본 글은 2019.05.18 ~2019.05.19 LG아트센터에서 공연된 야스민 바르디몽 컴퍼니 〈피노키오〉를 관람한 후 작성된 칼럼입니다.

'기억의 궁전'을 통해 전달된 '집단 기억'

🎭 로베르 르빠주 〈887〉

나의 기억에는 내가 지나온 시대의 기억이 담겨 있다. 나를 지나쳐 간 사람들, 나와 함께해온 사람들, 내가 거쳐 간 장소들, 내가 겪은 사건들과 바라본 삶들, 내가 느낀 감정과 생각들… 때로는 아름답게 때로는 아프게, 어떤 때는 슬프게 또 어떤 때는 즐겁게, 나름의 빛깔을 품은 채 두뇌 속 어딘가에 잠들어 있는 기억들은 나의 과거이자 현재이며 미래라 할 수 있다. 과거는 나를 설명하는 근원이고, 현재를 결정하며, 미래의 나를 완성한다. 그 누구도 자신의 과거를 떠나 존재할 수 없다는 사실은 과거와의 조우, 즉 나의 기억들과의 만남과 화해가 새로운 미래를 위해 반드시 필요하다는 사실을 긍정한다.

기억은 본질적으로 '조각'으로 이루어져 있고, 수집된 기억들은 개인의 성격에 흔적을 남긴다. 우리의 기억은 세상 혹은 타인과 끊임없이 상호 작용하는 가운데 형성되고 회상될 때마다 조금씩 변화된 버전을 다시 저장한다. 외부의 사물과 상징들은 기억을 촉발하고, 때로 실제 경험한 것이 아님에도 우리를 둘러싼 다른 사람들의 기억을 보유하는 '집단 기억(collective memory)'을 형성한다. 프랑스의 사회학자

모리스 알박스(Maurice Halbwachs)에 따르면, 기억은 순수하게 남겨지기보다는 국가, 세대, 공동체의 사회 그룹에 따라 다르게 구성되고 공유되며 다음 세대로 전달될 수 있다. 개인은 자신이 속해 있던 사회적 상황에 따라 집단 기억과 관계를 맺으며 기억을 재배치하고, 실제 그 사건에 참여하고 경험한 당사자가 아니더라도 일종의 '증인' 역할을 하며, 공동의 기억을 형성할 수 있다. 가령, 역사 속에서 충격을 불러왔던 사건의 중심에 있지 않았더라도 여러 매체와 다른 사람들을 통해 혹은 가족 구성원의 경험을 통해 목격자로서 위치하게 되는 사람들은 현장에 있던 사람들과 공포와 두려움을 공유한다. 개인의 기억은 그렇게 다른 사람들과 감정, 느낌, 인상을 공유하게 되고 공동의 기억 풀(pool)을 형성하게 된다.

캐나다 퀘벡 출신의 종합 예술 연출가이자 극작가, 배우, 영화감독인 로베르 르빠주(Robert Lepage)의 2015년 1인극 〈887〉이 2019년 국내에 소개되었다. 1994년에 배우와 작가, 디자이너, 음악가, 곡예사들이 모여 종합 예술을 지향하는 창작 단체로 설립된 '엑스 마키나(Ex Machina)'의 총책임자라 할 수 있는 르빠주는 〈안데르센 프로젝트(The Andersen Project, 2005)〉, 〈바늘과 아편(Needles and Opium, 2013 리마운트 버전)〉, 〈달의 저편(The Far Side of the Moon, 2000)〉 등을 국내에 소개하며 한국 관객들에게도 많이 알려진 연출가이다. 천재적인 연출과 놀라운 상상력으로 공연마다 많은 주목을 받아 온 르빠주는 태양의 서커스(Cirque du Soleil)의 〈카(Kà, 2005)〉와 〈토템(Totem, 2010)〉의 연출과 대본을 맡기도 했다. 또, 2010년부터 2012년까지 뉴욕 메트오페라(The Metropolitan Opera)와 함께 리하르트 바그너(Richard Wagner)의 '니벨룽의 반지 4부작("Ring" cycle)'을 연출하면서 전 세계에 이름을 알리게 되었다.

하지만 사실상 르빠주는 "대규모의 스펙터클보다는 좀 더 친밀하고 규모가 작은 작품을 선호"하는 예술가라고 할 수 있다. 그는 2017년 3월 20일 《뉴욕타임스》와의 인터뷰에서 "엄청나게 요란한 일"을 하기보다는 "배우와 관객이 서로 교감하고 공유할 수 있는 친밀한 무대"를 통해 새로운 어떤 것을 발견할 수 있기를 바란다고 말했다. 그는 〈887〉이 관객들로 하여금 '기억한다'는 것의 의미를 되돌아보도록 만들 수 있기를 기대했다. 또, 〈887〉이 매우 "자전적인 픽션(autofiction)"임을 강조했는데, 이는 작품이 그의 어린 시절 기억의 대부분을 점유하고 있는 "퀘벡 시티 머레이가(街) 887번지(887 Murray Avenue in Quebec City)"를 중심으로 펼쳐지는 가운데 1960~70년에 이르는 캐나다 퀘벡주(Quebec)의 역사를 담고 있기 때문이었다.

캐나다는 제국주의 시대의 영국과 프랑스 간 식민지 영토 분쟁이었던 '7년간의 전쟁(The Seven Years' War)'이 1763년 프랑스의 패배로 종식되자 영국의 식민지로 남겨졌다가 1867년 캐나다 자치령으로 독립한 입헌 군주제 국가이다. 영국의 왕을 군주로 하지만 연방 정부의 지도자인 총리(Prime Minister)의 조언에 따라 임명된 총독(Governor)이 대리자 역할을 하는 캐나다는 주도권을 쥔 '영국계 주민들'과 누벨 프랑스(Nouvelle-France)의 전통과 문화를 고수하려는 '프랑스계 주민들'의 갈등으로 인해 현재까지 분리주의자와 연방주의자의 정치적 문제를 안고 있다. 영어와 프랑스어를 모두 공용어로 사용하는 캐나다에서 가장 넓은 지역과 두 번째로 많은 인구를 보유하고 있는 퀘벡주는 캐나다 인구의 20%를 차지하는 프랑스어 사용자들이 가장 많이 거주하고 있는 지역이다. 통계에 따르면, 810만 명의 퀘벡주 인구 가운데 약 80%가 프랑스어를 사용하고 있다고 한다. 1957년 '퀘벡 시티(Québec City)'에서 태어난 르빠주가 다루고 있는 캐나다의 역사는 지배층이었던 영국계 주민들과 하층민 노동자 계층이었던 프랑스계 주민들의 갈등이 심화되면서 분리주의자들의 움직임이 활발해졌던 1960년부터 1966년에 이르는 퀘벡의 '조용한 혁명(Quiet Revolution)'과 1968년 분리 독립을 목표로 했던 '퀘벡당(Parti Québécois)의 창당', 그리고 1970년 '퀘벡 해방 전선(FLQ)'의 피에르 라포르트(Pierre Laporte) 납치 사건'과 그로 인해 야기되었던 '10월 위기(La crise d'Octobre)'와 같은 격동의 시간들을 아우른다.

작품의 출발은 르빠주가 프랑스계 캐나다인들에게 매우 중요한 의미를 갖는 퀘벡의 시인 미셸 라롱드(Michele Lalonde)의 시 〈Speak White(하얗게 말하라)〉를 '시의 밤(Nuit de la Poésie)' 행사에서 낭독해 줄 것을 요청받은 일에서 시작된다. 프랑스어와 영어를 이중으로 사용하며 강렬한 메시지를 전달하는 라롱드의 시를 40주년을 기념해 1970년에 낭독되었던 것과 똑같이 재현하고자 하는 행사는 르빠주로 하여금 시를 완벽하게 암송할 필요에 놓이도록 만든다. 하지만 3페이지 정도의 분량에 달하는 시를 도통 암기할 수 없었던 르빠주는 '기억이 작동하는 방식'에 관해 여러 질문들을 품기 시작한다. "어린 시절의 전화번호는 기억하면서 현재의 번호는 잊어버리고, 사랑했던 사람의 이름은 잘 기억하지 못하면서 어린 시절 부르던 노래는 기억해내는" 기억의 구조에 관한 질문은, 지극히 개인적인 기억이라 할 수 있는 "소문자 h"에서 시작된 역사가 자신이 살았던 퀘벡 시티의 역사인 "대문자 H"로 연결되는 사회적, 정치적 맥락을 훑게 된다.

르빠주는 프로그램북의 「연출가의 노트」를 통해 "기억이라는 주제가 연극과 밀접하게 관련"되어 있음을 설명하는데, 역사 속에서 특정 체제나 권력들이 말살하고자 했던 것들이 늘 노래와 시, 연극과 같은 예술 장르를 통해 "살아 있는 기억"으로 전파되어 왔기 때문이다. 그는 "연극을 하는 사람들이 기억을 위해 더 많은 노력"을 기울일 필요가 있음을 강조하며, "개인적인 기억 탐구"로 시작된 작업이 "계급 투쟁과 정체성의 위기로 복잡했던 1960년대의 퀘벡을 불러내리라고는 전혀 짐작하지 못했다"고 덧붙인다. 그는 "가장 아득한 기억조차도 사회적 맥락을 고려하지 않고서는 불완전해 보인다"는 사실을 깨달았음을 지적하면서, 〈887〉은 "대의를 추구하는 성인의 담론이 아니라 사춘기 이전의 기억, 즉 정치적인 것과 시적인 것이 융합된 어린 시절의 기억으로의 여정이라 할 수 있다"고 말한다.

한나 모이어(Hannah Monyer)와 마르틴 게스만((Martin Gessmann)의 『기억은 미래를 향한다』에 따르면, 인간은 자신의 두뇌 속에 저장된 기억을 나중을 위해 예비해 두는 차원을 넘어 끊임없이 새롭게 처리하고 다듬는다. 이는 "당면한 과제에 맞게 기억의 내용을 재구성하기 위함"이고, "미래를 계획해 나중의 행동을 준비하기 위함"이다. 현재에서 바라보는 미래가 좁게 느껴질 경우 기억은 "한때 가능한 미래였던 것"을 되돌아보는 과거로의 회귀를 행하는데, 이는 "전체 삶의 발원지이자 시초"라 할 수 있는 '어린 시절의 기억'이 중요해지기 때문이다. 모이어와 게르만은 "그런 기억은 우리를 세계가 우리 앞에 열려 있던 과거로 되돌려 놓는다"라고 말한다.

르빠주의 시를 암기하지 못하는 좌절감은 자신의 노화가 기억에 문제를 불러온 것이 아닐까 하는 불안감과 함께 알츠하이머를 앓고 있던 할머니가 엄마, 아빠와 함께 4명의 형제자매가 생활하고 있던 좁은 아파트로 오게 되었던 '어린 시절 과거로의 회귀'를 실행하도록 만든다. 사실상 라롱드의 시를 기억하기 위해 2,500년 전 고대 그리스 시대의 기억술인 "기억의 궁전(memory palace)"을 자신의 머릿속이 아닌 무대 위에 실행하는 방식으로 구성되는 작품은 '머레이가(街) 887번지 아파트'라는 건물을 르빠주의 키 높이에 달하는 미니어처로 구현한 유동적이고 가변적인 세트를 통해 관객들을 르빠주의 어린 시절로 인도한다.

마테오리치(Matteo Ricci)가 기원전 5세기경 그리스의 음유 시인이었던 시모니데스(Simonides of Ceos)의 기억법을 소개하면서 알려지게 되었다는 '기억의 궁전(The Memory Palace)'은 장소를 기반으로 한 기억 저장소라 할 수 있다. 암기를 목표로 하는 개인은 우선 특정 장소를 상상하고 움직일 동선을 생각한 후 지점마다 기억해야 할 것들을 배치한다. 장소는 친숙한 공간일수록, 크고 자세한 공간일수록, 더 많은 정보를 담는 것이 가능해진다. 또, 머릿속으로 그려 내는 이미지를 감정이나 경험과 연관시킬수록 보다 쉽게 기억할 수 있다. 기억을 꺼내기 위해서는 자신이 만든 구조물로 들어가야 할 필요가 있는 이 기억법은 머릿속에서 생각했던 동선의 지점들을 실제로 걸어 보는 행위를 하거나 장소들의 청사진을 직접 그려 보는 행위를 통해 기억을 강화시킬 수 있다.

르빠주는 자신에게 가장 친숙한 공간이라 할 수 있는 '887번지 아파트'를 기억의 궁전으로 설정한다. 좌반구와 우반구 둘로 나뉘는 두뇌 구조를 닮은 아파트 건물은 4개의 층으로 구성되어 있으며, 여러 방향으로 면을 돌리면 같은 색깔로 맞춰지는 360도 회전이 가능한 큐브처럼 르빠주의 과거 속 아파트와 현재 자신의 아파트 공간, 바(Bar), 크리스마스 때마다 방문했던 이모와 이모부의 2층 집, 퀘벡을 방문한 영국과 프랑스의 국가 원수들이 퍼레이드를 펼쳤던 광장 등으로 변모한다.

아파트 건물에 살고 있는 사람들의 배경과 가족 관계, 내밀한 사연들의 방출은 객석의 웃음을 불러오기도 하지만, 사실상 영국계와 프랑스계 주민들이 겪는 갈등과 정체성의 혼란을 보다 개별적인 차원에서 대변한다. 아일랜드계 가톨릭교도의 문화와 전통을 엄격하게 고수하는 윗집, 커튼을 살 돈이 없어 빨래를 널어 창문을 가릴 수밖에 없는 프랑스어 교사의 집, 미혼모로 14살에 낳은 아들이 미국에서 팝스타(pop star)로 성장하지만 결국 캐나다로 되돌아온 집, 아이들이 너무 요란스럽게 뛰어 대는 바람에 '고릴라 패밀리'라는 별명이 붙은 프랑스계 가족의 집, 런던을 방문했다가 첫눈에 반해 결혼했지만 프랑스어를 전혀 이해하지 못할 뿐 아니라 전 부인과의 사이에서 6명의 아이들이 있다는 사실을 몰랐던 영국인 아내와 밤마다 싸움을 벌이는 회계사의 집…. 그 가운데 영어와 프랑스어를 혼용하는 7명의 가족이 방 3개짜리 아파트의 비좁은 공간을 나누어 사용하며, 택시 운전사로 일하는 아버지의 어깨에 기대어 살아가야 했던 '르빠주의 집'이 있다. 그의 기억은 경제적으로 열악한 노동자 계층의 사람들이 대다수를 차지했던 퀘백주 프랑스계 캐나다인들의 고충과 두 개의 언어로 나뉜 정체성의 갈등, 계층 차별, 언어적 혼란과 같은 문제들을 노출하게 된다.

1930년대 경제 공황의 여파로 8살의 어린 나이부터 생활 전선에 뛰어들어야 했던 르빠주의 아버지는 캐나다 해군으로 입대해 2차 세계 대전 때 런던에서 근무했기 때문에 영어가 유창했다. 아버지와 함께 런던에 거주했던 어머니 역시 영어를 구사했기 때문에 처음에 아이가 생기지 않았던 부부는 영국계 아이들을 입양하게 된다. 하지만 몇 년 후 르빠주와 그의 여동생 '린다'가 태어나게 되고, 결국 르빠주의 가정은 영국계 캐나다인으로 입양된 '두 아이(데이브, 앤)'와 프랑스계 캐나다인으로 태어난 '두 아이(로베르, 린다)'가 끊임없이 영어와 프랑스어로 소통하고 충돌하며 대립하고 화해하는 환경을 구성하게 된다.

르빠주의 예술 세계를 연구하는 학자 알렉산더 던예로비치(Aleksandar Dundjerović)에 따르면, 이러한 특수한 경험은 르빠주가 "캐나다만이 지닌 특수한 문화의 은유"가 되도록 만들었다. 어쩌면 프랑스계 캐나다인들과 영국계 캐나다인들 간의 갈등이 가장 심화되었던 1970년 이후 40년이 흐른 시점에서 지배 계급의 억압과 차별, 무시에 저항하고 "자유와 민주주의"를 보장할 것을 외치는 '라롱드의 시'를 르빠주가 낭독하게 된 것은 가장 적절한 선택이었는지도 모른다. 하지만 르빠주 자신은 1961년부터 1970년에 이르는 시간을 거슬러 올라가는 여정 속에서 가족들을 먹여 살리기 위해 밤낮없이 택시 운전을 하며 끝없는 노동을 이어가야 했던 '아버지'와 같은 사람들만이 그 시를 읽을 '자격'이 있음을 깨닫는다.

전쟁으로부터 사람들을 구하기 위해 2차 세계 대전에 참전했던 아버지, 사회 지배층의 언어인 영어를 구사할 수 있지만 학교 졸업장이 없어 택시 운전사 외엔 직업을 가질 수 없었던 아버지, "저들이 하는 말은 옳아. 하지만 저들이 하는 일은 옳지 않아"라고 말하며 TV 앞에서 12살의 어린 아들과 논쟁을 벌였던 아버지, 알츠하이머로 기억을 잃어 가는 할머니를 건사할 수 없어 요양원에 보내고 돌아가셨다는 소식을 듣게 된 날, "일하러 간다"고 말하며 집을 나선 채 택시 운전사 모자를 깊이 눌러쓰고 홀로 '슬픔'을 달래던 아버지….

르빠주는 그렇게 애를 써도 시를 암기할 수 없었던 이유가 무엇인지를 비로소 깨닫는다. 원래 백인 농장주들이 흑인 노예들에게 자신들이 알아들을 수 있는 '백인의 언어로만 말하라'는 의미로 "Speak White(하얗게 말하라)"라고 했다는 데서 유래한 시의 제목은 지배 계층만의 문화와 언어를 강요하는 오만함과 무례함을 상징한다. 시는 자신들의 정체성을 거부당하고 언어를 무시당하며 계급으로 인해 억압되어 왔던 '피지배층의 분노'를 담고 있다. "우리는 교양도 없고 말도 더듬는 사람들일지 모르지만 밀턴과 바이런, 셸리와 키이츠(Milton and Byron and Shelley and Keats)의 언어를 듣지 못하는 귀머거리가 아니다"라고 공표하며 시작하는 시는 "우리는 기계 가까이에서 살아가야 하는 사람들이기 때문에 듣기에 어려움이 있으니 우아한 삶과 위대한 사회에 대해 말할 때에는 보다 명확하고 크게 외쳐 줄 것"을 강조한다.

고용과 명령만을 일삼는 지배층의 언어는 "죽을 때까지 노동에 몸을 내맡겨야 하는" 피지배층의 언어와 구분되고, 세상은 오로지 이윤 추구만을 외치며 영혼을 팔고 있다. 시는 "하얗고 투명하게, 분명하고 크게 외쳐야 할 것"은 우리 모두가 이해할 수 있는 보편적인 언어인 "자유와 민주주의에 관한 것"이며, "우리는 결코 혼자가 아니라는 사실"임을 피력한다. 결국 자신이 시를 암기하는 데 방해가 되었던 것은 이러한 시를 '들을 자격이 없는' 정치들, 고위 관리들, 언론인들과 같은 청중들이었음을 인식한 르빠주는 관객들을 향해 매우 감정적인 어조로 시를 쏟아 놓는다. 라롱드의 1968년 시는 현재에도 변한 것이 별로 없는 현실과 여전히 사회 속에 만연한 억압과 차별을 인식하도록 만듦으로써 관객들의 마음에 깊은 인상을 남긴다.

르빠주의 〈887〉은 어린 시절 기억으로의 '회상'의 과정을 통해 새롭게 '인식'하게 되는 사회·정치적 문제들과 현재적 관점에서 재구성되는 개인의 기억과 집단의 역사를 시적이고 감정적인 서사로 표현해낸다. 가족을 위해 최선을 다해 '노동'에 임했던 아버지와 좀 더 많은 시간을 나누지 못한 르빠주의 아쉬움과 슬픔, 할머니의 죽음에 슬퍼하던 아버지를 위로하지 못한 르빠주의 후회와 안타까움, 사회 자본의 논리와 계층의 분화로 인해 여전히 불공평의 문제를 겪고 있을 뿐아니라 점점 더 악화되는 듯 보이는 세상을 바라보는 르빠주의 씁쓸함은 쇼팽(F. Chopin)의 '녹턴 13번(Nocturne No. 13 in C minor, Op. 48, No. 1)'과 낸시 시내트라(Nancy Sinatra)의 '뱅뱅(Bang Bang)', 팻시 클라인(Patsy Cline)의 '당신의 마음에 남은 게 있다면(Leavin' on your mind)'과 같은 음악을 통해 관객들의 마음 깊은 곳을 파고든다. 〈887〉이라는 기억의 궁전을 통해 전달된 르빠주 개인의 기억은 관객들에게로 전달되어 같은 감정과 느낌을 공유하는 공동의 기억을 형성하고 하나의 '집단 기억'으로 자리하게 된 것이다.

* 본 글은 2019.05.29~2019.06.02. LG아트센터에서 공연된 로베르 르빠주 연출/출연의 1인극 〈887〉을 보고 작성된 리뷰입니다.

가상의 경험을 체험하는 통로

프렐조카쥬 발레 〈프레스코화〉

세상을 떠돌던 두 여행자가 있었다. 어느 날 세차게 몰아치는 비바람을 피해 바쁘게 발걸음을 옮기던 두 사람은 작은 사원 앞에 도착했다. 오랜 세월 사원을 지켜 온 노승은 두 사람에게 잠시 쉬어 갈 것을 청했다. 노승은 사원 한쪽에 있는 커다란 벽화를 보여 주었다. 한 사람의 시선이 소나무 숲 사이에 있는 여인들 중 유독 검고 긴 머리를 한 여인에게 멈췄다. 꽃을 고르고 있는 여인의 아름다움에 이끌려 한참을 넋을 잃고 바라보던 여행자는 문득 자신이 그림 속 세상에 들어와 있음을 깨달았다. 그는 긴 머리의 여인과 사랑에 빠져 결혼을 했지만 그림 속 세상에 숨어든 인간을 수색하는 금빛 갑옷의 전사들을 피해 침대 밑으로 숨었다가 그만 현실로 되돌아와 버렸다. 그는 동료 여행자에게 자신이 겪은 일을 설명했지만 여행자는 그가 사라졌던 시간이 단지 몇 분에 불과하다고 말했다. 두 여행자는 다시 벽화를 바라봤다. 아름다운 여인은 아직도 그곳에 있지만 그녀의 머리는 이제 비녀를 꽂아 올린 모습이다. 그녀는 복잡한 표정의 옅은 미소를 띠고 있다. 두 여행자는 다시 자신들의 여정을 떠났다.

1740년 중국 작가 포송령(蒲松齡)이 민간에 전해지는 온갖 기이한 이야기들을 모아 500편의 단편 소설로 구성한 『요재지이(聊齋志異)』에 수록되어 있는 「벽화(The Mural, 畫壁)」 이야기이다. "요재가 기록한 기이한 이야기"라는 뜻의 책은 입신양명을 위한 과거(科擧)에 실패해 가난하고 고달픈 삶을 살아야 했던 포송령이 40년 동안 모아 엮은, 꿈과 현실의 경계가 무너지고 도깨비, 귀신과 같은 신비한 존재가 인간과 사랑을 나누는 환상의 이야기들로 가득하다. 2016년, "20세기 이후 프랑스의 가장 중요한 현대 무용 안무가 중 하나"라고 평가받는 앙쥴랭 프렐조카쥬(Angelin Preljocaj)는 이 이야기들 가운데 「벽화」 이야기를 주제로 한 모던 발레 〈프레스코화(La Fresque)〉를 선보였다.

프렐조카쥬에 따르면, 〈프레스코화〉는 프랑스의 극장 떼아트르 드라 빌(Théâtre de la Ville)로부터 젊은 관객들을 위한 작품을 만들어 달라는 요청에 응하기 위해 창작된 작품이다. 그는 현대 무용에 관심이 많은 프랑스의 젊은 관객들이 자신들의 삶과 예술을 연결할 수 있도록 일렉트로닉 팝 그룹 'AIR'의 니콜라스 고댕(Nicolas Godin)의 음악과 가상 현실(VR) 혹은 증강 현실(AR)을 떠올리도록 만드는 『요재지이』의 「벽화」 이야기를 무용과 연결해 "환상과 평행하게 존재하는 현실"을 무대 위에 구현했다. 그는 2019년 한국 공연 당시 진행된 「관객과의 대화」에서 2016년 당시 유행을 일으켰던 증강 현실 게임 '포켓몬고(Pokémon GO)'와 「벽화」 이야기 사이의 연계성을 발견하고, 오래전 16세기 이야기가 마치 미래를 예상한 것 같은 느낌이 들었다고 설명했다. 또, "벽에 걸린 그림 속으로 실제 육체가 빨려 들어가 다른 세계로 여행을 하는 현실"을 무용으로 표현할 수 있다면 "젊은 층에게도 접근성이 높은 작업"이 될 수 있으리라 생각했다고 밝혔다.

환상과 현실, 가상의 세상와 물리적 세상의 경계는 무엇으로 규정되는 것일까? 어느 날 장자(莊子)가 나비가 되어 꽃밭을 날아다니는 꿈을 꾸고 나서 "장자가 나비의 꿈을 꾼 것인지 오히려 나비가 장자라는 인간의 꿈을 꾼 것인지" 구분을 할 수 없어 의문을 품게 되었다는 '호접지몽(胡蝶之夢)'을 떠올리지 않더라도 현실과 비현실의 경계를 오가게 되는 경험은 누구나 한 번쯤 겪게 마련이다. 기술의 발전으로 인해 그 어느 때보다 비현실의 세계가 가까이 있고, 홀로렌즈(Holo-Lens)를 통해 가상의 사물이 현실에 놓이는 등 현실 세계와 가상 세계가 하나로 합쳐지는 혼합 현실(Mixed Reality)을 실제로 체험할 수 있는 시대에 프렐조카쥬는 모든 것의 시작이 인간이 예술 작품 속으로 빠져들고픈 욕망에서 시작되었음을 지적한다. 그는 프렐조카쥬 발레단(Ballet Preljocaj) 홈페이지의 작품 설명을 통해 예술에 빠져들게 된 많은 사람들이 자신들을 매료시킨 그림의 핵심, 혹은 본질에 닿을 수 있는 "비밀 통로(a secret passage)"를 찾기 위해 골몰해 왔음을 말하며, 프랑수아 1세(Francis I)와 리히텐슈타인의 왕자(the Prince of Liechtenstein)를 언급한다.

레오나르도 다빈치(Leonardo da Vinci)의 예술에 대한 열렬한 사랑으로 앙부아즈 성의 지하 통로를 통해 클루 저택을 오가던 프랑수아 1세가 다빈치가 가장 아끼던 작품 〈모나리자(Mona Lisa, 1503)〉를 놓칠 수 없었던 것처럼, 또 2016년 위작 논란으로 커다란 스캔들에 휩싸였던 리히텐슈타인의 왕자가 독일 회화의 거장 루카스 크라나흐(Lucas Cranach)의 〈비너스(Venus, 1531)〉에 끌리지 않을 수 없었던 것처럼, 사람들은 때로 자신을 사로잡는 그림 속을 뚫어져라 쳐다보고 있으면 어느 순간 우리의 몸이 그 속으로 순간 이동할지 모른다는 상상에 빠져들게 된다. 이런 순간은 실제로 "물리적 존재가 그림 속의 존재와 관계를 맺을 수 있는 세상"으로 이끌어 주기도 하고, 이전에는 상상하지 못했던 삶을 살 수 있도록 영감을 주기도 한다. 마치 어린 시절 유도 선수였던 프렐조카쥬가 친구에게 빌린 책 속에 있던 러시아의 무용가 '루돌프 누레예프(Rudolf Nureyev)'의 사진에 매료되어 부모님의 반대를 무릅쓰고 무용의 세계에 뛰어든 것처럼 말이다.

프렐조카쥬는 또한 "시간의 상대성"에 주목한다. 그는 여행자가 벽화 속에 들어가 그림 속 세상의 삶을 살았던 긴 시간이 그림 밖에서는 오직 3분 정도에 지나지 않았다는 사실이 시간에 대한 고정 관념을 흔들고, 측정 기준에 따라 상대적인 양으로 증폭되거나 감소될 수 있음을 깨닫게 함으로써, "초월적인 세상 혹은 공간에 위치한 우리의 존재"에 대해 질문을 던지도록 만든다고 생각한다. 그래서일까? 〈프레스코화〉의 무대 미술(scenography)은 블랙홀, 리사주 패턴(Lissajous pattern), 오로라 현상을 연상케 하는 안개 혹은 바람에 흔들리는 머리카락처럼 보이는 이미지들로 초월적인 공간을 구성한다. 완벽한 암전에서 시작하는 무대는 거대한 머리카락인지, 신비한 힘을 품고 있는 안개인지 알 수 없는 아지랑이가 무대 위에서 아래로 연기처럼 피어나는 가운데 두 남자 무용수가 등장한다. 두 팔만 사용해 바닥을 기던 여행자들은 점차 네 발로 기다가 두 발로 움직이기 시작하면서 템포가 빨라진다. 무대를 휘감은 흰 머리카락들은 세찬 비바람인 양 두 여행자를 감싼다. 쓰러지면 부축하고 서로에게 의지해 길을 가던 여행자들은 세 명의 검은 수도복을 입은 사제들과 마주치게 된다. 함께 어울려 춤을 추던 여행자들과 사제들은 서로 엉켜 잠이 든다. 무대 중앙의 검은 스크린이 절반쯤 열리고 마치 거대한 벽화처럼 긴 머리의 다섯 여인이 등장한다. 흰색과 적색, 녹색, 청색, 검은색의 슬립 드레스를 입은 여인들은 네모난 단상 위에 둘러앉아 긴 머리를 휘날리며 춤추기 시작한다. 마치 달빛이 비추는 밤에만 깨어나는 마법의 그림과 같이 무대 우측 상공에는 흰색 블랙홀인 양 둥글게 엮이고 해파리처럼 촉수가 움직이는 무언가가 자리하고 있다.

〈프레스코화〉 안무의 가장 큰 특징이라 할 수 있으며, 프렐조카쥬가 많은 공을 들인 것으로 알려진 부분은 다름 아닌 그림 속 여인들의 '머리카락 춤'이다. "동양적인 붓글씨, 캘리그라피에서 영감을 받아 작업"했다는 머리카락 춤은 다섯 명의 무용수들이 머리 전체와 목을 한 호흡으로 동시에 움직이며 한쪽으로 출렁이거나 흔들리도록 만들어야 하기 때문에 매우 세심한 계산과 엄청난 양의 연습이 필요했을 것으로 보인다. 다섯 여인들의 머리카락 군무가 멈추고 나자 여인들은 정지된 '벽화'가 된다. 흰 드레스를 입은 여인만이 잠든 남자들을 향해 있을 뿐 다른 여인들은 각기 다른 방향을 바라보고 있다. 잠에서 깬 한 여행자는 그림 속 흰 드레스의 여인과 눈이 마주친다. 남자는 천천히 그림을 향해 다가가 마네킹처럼 고정된 여인을 안아 단상 위에 바로 세운다. 여인은 살아 움직이기 시작하고 두 남녀는 단상 위에서 함께 춤을 춘다.

〈프레스코화〉의 서사는 『요재지이』의 「벽화」 이야기를 크게 벗어나지 않는다. 단, 그림 속 세상의 장면들에 대한 프렐조카쥬의 상상력이 더해지면서 그림 속 사회의 의례 절차처럼 보이는 여러 상징적인 장면들이 추가된다. 여인과 여행자의 사랑의 듀엣 장면은 밝게 빛나는 별들로 수놓아진 우주의 하늘을 배경으로 아름답게 펼쳐지고, 마을 청

년들로 보이는 무용수들이 서로 짝을 이루어 경쾌한 댄스를 선보이는
가 하면, 흰색 가면을 쓴 어두운 복장의 무용수들이 나타나 혼자 잠
들어 있는 여인을 깨워 가면을 쓸 것을 강요하기도 한다. 흰 가면을 쓴
채 다른 무용수들과 함께 춤추던 여인은 이제 다른 여인들에 의해 길
게 늘어뜨리고 있던 머리를 틀어 올려 비녀를 꽂는 의식을 거행한다.
흰 드레스의 여인이 가운데에 움직임 없이 서 있는 동안 나머지 4명의
여인들이 각각 한 갈래씩 머리카락을 손에 쥐고 탑을 돌 듯 움직이며
춤을 춰 완성시키는 '쪽진 머리'는 놀랍기만 하다. 허리까지 출렁이던
머리카락은 한 올도 남김없이 둥글게 틀어 올려지고 여인들은 각자 자
신의 묶은 머리에 꽂혀 있던 핀을 뽑아 여인의 머리에 꽂아 준다.

양손에 붉은 꽃다발을 든 여행자가 머리를 올린 여인 곁으로 다가
간다. 두 사람은 무대 한쪽에 함께 누워 잠이 든다. 그들이 잠든 사이
검은 문이 '쾅' 하는 소리와 함께 무대 바닥으로 떨어져 내리며 강렬
한 조명을 배경으로 팔과 다리가 여섯 개, 머리가 셋인 괴물 그림자가
모습을 드러낸다. 황금 투구 가면을 쓴 세 명의 전사들은 잠든 남자
를 들어 올려 그림 세상 바깥으로 던져 버린다. 깜짝 놀라 깨어난 남
자는 동료 여행자를 발견하고 그림 속 여인의 춤사위로 상황을 설명
하지만 동료는 반신반의하는 듯하다. 이제 무대는 처음 여인들이 등
장했던 벽화의 모습을 재현한다. 여인들은 똑같은 자세와 시선으로
무대를 채우고 있지만 이제 흰색 드레스의 여인은 붉은 꽃 한 송이를
쪽진 머리에 꽂은 채 남자를 향해 시선을 고정시키고 있다. 무대 오른
쪽 위로 블랙홀인 듯 움직이던 흰색의 정체 모를 실타래 역시 이제는
더 이상 촉수를 드러내지 않은 채 정지해 있다. 그림 속 여인을 향해
안타깝게 손을 뻗는 남자의 어깨를 동료 여행자가 잡으면서 막이 내

린다.

　"가상 현실의 아버지"라 불리는 재런 러니어(Jaron Lanier)는 아무것도 없는 상태에서 어떤 사건을 경험하게 되는 체험을 하고 나면 "자신의 몸과 세계에 관한 모든 것을 바꿀 수 있다"는 생각에 도달하게 되고 "그렇다면 과연 내게 남는 것은 무엇일까?"라는 질문을 던지게 된다고 말한다. 이 때문에 그는 "가상 현실은 자신이 다른 장소에 있는 듯 철저한 환상을 만들어 내는 수단"일 뿐 아니라 "인지와 지각의 관점에서 인간이란 무엇인지에 대해 가장 심층적으로 연구하도록 만드는 장치"임을 강조한다. 어린 시절 미술 책에서 히에로니무스 보스(Hieronymus Bosch)의 삼면화 〈쾌락의 정원(The Garden of Earthly Delights)〉을 보고 마치 전기에 감전된 듯 최면에 빠져들었다는 러니어는 그림 속으로 들어가 거대한 새의 부드러운 깃털을 만지고 빨간 공이 있는 놀이터를 돌아다니며 몸을 꿰뚫는 거대한 악기를 부수는 상상을 했다고 말한다. 그는 상상만으로도 온몸에 퍼져 나가는 온기나 간지러움, 격렬한 느낌을 모두 생생하게 체험할 수 있었던 기억을 떠올리며, 보스의 그림 속에서 캔버스 밖의 세상을 바라보고 있던 인물들이 현실의 세상을 실제로 볼 수 있었다면, 우리가 정상적이라고 간주하는 이 세상을 어떻게 받아들였을까 하는 사유에 이르게 되었음을 회상한다. 그는 "가상 현실 안에 몸을 가져올 수 있다면 그것은 내가 더 이상 관찰자가 아니라 그 세상의 주민이 된 것"임을 인식해야 한다고 덧붙인다.

　〈프레스코화〉 속에서 여행자는 그림 속 여인을 바라보던 관찰자에서 '주민'으로 변모한다. 그는 그림 속 세상을 실제로 느끼고 함께 춤추며 여인과 입을 맞추고 사랑을 나눈다. 그가 여인에게 선물한 붉은 꽃이 그림 속 여인의 머리에 꽃혀 있다는 사실은 그가 경험한 세상이 허구가 아닌 '또 다른 현실'이었음을 긍정한다. 러니어의 말처럼, 현실이 "끊임없이 주변을 탐색하고 시험하는 우리의 몸과 두뇌 작용에 대한 반응으로 되돌아오는 결과"이고, 신경계에 충분한 단서가 주어질 경우 가상 현실이 실제보다 더 진짜처럼 느껴진다면, "오직 한 번에 하나의 외부 세계만을 선택해 믿는 인간"이 현실로 인식하게 되는 것은 보다 더 진짜로 느껴지는 세상이 될 것이다. 그는 인간은 가상 세계를 경험한 뒤 현실로 되돌아왔을 때 "모든 것이 달라져도 존재하는 모든 것을 경험한 '나'는 중심에 그대로 있음을 깨닫게 된다"고 말한다. 가상의 세계에 존재했던 모든 조각이 사라져도 여전히 경험한 내가 존재하며, 몸이 달라지고 세상이 달라져도 경험의 중심은 그대로 남는다는 것을 인식한다는 것이다. 그는 가상 현실 시스템은 "현상을 벗겨 냄으로써 의식이 남고 진짜를 드러낸다"는 점에서 "스스로를 스스로에게 드러내는 기술"이라 할 수 있다고 주장한다.

프렐조카쥬 역시 예술이 인간으로 하여금 또 다른 차원을 체험할 수 있도록 만드는 수단이자 장치가 될 수 있음을 강조한다. 오래전 「벽화」이야기가 현실 속 존재와 그림 속 존재가 관계를 맺을 수 있는 신비의 세상으로 독자들을 초대했듯 그는 '춤'이라는 예술을 통해 고정된 이미지와 살아 있는 움직임, 시간의 상대적 속도, 활성화된 것과 비활성화된 것 사이의 경계를 탐험하고 가상의 세계로 관객들을 유혹하기 위한 모든 노력을 다한다. 그의 〈프레스코화〉는 관객들의 신경계를 한껏 뒤흔들어 뇌가 무대 위에서 펼쳐지는 살아 움직이는 그림 속 세상을 한동안 '현실'로 느끼고 믿도록 만들기 위해 최선을 다한다. 정신 분석학자 지그문트 프로이트(Sigmund Freud)는 "예술이 무의식이나 과거의 체험으로 되돌아갈 수 있는 하나의 통로를 제공한다"고 말했지만, 프렐조카쥬는 '예술이 다른 사람의 신비한 경험 자체를 관찰하는 현장'이자 '현실과 가상의 경계를 가로지르는 통로'가 될 수 있도록 만든다. 관객들은 어느새 무대 위 여행자와 같은 입장에 놓인 자신을 발견하게 된다.

어쩌면 현실은 환상적인 무대를 바라보며 몰입하고 빠져들었던 80분간의 춤의 세계 속에 멈춰 있는 것인지도 모른다. 정확하게 측정할 수 없고, 묘사할 수 없고, 완벽하게 재현할 수 없는 신비라 할지라도 모두가 현실로 받아들이는 일에 동의할 경우 '현실'이 될 수 있다는 러니어의 말에 근거한다면, 적어도 프렐조카쥬의 〈프레스코화〉의 세상에 빠져들었던 관객들에게 무대는 가상이 아닌 '현실'이 되었을 것이기 때문이다. "예술이 현대 사회에서 어떻게 존재할 것인가?"라는 질문에 프렐조카쥬는 〈프레스코화〉라는 무대 그 자체로 답하고 있는 것은 아닐까?

* 본 리뷰는 2019.11.01~2019.11.03 LG아트센터에서 공연된 프렐조카쥬 발레 〈프레스코화〉를 관람한 후 작성된 리뷰입니다.

#1. 고전의 변주, 새로움을 입다

마리안네 케스팅, 『브레히트와 만나다』, 홍승용 역, 한마당, 1992.

맥스 베이저만, 『무엇을 놓치고 있는가』, 김태훈 역, 청림출판, 2016.

버지니아 울프, 『자기만의 방』, 이소연 역, 펭귄클래식코리아, 2012. eBook.

_____, 「여성의 전문직」, 『자기만의 방』, 이소연 역, 펭귄클래식코리아, 2012. eBook.

베르톨트 브레히트, 『생각이 실종된 어느 날 : 브레히트의 풍자 산문 코이너 씨 이야기』, 김희상 역, 이후, 2017.

비비엔 존스, 「서문」, 『오만과 편견』, 김정아 역, 펭귄클래식코리아, 2003. eBook.

양승주, 「연극 '오이디푸스' - 비극으로 들여다보는 삶의 본질」, 『예술의전당과 함께 Beautiful Life!』, 2019. 2. 1. https://hub.zum.com/sac/37728

이성열, 「연출가와 드라마투르그의 대담」, 『국립극단 갈릴레이의 생애 프로그램북』, (재) 국립극단, 2019.

제인 오스틴, 『오만과 편견』, 김정아 역, 펭귄클래식코리아, 2009. eBook.

토마스 쿤, 『과학혁명의 구조』, 김명자·홍성욱 역, 까치, 2013. eBook.

Adam Green, "How Rock Star Playwright Lucas Hnath Brought A Doll's House, Part 2 to Broadway", *Vogue*, 9 June 2017. Web. https://www.vogue.com/article/lucas-hnath-a-dolls-house-broadway

Aristotle, *Poetics*, Trans. Malcolm Heath, Penguin Books, 1996.

Bertolt Brecht, "Foreword", *Life of Galileo*, Trans. John Willet, Bloomsbury, 2006.

_____, *Life of Galileo*, Trans. John Willet, Bloomsbury, 2006.

_____, *Stories of Mr. Keuner*, Trans. Martin Chalmers, City Lights Publishers, 2001.

Caro Moses, "Joanna Tincey: Pride And Prejudice", *ThisWeek Culture,* 24 Nov 2016. Web. https://thisweekculture.com/article/joanna-tincey-pride-and-prejudice/

D. T. Max, "Lucas Hnath Lets Actors Fight It Out Onstage", *The New Yorker,* 22 April 2019. Web. https://www.newyorker.com/magazine/2019/04/22/lucas-hnath-lets-actors-fight-it-out-onstage

Jane Austen, *Pride and Prejudice*, Penguin Books, 2006. Kindle.

Jodie Halford, "Why is Jane Austen trending 200 years after her death?", *BBC,* 18 July 2017. Web. https://www.bbc.com/news/uk-england-40644085

Malcolm Heath, "Introduction", *Poetics*, Penguin Books, 1996.

Max Bazerman, *The Power of Noticing: What the Best Leaders See*, Simon & Schuster, 2014. Kindle.

Michael Schulman, "The Feminist Consultants for "A Doll's House, Part 2", *The New Yorker,* 22 May 2017. Web. https://www.newyorker.com/magazine/2017/05/22/the-feminist-consultants-for-a-dolls-house-part-2

Sophocles, *Oedipus the King*, Trans. Robert Fagles, Penguin Books, 1977. Kindle.

Stephen Parker, *Bertolt Brecht: A Literary Life*, Methuen Drama, 2015. Kindle.

The Week Staff, "The Origins of Marriage", *The Week*, 9 Jan 2015. Web. https://theweek.com/articles/528746/origins-marriage

Theatre Things, "Review: Pride and Prejudice at Greenwich Theatre", *Theatre Things Blog,* 22 Oct 2016. Web. https://theblogoftheatrethings.com/tag/pride-and-prejudice/

_____, "Interview: The Two Bit Classics, Pride and Prejudic", *Theatre Things Blog,* 3 Sep 2016. Web. https://theblogoftheatrethings.com/tag/two-bit-classics/

Thomas S. Kuhn, *The structure of scientific revolutions: 50th Anniversary Edition*, University of Chicago Press, 2012. Kindle.

#2. 이해를 위한 노력, 타인을 말하다

로맹 가리, 『내 삶의 의미』, 백선희 역, 문학과 지성사, 2015.

림태주, 『관계의 물리학』, 웅진지식하우스, 2018.

아멜리 노통브, 『추남, 미녀』, 이상해 역, 열린책들, 2018.

자비에 제이야르, 「각색자 소개 및 인터뷰」, 『국립극단 〈자기 앞의 생〉 프로그램북』, (재) 국립극단, 2019.

자크 데리다, 『용서하다』, 배지선 역, 이숲, 2019.

주창윤, 『사랑이란 무엇인가 (왜 지금 사랑이 중요한가)』, 마음의 숲, 2015.

카롤린 엠케, 『혐오 사회 (증오는 어떻게 전염되고 확산되는가)』, 정지인 역, 다산초당, 2017.

Brad Fraser, "Brad Fraser: Did I get my play about disability 'wrong'? No, but we need to talk about this", *The Stage*, 9 Mar 2015. Web. https://www.thestage. co.uk/opinion/brad-fraser-did-i-get-my-play-about-disability-wrong-no-but-we-need-to-talk-about-this

Claire Alfree, "'Criminal trials taught me how flexible the truth can be' - Nina Raine explains why she wasn't afraid to invent a sympathetic rapist", *The Telegraph*, 19 May 2018. Web. https://www.telegraph.co.uk/theatre/what-to-see/criminal-trials-taught-flexible-truth-can-nina-raine-explains/

David Rockne Corrigan, "Q&A with playwright Brad Fraser: "I have no choice but to be who I am"", *National Post*, 30 Aug 2013. Web. https://nationalpost.com/entertainment/theatre/qa-with-playwright-brad-fraser-i-have-no-choice-but-to-be-who-i-am

Dea Birkett, "Dea Birkett: Disability is no laughing matter when it comes to circus artists", *The Stage*, 15 Jan 2019. Web. https://www.thestage.co.uk/opinion/dea-birkett-disability-is-no-laughing-matter-when-it-comes-to-circus-artists

Elizabeth Blair, "'Ten Years Later,' The Matthew Shepard Story Retold", *NPR*, 12 Oct 2009. Web. https://www.npr.org/2009/10/12/113663235/ten-years-later-the-matthew-shepard-story-retold

Jacy Marmaduke, "'Laramie Project' director: America is at war with itself 20 years after Matthew Shepard's murder", *The Coloradoan,* 8 Oct 2018. Web. https://www.coloradoan.com/story/news/2018/10/08/q-moises-kaufman-writer-and-director-laramie-project-matthew-shepard-murder/1432264002/

Jean-Claude Vantroyen, "Amélie Nothomb: "I ended up really understanding that I am Belgian"", *Le Soir*, 13 July 2014. Web. https://www.lesoir.be/art/598031/article/culture/livres/2014-07-13/amelie-nothomb-j-ai-fini-par-comprendre-vraiment-que-je-suis-belge

_____, "Amélie Nothomb: "We can escape the curse, by love and by spirit"", *Le Soir,* 19 Aug 2016. Web. https://www.lesoir.be/55399/article/2016-08-19/amelie-nothomb-peut-echapper-la-malediction-par-amour-et-par-esprit

Jessie Thompson, "Nina Raine on why new National Theatre play Consent is about much more than a rape case", *Evening Standard,* 4 April 2017. Web. https://www.standard.co.uk/culture/theatre/nina-raine-on-why-new-national-theatre-play-consent-is-about-much-more-than-a-rape-case-a3507111.html

JoAnn Wypijewski, "For Matthew Shepard's killers, what does it take to pass as a man?", *Harper Magazine,* 1 Sep 1999. Web. https://harpers.org/archive/1999/09/a-boys-life/

Jojo Moyes, *Me Before You*, Penguin Books, 2012.

Katie Berrington, "How #MeToo Has Impacted This Summer's Most Topical Play". *British Vogue,* 26 July 2018. Web. https://www.vogue.co.uk/article/consent-actresses-interview

Michael Billington, "Why turn novels into drama?", *The Guardian,* 17 Nov 2006. Web. https://www.theguardian.com/stage/theatreblog/2006/nov/17/whyturnnovelsintodrama

Moises Kaufman, *The Laramie Project*, Vintage, 2001. Kindle.

Moises Kaufman & Barbara Pitts McAdams, *Moment Work: Tectonic Theater Project's Process of Devising Theater*, Vintage, 2018. Kindle.

Nina Raine, *Consent*, Nick Hern Books, 2017. Kindle.

Patrick Langston, "Wrestling with uncomfortable truths in Brad Fraser's Kill Me Now", *Artsfile*, 25 April 2017. Web. https://artsfile.ca/kill-me-now-preview/

Sean Homer, *Jacques Lacan*, Routledge, 2004. Kindle.

Whitney Hopler, "The Spiritual Meanings of Birds", *Learn Religons*, 19 Aug 2018. https://www.learnreligions.com/birds-as-divine-messengers-animal-angels-124476

#3. 위로가 필요한 순간, 아픔을 말하다

브라이언 보이드, 『이야기의 기원』, 남경태 역, 휴머니스트, 2013.

아리스토텔레스, 『니코마코스 윤리학 - 그리스어 원전 번역 개정판』, 천병희 역, 2018.

알베르 카뮈, 『시지프 신화』, 김화영 역, 책세상, 1997.

후안 마요르가, 『맨 끝줄 소년』, 김재선 역, 지식을만드는지식, 2014. eBook.

＿＿＿＿＿＿, 「한국 독자에게」, 『맨 끝줄 소년』, 김재선 역, 지식을만드는지식, 2014, eBook.

Adam Nayman, "After years of rewriting, Elephant Song is in the running for a Screen Award", *The Globe and Mail*, 26 Feb 2015. Web. https://www.theglobe-andmail.com/arts/film/after-years-of-rewriting-elephant-song-is-in-the-running-for-a-screen-award/article23216713/

Amy Boratko, "A Conversation with Amy Herzog (Yale Repertory)", *Yale Reparatory Theatre*, 2017. Web. https://briefnytw.tumblr.com/post/164258111867/a-conversation-with-amy-herzog-yale-repertory

Amy Herzog, *Mary Jane*, Theatre Communications Group, 2018. Kindle.

Helen Keller, *The Story of My Life*, Grapevine, 2018. Kindle.

_____, *The World I Live In and Optimism: A Collection of Essays*, Dover Publications, 2010.

Jesse Green, "Review: In 'Mary Jane,' a Young Mother Faces Her Worst Fears", *New York Times,* 25 Sep 2017. Web. https://www.nytimes.com/2017/09/25/theater/mary-jane-review.html

Kent@obu on, "Umbrella Talk with playwright Nicolas Billon", *One Big Umbrella,* 22 Aug 2008. http://onebigumbrella.blogspot.com/2008/08/umbrella-talk-with-nicolas-billon.html

Lucy Pollard-Gott, "Example A Fractal in a Wallace Stevens poem", *Pollard-Gott,* Web. https://users.math.yale.edu/public_html/People/frame/Fractals/Panorama/Literature/PollardGott/PollardGottExample.html

Lyle Kessler, *Orphans: A Play*, Grove Press, 2013. Kindle.

_____, "Lyle Kessler on What Spurred Him to Write Orphans & Why the Play 'Celebrates the Human Spirit'", *Broadway Buzz,* 9 Apr 2013. https://www.broadway.com/buzz/168576/lyle-kessler-on-what-spurred-him-to-write-orphans-why-the-play-celebrates-the-human-spirit/

Marilyn Stasio, "Off Broadway Review: 'Mary Jane' Starring Carrie Coon", *Variety,* 25 Sep 2017. Web. https://variety.com/2017/legit/reviews/mary-jane-review-play-carrie-coon-1202570285/

Martin F. Kohn, Detroit Free Press Reviews, Plays, *N.B homepage,* Web. https://nicolasbillon.com/#theelephantsong

Nicolas Billon, *The Elephant Song*, Playwrights Canada Press, 2006. Kindle.

Sean King, "Orphans Q&A with Lyle Kessler", *YouTube,* 19 Jan 2016. https://www.youtube.com/watch?v=Z3XNNQSbPfU

Wallace Stevens, *The Collected Poems of Wallace Stevens*, Ed. John N, Serio &

Chris Beyers, Vintage, 2011. Kindle.

_____, *The Snow Man*, Poetry Foundation, Web. https://www.poetry-foundation.org/poems/45235/the-snow-man-56d224a6d4e90

#4. 새로운 시도, 미래를 향하다

유발 하라리, 『초예측』, 웅진지식하우스, 2019. eBook.

템플 그랜딘, 『나는 그림으로 생각한다』, 홍한별 역, 양철북, 2005.

편도욱, 「악마들의 파워게임-연극 'Everybody Wants Him Dead' 공연개막 소식과 함께 캐스팅 공개」, 『로이슈』, 2019. 5. 27. Web. http://www.lawissue.co.kr/view.php?ud=201905270950157820204ead0791_12

한스 로슬링, 『팩트풀니스』, 김영사, 2019, eBook.

Andres Veiel, "Let Them Eat Money. Which Future?! (Let Them Eat Money. Welche Zukunft?!)", *Deutsches Theater*, 28 Sep 2018. Web. https://www.deutschestheater.de/en/programme/premieres_repertoire/let_them_eat_money_welche_zukunft/

A.J. Goldmann, "German Plays Tackle the World's Woes, Current and Future". *The New York Times*, 21 Nov 2018. Web. https://www.nytimes.com/2018/11/21/theater/german-plays-social-issues-deutsches-theater-muenchner-kamer-spiele.html

Edward Bond, "An Autho's Note: On Violence", *Plays:1,* Methuen Drama, 1977.

_____, "Rough Notes on Justice", *The Hidden Plot: Notes on Theatre and the State,* Methuen Drama, 2000.

Rob Drummond, *Quiz Show and Bullet Catch*, Methuen Drama, 2013. Kindle.

Simon Murray & John Keefe, *Physical Theatres: A Critical Reader*, Routledge, 2007. Kindle.

#5. 창작 뮤지컬, 다양함을 입다

로날트 데 레이우, 『고흐의 편지 1』, 정진국 역, 펭귄클래식코리아, 1996. eBook.

리베카 솔닛, 『멀고도 가까운』, 김현우 역, 반비, 2016. eBook.

빈센트 반 고흐, 『고흐의 편지 1』, 정진국 역, 펭귄클래식코리아, 2012. eBook.

_____, 『고흐의 편지 2』, 정진국 역, 펭귄클래식코리아, 2012. eBook.

빅토르 위고, 『웃는 남자』, 백연주 역, 더클래식, 2018. eBook.

오필영, 「뮤지컬 웃는 남자-INTERVIEW: 무대 디자이너 오필영」, 『EMK 뮤지컬 You-Tube』. https://www.youtube.com/watch?v=rz_9rQosg30

프랭크 와일드혼, 「뮤지컬 웃는 남자- INTERVIEW: 작곡가 프랭크 와일드혼」, 『EMK MUSICAL YouTube』, https://www.youtube.com/watch?v=QOe9ZWjiApg

Adam Kirsch, "Who Gets to Claim Kafka?", *The Atlantic Daily,* 1 Sep 2018. Web. https://www.theatlantic.com/magazine/archive/2018/09/franz-kafka-archives/565763/

Alice Brière-Haquet, *Madame Eiffel: The Love Story of the Eiffel Tower*, Little Gestalten, 2015.

Benjamin Balint, *Kafka's Last Trial: The Case of a Literary Legacy*, W. W. Norton & Company, 2018. Kindle.

Daniel Boffey, "Van Gogh's gushing letter to art critic goes on show in Amsterdam", *The Guardian,* 9 May 2019. Web. https://www.theguardian.com/artand-design/2019/may/09/van-goghs-gushing-letter-to-art-critic-goes-on-show-in-amsterdam

John Ayto, *Dictionary of Word Origins*, Arcade Publishing, 1990.

Jill Jonnes, *Eiffel's Tower: The Thrilling Story Behind Paris's Beloved Monument and the Extraordinary World's Fair That Introduced It*, Penguin Books. 2009. Kindle.

Robert Frost, *Robert Frost's Poems*, St. Martin's Paperbacks, 2002.

Rebecca Solnit, *The Faraway Nearby*, Granta Books, 2013.

Steven Naifeh & Gregory White Smith, *Van Gogh: The Life, Random House*, 2011. Kindle.

Victor Hugo, *The Man Who Laughs*, Trans. Isabel Florence Hapgood, Jazzybee Verlag, 2017. Kindle.

#6. 확장된 시선, 세계를 향하다

김주연 & 로베르 르빠주, 「로베르 르빠주와 국내 창작자들과의 만남」, 『LG아트센터 블로그』, 2019. 6. 5. Web. https://blog.naver.com/lgartscenter/221554424426

로베르 르빠주, 「〈887〉 관객과의 대화」, 『LG아트센터 블로그』, 2019. 6.

2. Web. https://blog.naver.com/lgartscenter/221552483946

재런 러니어, 가상 현실의 탄생, 노승영 역, 열린책들, 2018. e-Book.

프렐조카쥬, 「프렐조카쥬 발레 〈프레스코화〉 관객과의 대화」, 『LG아트센터블로그』, 2019. 11. 7. Web. https://blog.naver.com/lgartscenter/221700707181

한나 모이어 & 마르틴 게스만, 『기억은 미래를 향한다』, 전대호 역, 문예출판사, 2017.

Aleksandar Saša Dundjerovic, *The Theatricality of Robert Lepage*, McGill-Queen's University Press, 2007. Kindle.

Alexis Soloski, "A word with Robert Lepage on Family, Francophone Separatism and '887'", *The New York Times*, 20 Mar 2020. Web. https://www.nytimes.com/2017/03/20/theater/robert-lepage-discusses-his-origins-and-the-autofiction-of-887.html

Angelin Preljocaj, LA FRESQUE (The Painting On The Wall), *Ballet Preljocaj homepage*, 2016. https://preljocaj.org/en/creation/la-fresque/

Augusto Boal, "Theatre, Human Beings", *Physical Theatres: A Critical Reader*, Routledge, 2007. Kindle.

Carlo Collodi, *Pinocchio (Penguin Classics)*, Trans. M. A. Murray, Penguin Classics, 2002. Kindle.

Chantal Sundaram, "Speak White: Robert LePage remembers Quebec", *Interna-*

tional Socialists, 3 Feb 2018. Web. http://www.socialist.ca/node/3527

David Mead, "Love inside a painting: Angelin Preljocaj's La Fresque", *SeeingDance*, 25 Apr 2018. Web. https://www.seeingdance.com/preljocaj-fresque-25042018/

Eileen Kinsella, "Plot Thickens In Dispute Over Seized Cranach Painting", *Artnet News,* 25 Mar 2016. Web. https://news.artnet.com/market/plot-thickens-dispute-seized-cranach-painting-459215

Jack Zipes, "Introduction". *Pinocchio (Penguin Classics)*, Penguin Classics, 1996. Kindle.

Jim Burke, "Childhood memories loom large in Robert Lepage's 887", *Ottawa Citizen,* 6 Jan 2018. Web. https://ottawacitizen.com/entertainment/local-arts/childhood-memories-loom-large-in-robert-lepages-887

Libby Worth & Jasmin Vardimon, *Jasmin Vardimon's Dance Theatre: Movement,* memory and metaphor, Routledge, 2017. Kindle.

Marianna Meloni, "Interview: Jasmin Vardimon on 'Pinocchio'", *Everything Theatre,* 14 Oct 2016. Web. https://everything-theatre.co.uk/2016/10/jasmin-vardimon-pinocchio-interview/

Maurice Halbwachs, *On Collective Memory,* Trans. Lewis A. Coser, University of Chicago Press, 1992.

Robert Lepage, *887,* Trans. Louisa Blair, Arachnide Editions, 2019.